破 产 法 文 库

学术系列
徐阳光　主编

THIRD-PARTY FUNDING

IN CHINA-RELATED ARBITRATION

中国商事仲裁中的第三方出资

侯鹏　著

法律出版社 LAW PRESS·CHINA
北京

图书在版编目(CIP)数据

中国商事仲裁中的第三方出资 / 侯鹏著. -- 北京 : 法律出版社, 2024

ISBN 978 - 7 - 5197 - 8923 - 7

Ⅰ. ①中… Ⅱ. ①侯… Ⅲ. ①商事仲裁-中国 Ⅳ. ①D925.705

中国国家版本馆 CIP 数据核字(2024)第 052516 号

中国商事仲裁中的第三方出资
ZHONGGUO SHANGSHI ZHONGCAI ZHONG DE DISANFANG CHUZI

侯 鹏 著

策划编辑 沈小英
责任编辑 刘晓萌 鲁 安
装帧设计 李 瞻

出版发行 法律出版社
编辑统筹 法治与经济出版分社
责任校对 王晓萍
责任印制 吕亚莉
经　　销 新华书店

开本 A5
印张 9.375　字数 276 千
版本 2024 年 7 月第 1 版
印次 2024 年 7 月第 1 次印刷
印刷 固安华明印业有限公司

地址:北京市丰台区莲花池西里 7 号(100073)
网址:www.lawpress.com.cn
投稿邮箱:info@lawpress.com.cn
举报盗版邮箱:jbwq@lawpress.com.cn

销售电话:010 - 83938349
客服电话:010 - 83938350
咨询电话:010 - 63939796

书号:ISBN 978 - 7 - 5197 - 8923 - 7　定价:88.00 元

《破产法文库》编审委员会

总　序

现代破产法融清算退出与挽救更生程序于一体,是警醒正常市场主体“向死而生”之法,是帮助困境企业“涅槃重生”之法,是促使失败企业“规范退出”之法。破产法律制度是市场经济法律体系不可或缺的重要组成部分,甚至被称为市场经济之“宪法”。市场经济社会的基本法则乃公平竞争、优胜劣汰。故,凡市场经济之法治国家,无不将破产法视为其法律体系不可或缺之重要组成部分,并将其作为评价一国市场经济地位和营商环境水准的重要标志。

中国自改革开放以来,高度重视营商环境建设。1986 年 12 月 2 日第六届全国人民代表大会常务委员会第十八次会议审议通过了《企业破产法(试行)》,于 1988 年 11 月 1 日起施行。2006 年 8 月 27 日第十届全国人民代表大会常务委员会第二十三次会议审议通过了《企业破产法》,自 2007 年 6 月 1 日起施行,《企业破产法(试行)》同时废止。

2013 年 11 月《中共中央关于全面深化改革若干重大问题的决定》指出："健全优胜劣汰市场化退出机制，完善企业破产制度"。2014 年 10 月《中共中央关于全面推进依法治国若干重大问题的决定》指出："社会主义市场经济本质上是法治经济。使市场在资源配置中起决定性作用和更好发挥政府作用，必须以保护产权、维护契约、统一市场、平等交换、公平竞争、有效监管为基本导向，完善社会主义市场经济法律制度。"2018 年 8 月第十三届全国人大常委会立法规划发布，《企业破产法》的修订纳入立法规划，属于"需要抓紧工作、条件成熟时提请审议"的项目。2018 年 11 月中央全面深化改革委员会第五次会议审议通过了《加快完善市场主体退出制度改革方案》，将加快以破产法为核心的市场主体退出制度建立健全的步伐，以更好地服务供给侧结构性改革和营商环境优化建设。

我国破产法的历史虽然短暂，但也已走过了 30 余个春秋，《企业破产法》及其司法解释构成了较为完整的破产法制度体系，全国各地各级法院组建了约 100 家破产审判庭，北京、上海、深圳三地更是在最高人民法院的批准下组建了破产法庭，破产审判的法治化、专业化建设取得了长足的进步，破产案件数量逐渐上升，破产法的理念、文化与制度规则也得到了更广泛的传播和认可。

破产法律制度的建立健全和破产审判的法治化、常态化推进，是市场经济可持续发展、营商环境优化建设的重要保障，市场经济之发展亦注定离不开破产法学研究之繁荣。中国人民大学破产法研究中心和北京市破产法学会自成立以来，始终坚持学术为本、理论联系实际和以问题为导向的研究理念，不遗余力地创办"中国破产法论坛"及其专题研讨会等权威交流平台，多年来持续编辑出版《破产法论坛》等图书，凝聚了中国破产法理论与实务界之顶尖研究力量，致力于破产法治事业之发展与进步，赢得了全体"破人"之赞誉与支持。

为进一步整合中国破产法理论界与实务界之研究力量，经与浙江省高级人民法院民四庭庭长章恒筑法官、中国人民大学破产法研究中心副主任郑志斌律师、中国人民大学破产法研究中心副主任兼秘书长徐阳光教授、法律出版社法治与经济出版分社社长沈小英编审反复商议，中国人民大学破产法研究中心、北京市破产法学会决定联合法律出版社创办“破产法文库”，面向国内外同仁开放。

“破产法文库”设置 5 个子系列，其中，学术系列希冀广纳中国学界高水准之破产法专著；译著系列拟推介域外之经典破产法文献与法典；论坛文集系列继续推出“中国破产法论坛”及其专题研讨会之优秀论文；实务系列侧重出版破产法实务经验总结之佳作；茶座系列则旨在分享破产法实施中的趣闻轶事以及破产法同仁办理破产案件的心得体会。

从历史上看，中国缺乏破产法文化传统与理论实务研究积淀。“破产法为一重要之法律，然学者研究之者，远不如研究民刑之法之夥；良以向者适用较少，兴趣遂减。”民国法学家吴传颐先生数十年前之感慨，仍让今人有现实之叹。而今，破产法的社会调整作用日益得到人们的认可与重视，破产法的研究也日益深入。破产法是一个综合性的法学领域，破产法治建设是我们共同的事业追求。但愿“破产法文库”之创办能够团结更多法学同仁来关注和研究破产法理论与实践之重点难点问题，并将自己高水平的研究成果纳入文库中出版，共同推动中国破产法学术之繁荣、立法之完善与司法之进步。

是为序！

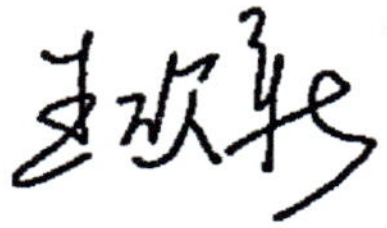
*

2016 年 7 月 16 日撰写

2019 年 2 月 26 日修订

---

* 中国人民大学法学院教授、博士研究生导师，中国人民大学破产法研究中心主任，北京市破产法学会会长。

序

商事仲裁的当事人或潜在当事人,因故不能或不愿自行负担仲裁成本但又不想放弃权利时,寻求第三方的财务支持,便成为一个可以考虑的选项。在诉讼语境下,困境中的当事人是可以寻求政府法律援助的。但在商事仲裁中,是否设置法律援助机制以及当事人是否可能获得法律救助,都面临极大的法律障碍。在这种情形下,由争议之外或案外的第三方出资以支付仲裁成本,就有必要。一个仲裁当事人偶然求助于其紧密社会关系的第三方以获得财务支持,一般并不会产生特殊的法律问题。但假如仲裁当事人寻求的是投资人——当然投资人也可能主动发掘投资对象,就会产生一些需要特别考虑的法律问题。这就是近 30 余年来国际法律界高度关注的商事仲裁中第三方出资问题,实质上它是实现仲裁正义的一个特殊问题。

侯鹏博士在攻读博士学位期间,以其对新问题的敏锐性,几年来一直致力于研究仲裁中的第三方出资问题，完成了学位论文《商事仲裁中的第三方出资机制及其本土化研究》，并在国内外学术杂志上发表了数篇相关研究成果。在毕业之后，侯鹏博士继续关注这一问题，并结合中国实践，完成了《中国商事仲裁中的第三方出资》一书。对年轻人而言，这确是一件值得祝贺之事。

本书首先对第三方出资的基础学理问题进行了讨论，如第三方出资性质的界定、第三方出资的历史沿革，探究了其在商事仲裁中的社会效能，同时指出了其应用前景、存在的风险及面临的法律上的挑战。在此基础上，本书进一步探讨了如何在中国商事仲裁包括跨境仲裁中引入和应用第三方出资，以及如何对其进行有效规管。本书创造性地提出了分步监管及仲裁与金融的二元监管机制。

本书是对第三方出资机制在中国商事仲裁中应用和规管问题的一次全面、深入的研究。本书的出版有助于推动中国商事仲裁制度的完善和发展，也有助于提高商事主体的争议解决能力和跨境纠纷解决能力。无疑，本书也将为相关领域的学者和实务工作者提供有益的参考和借鉴。

本书作者在中国政法大学国际法学院攻读博士学位时，本人有幸担任其指导老师。他的善思敏行，令人印象深刻。非常高兴看到侯鹏博士毕业后仍然致力于仲裁研究，保持学习习惯，并学以致用。在其新书付梓之际，特作数语，以表祝贺与希冀，期待侯鹏博士今后的职业生涯百尺竿头更进一步。

是为序。

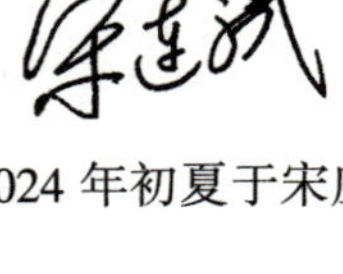

2024 年初夏于宋庄

目录

导　论

步入21世纪，商事仲裁制度已成为商事运营主体解决商业纠纷的重要途径。作为可替代性争议解决机制，仲裁区别于司法诉讼程序，赋予当事人更为灵活、自主地解决商事矛盾的机会，并因其费用低廉、一裁终局、执行地域广而广受认可，得到快速发展。然而，商事仲裁制度发展至今，其程序诉讼化、费用高昂等问题，已受到业界实务人士与仲裁使用者的广泛议论。

第三方出资（Third-Party Funding）在仲裁中产生正是为了弥合仲裁当事人与仲裁员、仲裁机构之间日益显现的财务预算、审理周期和法律调研等方面的冲突。从使用者出发，当事人日趋紧张的资金压力迫使其迫切希望解决纠纷进而获得经济补偿，仲裁当事人的耐心（对审理时长的包容度）和争议解决程序的法律预算双双降低，但其对争议解决的需求始终是快捷、高效、经济、自主。从裁判者来看，仲裁员与仲裁机构的初衷亦未改变，即公正、公平、中立、独立。为了实现公义,仲裁裁判者对于日趋复杂的案涉法律问题与事实问题,需要更长的审理周期、更多的经费进行调查研究。第三方出资的出现正可以解决当事人的出资问题,并在出资前的尽调阶段即对案件事实情况及法律问题进行独立的案件评估,可以更加明确地锁定争议焦点,节约仲裁庭的精力。同时,第三方出资的出现和应用,引导、鼓励并强化当事人以法律手段解决纠纷,亦可保障中国当事人在海外经贸、投资交易中的权益保护。

一、研究背景与命题缘起

第三方出资自20世纪80年代末于澳大利亚产生和应用以来,快速发展为诉讼、仲裁案件当事人的重要融资手段。相较于不良资产处置业务,第三方出资的目标并非购买那些经过确权、但缺乏可供执行财产的信用违约债权,而是投资于具有经济回报潜力的争议案件,在案件甄选的过程中,亦会考虑胜诉后可得清偿的概率等资金回收问题,故能在获得案件有利判决的情况下,取得良好的回报。就此,第三方出资对于投资人的法律专业水平、案件结果预判能力、案件程序管理技术等方面的要求均高于普通商业投资或常见的不良资产收购交易,其回报自然也有所提高。因此,第三方出资在多国和地区得到快速发展,且呈现跨法域参与的现象,即第三方投资人与融资需求的当事人不属于同一个法域,但共同分享同一案件带来的胜诉果实。

我国当前政策导向与仲裁市场蓬勃发展的时代背景,成为第三方出资落地生根,实现本土化的契机。在政策层面上,我国倡导建立多元化争议解决机制,推进和解、调解和仲裁制度发展,司法鼓励和支持仲裁的态势愈加显现。在实务层面上,我国仲裁案件数量与争议金额呈现双增长现象已连续数年,但争议解决领域还没有完善、成熟的第三方出资机构出现。域外法域的发展与竞争中,同属东亚的中国香港特别行政区、新加坡均开展实践,并通过修改立法、营造友好仲裁的司法氛围等方式,开放第三方出资在仲裁领域的引入,加速争端解决的技术能力与吸引力的提升,与之相较,中国内地存在更多的争议解决案件,也有更多的当事人可能借助第三方出资而实现其权利救济。为此,系统地研究和分解第三方出资方法,探究其法律价值并规避风险,可使第三方出资切实帮助当事人解决争议,加快不良资产的再配给,其价值可见一斑。

二、研究对象

第三方出资,是指由案件以外的第三方为案件当事人提供资金支持,以使其有能力参与案件、负担案件所产生的各项实际费用的制度。区别于一般的商业化融资项目,第三方出资是以支付诉讼或仲裁费、律师费和必要的案件实际费用,甚至涉诉企业在案件处理过程中的商业运营资金等方式,为当事人"雪中送炭",进而谋求案件胜诉后的高比例分成。伴随20世纪90年代以来的几轮经济增长和衰退,作为当事人争议解决费用的可替代性承担方式之一,第三方出资逐渐兴起于澳大利亚、英国、德国和美国,成为缺乏财力支持的案件当事人或者具有财务预算限制的大型商企寻求司法诉讼救济所需开销的融资方式。近10年来,第三方出资亦介入仲裁领域,成为国际投资仲裁、国际商事仲裁等国际仲裁案件中一类新兴的费用承担方式,同时,亦增强仲裁市场的活跃程度、提升仲裁业务的水平。

有别于诉讼,仲裁程序对于当事人权益的保护、程序保密性与规范性的要求和仲裁庭及仲裁机构的独立性与公正性等问题有着特殊的要求和规制。然而,第三方出资的介入也使仲裁程序保密性、仲裁员独立性、仲裁当事人的意思自治等多项仲裁原则受到挑战,对于仲裁的公正性及其是否违背公共秩序也带来不小的困惑。就此,解决好第三方出资的披露义务、案件控制权、潜在融资案件筛选、仲裁费用担保等诸多问题,是确立第三方出资在仲裁领域适用的合法性与正当性的根基来源,也是保障和实现第三方出资与仲裁事业均取得互利共赢局面的必要前提。

为此,本书拟通过研究商事仲裁中的第三方出资,系统归纳和梳理第三方出资的优势与弊端,就其对仲裁程序带来的挑战和风险提出合理评析与解决办法,进而增强第三方出资在商事仲裁中的可操作性。

通过研究国际仲裁领域的第三方出资,就该制度的本土化,即在中国内地仲裁市场引入第三方出资的合法性与可行性,做出专门的分析,以求国内将该制度从理论研究转化为实践操作——切实提高当事人寻求公平救济的可能性,为仲裁事业的参与者,即仲裁员和仲裁代理人提供更多、更优的仲裁案件资源,而无须掣肘于案件当事人的经济困难。最后也最为重要的是,在论证分析第三方出资可得适用于中国内地仲裁市场及中国当事人的前提下,试分析该机制为中国相关主体境外仲裁提供海外争议解决援助的可行性及具体建议。

三、国内与国外研究现况

一般而言,第三方出资是受资助方因无力承担司法救济所需支出的必要开销,如诉讼费(或仲裁费)、律师费和其他与办理案件有关的实际费用,而与出资方自愿达成融资安排,约定由出资方提供资金支持受资助方启动和推进法律程序(包括诉讼或仲裁),并以受资助方通过法律程序而讨回的部分权益作为回报,返还给出资方,而无须另行支付其他融资费用。但资金状况良好的商事企业,受预算金额限制等因素影响,也会选择第三方出资,以支持其开展法律救济。

(一)国内视域中的研究情况

中国香港特别行政区于 2015 年启动了对第三方出资的立法咨询后,中国内地对第三方出资的探讨初步兴起。在此之前,国内没有严格意义上的案件融资实践,相应的理论研究与探讨也较为罕见。2016 年前后,理论界和实务界开始关注这一仲裁领域的新动态。

北京仲裁委员会仲裁秘书章曦发表的《论国际仲裁中的第三方融资及投资人的自我监管》①一文是国内较早对国际仲裁领域内第三方出资

① 参见章曦:《论国际仲裁中的第三方融资及投资人的自我监管》,载陈福勇主编:《北京仲裁》第 93 辑,中国法制出版社 2016 年版。

进行研究的论文。该文简要概述了制度定义及其与其他形式的讼费融资方式的比较,并就融资行为可能给仲裁程序带来的挑战和影响予以介绍。就该文立意而言,已具备研究第三方出资的框架雏形,但基于期刊篇幅的限制,文章更多呈现的是制度现状及问题,缺乏理论探讨、问题解决和对本土化的探讨。

由于缺乏直接指向于国际仲裁案件的融资制度研究,本书将文献检索的范围进行扩大后,针对国内学术期刊、学位论文中关于诉讼费用资助相关的课题研究成果进行梳理。国内对第三方出资制度的研究已经存在,虽然著述不多,但体系较为完整。对于诉讼融资制度的起源、历史、现状及运行机制和本土化建议均有涉猎,但具体就制度运行机制的研究较为泛泛,仅是按照案件甄选的评估理论、投资的目标案件类型进行比较分析,没有着重介绍具体的运行机制流程和案件投资的管理方法。① 相较于诉讼融资制度的体系性研究,专注于案件甄选和评估方法的研究,则以美国"早期中立评估制度"为背景,介绍了案件评估制度的宏微观特征、制度运作机理、优劣势比较与域外实证分析等,利用心理学研究方法对案件评估可能发生的认知偏差进行分析为其独特之处,并就中立评估制度与诉讼、仲裁制度的边界进行了阐释,对本土化的正当性和制度架构进行了论证。由于早期中立评估制度的设置目的在于多元化解决纠纷,减轻司法审判负担,增强当事人和解、调解的可能性,与第三方出资的设置目的存在一定偏差,其对于案件客观、中立的评估和结果预判方法值得第三方出资借鉴,但其他方面的内容与本书研究对象的相关性不大。② 一些学者对国内民事诉讼、国际投资仲裁中的融资方式进行了初步的探索,就滥诉风险、投机行为招致的公共利益藐视、信息披

① 参见程雪梅:《第三方诉讼融资制度研究》,西南政法大学2014年博士学位论文,第107~117页。

② 参见林轲亮:《早期中立评估制度研究——多元化纠纷解决机制的另一维度》,法律出版社2017年版,第1~17页。

露义务不充分等问题提出了质疑,但没有给出明确的解决方法。[①] 个别法律实务工作者亦对诉讼融资制度给当事人寻求司法救济带来的积极影响进行了评价,并点出了可能的问题,但因篇幅和研究范围所限,难以翔实、充分地进行阐释。

综上所述,国内对于国际仲裁中第三方出资的研究文献在2016年之前较少,且以介绍性文章为主,缺乏成体系、综合性的研究,多以指明困难挑战和制度优势、弊端为主,缺乏分析与解决问题的深入研究。

自2020年新冠疫情及其所伴随的国际经济周期衰退和贸易冲突加剧以来,人民法院对诉讼和仲裁案件中的第三方出资实践分别作出了不同的认定,[②]第三方出资仲裁制度的研究已逐渐从理论探索转向社会实践,同时,在理论研究上也呈现范围的扩大及内容的深化趋势。

1. 利益冲突问题

在第三方出资仲裁制度的相关研究中,讨论最多的主题之一是利益冲突问题,有学者对积极引入第三方出资的意义进行了分析,同时指出,对于仲裁程序最突出的挑战即利益冲突问题,进而建议在引入第三方出资的同时,配套增加披露规则,相关当事人负有相应披露义务。[③] 另有学者探讨了冲突审查和披露模式问题。[④]

---

① 参见徐树:《国际投资仲裁的第三方出资及其规制》,载陈福勇主编:《北京仲裁》第84辑,中国法制出版社2013年版;郭华春:《第三方资助国际投资仲裁之滥诉风险与防治》,载陈安主编:《国际经济法学刊》第21卷第2期,北京大学出版社2014年版。

② 参见上海市第二中级人民法院民事判决书,(2021)沪02民终10224号;江苏省无锡市中级人民法院民事裁定书,(2022)苏02执异13、14号;北京市第四中级人民法院民事裁定书,(2022)京04民特368、369号。

③ 参见宋锡祥、吴瑶芬:《国际商事仲裁第三方资助利益冲突的合理规制及其借鉴意义》,载《海峡法学》2018年第2期。

④ 参见陈一华:《第三方资助国际仲裁中的仲裁员利益冲突——〈IBA指引(2014)〉背景下的冲突审查和披露模式(英文)》,载陈福勇主编:《北京仲裁》第110辑,中国法制出版社2020年版。

2. 披露义务问题

针对上文所述的利益冲突问题，多数学者均提出了以披露义务作为解决利益冲突问题的有效路径。有学者对具体负担披露义务的主体及披露方式做了讨论；①另有学者分析了披露制度与其他仲裁制度的冲突，如法律特权与保密要求之间的冲突。②

3. 费用分担问题

部分研究涉及第三方出资仲裁制度中的费用分担方式，指出该制度有利于为资金困难的当事人提供支持，③我国在商事仲裁中建立费用担保制度时应充分考虑第三方出资的发展及其影响，以平衡双方当事人的利益，④但前述研究仍未能将该机制与披露义务之间构建起有效的法律归责联动机制。

4. 系统性制度建设

第三方出资仲裁的系统性制度建设层面，对于商事仲裁和投资仲裁均有讨论。在投资仲裁领域，有学者讨论了国际投资仲裁中的强制披露义务、仲裁庭对仲裁费用的调整权等问题并提出建议；⑤同时有学者认为，我国不应该肯定第三方出资在投资仲裁中的应用。⑥ 在商事仲裁领域，有观点认为，对于第三方出资的制度设计，应以“准当事人”的角度构

---

① 参见陈婕、刘天姿：《第三方资助仲裁之披露义务规制探析》，载《海关与经贸研究》2021 年第 2 期。

② 参见余丽缘：《披露：第三方资助规制的最优解？（英文）》，载《北京仲裁》2020 年第 4 期。

③ 参见张晓萍：《论国际仲裁第三方资助费用担保中的资金困难》，载《国际商务研究》2021 年第 2 期。

④ 参见刘燕彬、李子钰：《第三方资助语境下仲裁费用担保问题研究》，载《北京仲裁》2019 年第 4 期。

⑤ 参见汤霞：《国际投资仲裁中第三方资助披露规则缺失的困境与破解》，载《河南大学学报（社会科学版）》2022 年第 5 期。

⑥ 参见肖芳：《国际投资仲裁第三方资助的规制困境与出路——以国际投资仲裁“正当性危机”及其改革为背景》，载《政法论坛》2017 年第 6 期。

建规制逻辑。[①]

由此可见,出于司法实践中当事人对第三方出资的需求渐增,促使近年在第三方出资仲裁制度领域的研究逐渐趋于系统化和成熟化,同时,这一领域的理论研究也相应对实践起到指导作用。

(二)国际视野下的研究发展

国际上对于第三方出资仲裁制度的研究与实践较为广泛,且近年来已逐步出版专著就第三方出资国际仲裁业务进行探讨。英国大法官报告与国际商会仲裁院(International Chamber of Commerce,ICC)、新加坡国际仲裁中心(Singapore International Arbitration Centre,SIAC)仲裁机构出具的第三方出资指引均对仲裁案件中引入第三方出资进行探索,简要摘述如下。

1. 正向价值:实现公义

仲裁领域是否应当引入第三方出资的探讨,仍存在支持与反对的观点,但倾向于接纳第三方出资仲裁制度。[②] 持支持观点的主要理由包括:其一,第三方出资仲裁可以帮助被资助方发起仲裁,从而趋近法治正义(access to justice);[③]其二,第三方出资仲裁有助于促成案件的和解,当事人在享有相同或相近的谈判水平的情况下,[④]更易达成和解;其三,第三方出资可促使受资助的当事人更好地了解案件情况并预判案件结果。[⑤]

---

① 参见吴维锭:《诉讼中的第三方资助协议研究:域外经验与中国选择》,载《时代法学》2019年第2期。

② See Jason Lyon, *Revolution in Progress: Third-Party Funding of American Litigation*, 58 UCLA Law Review 571 (2010).

③ See Maya Steinitz, *Whose Claim Is This Anyway? Third-Party Litigation Funding*, 95 Minnesota Law Review 1268 (2011).

④ See Maya Steinitz, *Whose Claim Is This Anyway? Third-Party Litigation Funding*, 95 Minnesota Law Review 1268, p. 1313, 1326 (2011).

⑤ See Laura Atherton, *Third Party Funding in Arbitration: A Perspective from England*, K&L Gates Newsstand: Arbitration World, http://m.klgates.com/arbitration-world-10-01-2009/, last browsed on 08 October 2023.

持反对观点的主要理由包括：其一，第三方出资有可能引发"滥诉"，即当事人无端提起仲裁程序，浪费仲裁资源的可能性；①其二，受资助方当事人对于争议案件的控制权有可能被投资者剥夺；②其三，第三方出资有可能妨害当事人达成和解，因投资者与受资助方所涉利害关系并不完全一致，出于投资回报的考虑，当事人有可能难以自主决定其是否和解；③其四，第三方出资有可能无法帮助受资助方获得真正的争议，④因受资助案件都是经过精挑细选的，而非那些"胜诉概率低、标的金额小"的案件。

2. 各法域的立法实践

对于英美法系而言，第三方出资在历史传统上的主要制约和限制的依据是"助讼与帮讼分利原则"（The doctrines of maintenance and champerty）。⑤ 近年来，在充分权衡第三方出资的利弊基础之上，澳大利

---

① See John Beisner, Jessica Miller & Gary Rubin, *Selling Lawsuits, Buying Trouble: Third-Party Litigation Funding in the United States*, U. S. Chamber Institute for Legal Reform, dated October 2009, p. 5 – 6.

② See John Beisner, Jessica Miller & Gary Rubin, *Selling Lawsuits, Buying Trouble: Third-Party Litigation Funding in the United States*, U. S. Chamber Institute for Legal Reform, dated October 2009, p. 5 – 6.

③ See Mariel Rodak, *It's About Time: A Systems Thinking Analysis of the Litigation Finance Industry and Its Effect on Settlemen*t, 155 University of Pennsylvania Law Review 503, p. 522 (2006).

④ See Joanna M. Shepherd, *Ideal Versus Reality in Third-Party Litigation Financing*, The Journal of Law Economics & Policy 8 (2011), p. 599 – 600.

⑤ "Maintenance" is defined as "the giving of assistance or encouragement to one of the parties to an action by a person who has neither an interest in the action nor any other motive recognized by the law as justifying his interference"; "Champerty" is defined as "a particular kind of maintenance, namely maintenance of an action in consideration of a promise to give to the maintainer a share of the subject matter or proceeds thereof, if the action succeeds". See Max Radin, *Maintenance by Champerty*, 24 California Law Review 48, p. 49 – 56 (1935).

亚逐渐解除了普通法对于第三方出资的上述限制。① 类似于澳大利亚的实践,英格兰与威尔士同样通过司法判例、大法官报告和行业规范等方式,逐步放开第三方出资诉讼,给予其较为明确的支持态度并制定了相应的指引。② 与上述两个法域不同,美国各州对于第三方出资的态度并不相同,如纽约州法律对第三方出资持有限放开的态度;③马萨诸塞州法院则持完全开放的态度,明确确认第三方出资合法。④ 地处亚太的新加坡则是为了争夺最受欢迎的国际争议解决流行地而致力于修改立法以明确第三方出资仲裁制度的合法化。新加坡于 2017 年修改了《民法典》(Civil Law Act),新的第 5A 部分废除了唆讼与助讼分利原则,即第三方出资不再受到唆讼与助讼分利原则的限制;同时,《2017 年民法(第三方出资)条例》[Civil Law (Third-party Funding) Regulations 2017]第 3 条规定,第三方出资在新加坡司法程序中的适用范围,限定于国际仲裁程序以及与国际仲裁相关的诉讼、调解、裁决执行程序等。此外,新加坡《2015 年法律执业行为规则》[Legal Profession (Professional Conduct) Rules 2015]第 5A 部分"适用于第三方资助的规则"(Rules Applicable to Third-party Funding)明确了律师对于第三方出资的披露义务,因此,新加坡已通过立法修改等方式明确引入了第三方出资。

对于大陆法系而言,各代表性国家并没有禁止助讼分利的历史渊源,但各主要大陆法系国家并未在成文立法中明确其对第三方出资仲裁制度合法性的态度(未禁止亦未支持)。需要注意的是,瑞士联邦最高法

① Campbells Cash and Carry Pty Ltd. v. Fostif Pty Ltd. (2006) 229 CLR 386, Australia.

② Arkin v. Borchard Lines Ltd. [2005] 1 WLR 3055 (CA); Rule 48.2 in Civil Procedure Rules 1998 of the UK effected on 26 April 1999; Lord Justice Jackson, *Third Party Funding or Litigation Funding*, *on the Sixth Lecture in the Civil Litigation Costs Review Implementation Programme*, Judiciary of England and Wales, 23 November 2011.

③ Trust for the Certificate Holders of Merrill Lynch Mortgage. Investors, Inc. v. Love Funding Corp., 918 N.E.2d 889 (2009), p. 890 – 894.

④ Saladini v. Righellis, 687 N.E.2d 1224 (1997), p. 1226.

院于2004年否决了一件旨在禁止第三方出资的法律草案,被指为对第三方出资的友好表态。① 作为国际仲裁中心的法国,②以及其相邻区域的德国、荷兰和瑞典,均未通过成文立法明确第三方出资仲裁制度的合法性,但对比于明确限制高利贷及律师风险代理等传统仲裁融资方式,③"未明确规定"应可被视作最大态度的仲裁友好(pro-arbitration),以及对第三方出资仲裁制度的默示应允了。

由上可见,各法域对于在仲裁案件中引入第三方出资的态度并不相同,即便持支持态度,其支持的限度也存在一定的差异。这些态度差异的历史成因与现状、发展均将在本书研究过程中予以阐述。

3. 潜在影响和挑战

第三方出资作为新兴制度,给仲裁程序带来的挑战并不比诉讼程序少,相反,由于仲裁程序的特殊性,问题更加突出,也极有可能对仲裁争端解决方式的权威性带来负面影响。

第一,对于公共秩序的挑战。这主要集中于第三方出资的合法性问题,及其招致的滥诉、助讼分利与当事人在仲裁程序中的不平等。④

第二,利益冲突。第三方投资者的介入,将使仲裁代理人与仲裁员面临潜在的利益冲突。一方面,仲裁代理人的受托人到底是投资者,还

---

① See Noradèle Radjai, *Third-party Funding: Snapshots from Around the Globe: Switzerland*, 7 Global Arbitration Review 1(2012), http://www.wongpartnership.com/index.php/files/download/1101, last browsed on 08 October 2023.

② See Philip Dunham & Samantha Nataf, *Third-party Funding: Snapshots from Around the Globe: France*, 7 Global Arbitration Review 1 (2012), http://www.wongpartnership.com/index.php/files/download/1101, last browsed on 08 October 2023.

③ Section 49b(2) of the Federal Lawyer's Act, U. S., http://www.amlaw.us/emmert1.shtml, last browsed on 08 October 2023.

④ See Maxi C. Scherer, *Third-Party Funding in International Arbitration: Towards Mandatory Disclosure of Funding Agreements?*, ICC Dossier No. 752E(2013), p. 97. Susan L. Martin, *Financing Plaintiffs' Lawsuits: An Increasingly Popular (and Legal) Business*, 33 University of Michigan Journal of Law Review 57, p. 83.

是融资方，如何处理两者间的关系？① 另一方面，仲裁员如何保证其在既有案件中保持独立性与公正性？②

第三，扩大信息披露义务的适用范围。仲裁当事人是否有义务向仲裁庭披露其引入第三方投资者的事实，仲裁员又是否有义务披露其可能存在的独立性冲突？③

第四，仲裁保密性的维护。由于引入第三方出资，仲裁程序的保密性必然受到挑战，保密义务的承担主体应否扩大，如何约束出资者遵守仲裁保密义务？④

第五，强制引入费用担保的必要性。第三方出资加入仲裁程序并助长一方当事人的应诉能力之后，若该方当事人败诉，投资者是否有义务缴纳讼费担保以确保其投资行为不会给相对方带来利益减损？这也是该制度给仲裁程序带来的挑战。

四、未竟问题与研究价值

长期以来，大陆法系与英美法系对于第三方案外人为案件提供资金支持，采取不同的法律实践和规制。进入 21 世纪以来，伴随公众对法治信仰和法治信心的增强，法律文化共同体的逐步建成以及应对经济周期的衰退和解决案件纠纷的现实需求，英美法系的部分法域通过立法改

---

① See Jennifer A. Trusz, *Full Disclosure? Conflicts of Interest Arising from Third Party Funding in International Commercial Arbitration*, 101 Georgetown Law Journal 1665 (2013), p. 1670.

② See Maxi C. Scherer, *Third-Party Funding in International Arbitration: Towards Mandatory Disclosure of Funding Agreements?*, ICC Dossier No. 752E(2013), p. 97.

③ See David Samuels, *Third-Party Funding: Avoiding the Pitfalls*, Global Arbitration Review (June 24, 2011), https://globalarbitrationreview.com/article/1030414/third-party-funding-avoiding-the-pitfalls.

④ See Jonas Von Goeler, *Third-Party Funding in International Arbitration and its Impact on Procedure*, Wolters Kluwer (2016), p. 313. Scherer, Maxi, Aren Goldsmith & Camille Flechet, *Third party funding in international arbitration in Europe: part 2 – The Legal Debate*, International Business Law Journal (2012), p. 663 – 664.

革,改变了其在历史上的传统态度,转向接受第三方出资。与之相较,大陆法系的国家通常许可律师风险代理收费等以案件结果作为取费依据的法律服务模式,对第三方出资方式缺少较为明确、系统的法律规范,因此,能否采纳第三方出资,如何规范、健全第三方出资的市场活动和金融监管,保障争议解决案件当事人的现实需求,仍然需要深入的理论探讨和研究,这也是本书的价值所在。

(一)评判、准允到规管问题

本书通过系统研究和梳理,结合我国立法、司法及仲裁实践的特殊情况,因地制宜地分析在现行法律体制下引入第三方出资的必要性、可行性,以及相对应的监管办法;明确指出,第三方出资在我国实践应用的合法性,研究探索其为我国海外权益保护和境内商事仲裁行业发展的效用价值。

1. 引入第三方出资对我国仲裁事业具有积极意义

第三方出资是由与案件无关的第三者对案件一方当事人进行资金支持,并通过分享该方当事人在案件裁判结果中的财产性权益而取得收益的投资。随着仲裁市场的逐步发展与完善,仲裁案件数量的增加与融资需求的显现,第三方出资活动的存在更有利于当事人寻求法律救济,并且有利于促进仲裁地发展高端法律服务行业。

就我国而言,“一带一路”倡议的提出与中国企业“走出去”的海外投资存量,促使当事人需要强而有力的争议解决保障机制。第三方出资客观上帮助当事人在陌生法域维护自身合法权益,强化其采用法律途径保护自身合法利益的能力。

2. 第三方出资在我国具备正当性与合法性基础

第三方出资无疑为当事人寻求争议解决救济提供了资金支持,但也对仲裁当事人的意思自治、仲裁保密性、仲裁员中立性、仲裁代理人的利益冲突等问题产生了消极影响。如何确立第三方出资的正当性是本书着重研究的关键。从社会公益层面看,通过采集中国内地的争议解决案件数据，并结合对争议解决周期、成本等建模分析的方式，可以计算出第三方出资对于社会财富总价值产生的影响，以美国法经济学会主席针对美国诉讼融资市场对于美国社会总体福祉的经济学衍算为鉴，合理且恰当地适用第三方出资将有利于增加社会福祉、保护当事人权益。

从现有立法层面看，第三方出资的合法性应以其可能涉及的法律行为是否违反现有法律法规为标准进行考察。对于第三方出资是否违反强制性规定，应拆分为“案外人出资行为”以及“出资人分享仲裁裁决权益的行为”是否为法律所允许或禁止，逐一进行分析。对于“案外人出资行为”，即案外人代为支付仲裁费、律师费和其他法律费用的行为，中国内地法律并没有禁止性规定。与英美法系禁止“助讼”原则不同，国内立法除限制律师事务所从业范围外并无其他法律法规禁止案外人（无论是自然人还是法人）为案件当事人支付仲裁费用或参与仲裁程序。在仲裁实务中，仲裁机构亦不拒绝或禁止由非当事人代缴仲裁费用。因而，第三方出资者为仲裁当事人支付法律费用的行为并不受限。

3. 对第三方出资应从金融监管与仲裁监督实施二元监管

中国内地商事仲裁事业引入和施用第三方出资的同时，应当在仲裁法律服务与金融市场监管的双重领域同步建立二元监管体制——将第三方出资对仲裁造成的潜在影响和问题交由仲裁监管部门与仲裁执业群体处理，把第三方出资者自身的融投资金融市场秩序问题交由金融监管部门予以监督和规范。

因此，中国内地应当构建针对第三方出资的“二元监管模式”，旨在将仲裁监督作为其中一元，将金融监管作为另一元，对第三方出资双轨考量：分析该机制的潜在影响有哪些，应当如何监管等问题，明确划分仲裁制度与金融市场的双轨监管，分步建立权力监督和自我规制的双项治理模式，最终建立并实现对第三方出资仲裁机制的二元监管，以保障仲裁事业与金融市场正向发展。长期来看，第三方出资活动应适用二元监管模式，将其视作融合法律服务的金融产品，从金融市场与仲裁程序两个层面采取平行监管。

(二)理论与实践的重大意义

1. 理论补白与体系化、国际化接轨

理论意义在于补白性、体系化、国际化的专项制度研究,并就第三方出资现存问题提出改进建议。

第一,补白性。国内对于仲裁领域的第三方出资研究尚属萌芽,第三方出资的研究多见于仲裁机构业务人员、高校学生(以硕士研究生为主)和少数国际业务律师。这些研究或侧重于诉讼案件的资助制度探讨,或注重于仲裁业务的宣讲和介绍,较少从理论层面充分、系统地阐释其制度前沿与本土化可行性。

第二,体系化。近两年来,随着中国国际经济贸易仲裁委员会香港仲裁中心、新加坡国际仲裁中心等一批国际仲裁机构的关注,国内学子和实务律师亦开始关注该制度,但是,基于研究层次和文献篇幅所限,其研究多关注于第三方出资的一隅,且焦点集中于第三方出资给仲裁程序带来的披露、保密、担保等方面的挑战,问题研究方向狭窄且焦点集中,缺乏系统性、体系化的整体研究,甚至无法找到一篇能够介绍、引入、指导于国内当事人参与、从事第三方出资的文献专著,使人难以全面、综合地了解该制度。本书拟解决这些问题。

第三,国际化。第三方出资对于参与方的专业水平要求极高,需要更为国际化的视角考虑问题。一方面,投资者要以专业仲裁法律技能来甄选可供投资的潜在案件、把控程序风险、实现财务回收;另一方面,第三方出资作为新制度给仲裁程序及其裁决结果的合法性均带来挑战,对仲裁程序合法性的挑战亦是仲裁庭、仲裁代理人无法避免的。与国际接轨,研究其他法域中第三方出资在诉讼领域的实践,研究其他法域在国际仲裁业务中的尝试与探索,既是加速国内仲裁业务国际化,提升仲裁水平的手段,也是确保第三方出资在内地生根结果,实现本土化的必经之路。

第四，理论发展。现存的第三方出资并非尽善尽美，在诉讼审判实践的历史中曾有“助讼”的恶名，在仲裁领域也给程序的保密性、公正性和独立性（利益冲突）及当事人的意思自治带来挑战，本书拟通过体系性研究，对这些新挑战给予建议和规制。

2. 实践指引与专业化、本土化发展

实践意义在于指导仲裁业者引入第三方出资、增强仲裁作为多元化争端解决方式的地位，指引并实现第三方出资的本土化，进一步提高仲裁参与方的业务水平。

第一，引入第三方出资在仲裁领域中的使用。目前，各法域均存在诉讼费用或仲裁费用的可替代性解决方案，如风险代理、债权转让、诉讼保险等，但以投资人通过第三方出资协议方式参与纠纷解决的实践占比较低，在中国内地及亚洲其他法域则仍属稀有之事。存在融资需求的当事人如何引入第三方出资，投资者如何介入争议纠纷中，仲裁律师如何服务于投资者与当事人，仲裁庭又如何确保程序的合法性？这些问题都是实用问题，均需系统地解决。

第二，第三方出资在中国的本土化。目前，国内还没有专门立法（包括行政法规、各部门规章等）规范第三方出资。以英美法系为背景，助讼与帮讼分利曾是其常年禁止的犯罪行为。那么，仲裁案件的融资制度在中国是否合法，是否具有可行性？中国如何引入并开展仲裁程序中的第三方出资？这些问题的解决，将对我国仲裁事业的发展，乃至多元化争端解决机制的构建存在极大裨益。

第三，推动仲裁从业者的专业化、国际化水平提升。随着资本的引入，势必带来竞争的提升，这既可能是国内律师与律师之间的竞争，也可能是国内律师与国际律师的竞争，更会是各方对于法律技艺、案件结果预判能力、争议解决处理能力的竞技，本书也将在此方面着笔，以求提升国内仲裁从业者的专业化和国际化水平。

第四，第三方出资能够显著强化中资企业以法律途径化解境外纠纷的可行性。随着“走出去”战略与“一带一路”倡议的推进，越来越多的中资企业增强对外贸易、加大海外投资，中国企业在海外的资产存量与日俱增。然而，经贸投资所产生的纠纷并未得到与之相配的法律救济保障。很多企业仍忌惮于采取诉讼、仲裁等法律措施维护自身的合法海外权益。伴随第三方出资的引入与应用，中资企业可以借助该机制提供的资金、法律咨询与争议解决措施，强化海外权益的法律救济。

五、研究内容与方法创新

在研究内容上，本书将从下述几个方面展开：

第一章将结合国际法规范、内国立法例以及我国国内现有的仲裁规则及实践惯例，阐释第三方出资的准确定义及其特点，在此基础上，对第三方出资行为的法律性质及所涉法律关系作出界定。

第二章将回顾及梳理第三方出资在诉讼及仲裁程序中的兴起、发展及现状，进而探究第三方出资在不同法域的境内商事仲裁程序中适用及推行的正当性与可行性。

第三章将以法社会学的价值角度，分析第三方出资对于争议解决制度、国际仲裁事业和法经济学视角下的金融市场安全的影响，并进一步探析第三方出资的本质，即属于复合了法律、资本、财务、咨询的金融活动。

第四章将从对社会公共秩序的整体影响以及对司法仲裁制度的特别干涉两方面出发，论述第三方出资潜在面临的挑战及其消极影响，并阐释相应问题的规制办法及具体建议。

第五章将探讨中国内地商事仲裁的市场环境，以及开展第三方出资业务的市场潜力，以论证引入第三方出资的必要性及可行性，并进一步探讨其应用场域，以及规制的具体途径、步骤和内容。

第六章将着重阐述中国内地应尽快引导、建立海外投资争端解决的援助机制，利用第三方出资的特有结构性优势，提升及强化中资企业和个人在海外投资资产所在地通过法律手段解决商事及投资纠纷的能力，迅速有效地保障中国海外投资权益及资产安全。

中国内地缺乏就第三方出资成体系性的研究,特别就其可能对仲裁案件产生的程序影响进行评析,缺乏制度规范和行业督导。参考中国香港特别行政区立法例和商事仲裁国际理事会的专项报告,本书拟从历史研究、文义研究和案例研究入手,结合法经济学的建模计算,试分析论证第三方出资对于社会整体经济价值、法律公义的正向影响,在确立该制度正当性前提下,提出对第三方出资仲裁机制的规制建议。

在研究方法的创新方面,本书有别于同类科研课题的研究方法体现在:其一,采用历史研究、文义研究和案例研究相结合的方法,对于中国香港特别行政区立法例从司法实践至立法咨询,再至法律改革的全过程予以阐释,系统诠释和详细分析比较域外立法改革的成因;其二,采用法经济学研究方法,通过数据搜集、公式建模的方式从经济学角度就第三方出资对于仲裁行业、社会福祉的整体影响予以衍算,对该机制具有法经济学上的正效能予以严谨复核、论证。

在研究方法上,笔者借助国家留学基金委资助,利用在美交换访问的机会,于美国、法国、日本和中国香港特别行政区进行了实地探访,与世界领先的第三方出资机构、国际资深仲裁员和仲裁机构开展深入交流。探访式科研过程给本书写作思路和最终研究成果的产出带来了很大帮助。

第一章　第三方出资的性质和界定

第三方出资是一种定向应用于商事争议解决案件，由案外人为一方当事人提供独立的法律技术与财务融资支持，并以案件取得胜诉裁判和执行结果为前提，获取投资回报的新型法律金融投资方式。本章将从广义的第三方出资入手，探讨争议解决案件的传统融资途径与法律界定，试分析案件融资的基础法律关系与行为本旨。进而确定本书研究主旨的狭义第三方出资及其定义、特点与识别方法。

第一节　第三方出资的意涵

结合本章对争议解决案件融资法律形态及第三方出资法律概念的梳理，本节全面剖析案件融资所涉主要基础法律关系，结合执业群体与公众对第三方出资的现有认识，辨析狭义的第三方出资准确定义和特点。

一、广义的争议解决案件融资

民商事争议解决是平等的民商事主体就双方产生的合同、财产、侵权纠纷以诉讼或替代性争议解决机制(Alternative Dispute Resolution, ADR)进行处置,平息纷争的过程。晚近,国家与民事主体之间的投资争端,由于可通过国际投资仲裁、国际调解程序等方式予以调处,也逐步纳入国际商事(投资)争议解决的范畴。同时,以律师、审计师为主的实务部门,也将企业的破产重整与清算程序囊括进争议解决的业务领域。至此,广义上的争议解决包括跨境民事诉讼、国际投资仲裁、国际商事仲裁、内国的民商事诉讼与商事仲裁、破产重整与清算程序。此外,以产生纠纷的争议类型划分,传统的民事纠纷与商事纠纷相分离,且知识产权类争议独树一帜,与商事纠纷并列为当代国际法律业务实践中争议解决的主流业务流域。

与上述业务范围相关的法律程序,正是广义争议解决案件融资的对象。而争议解决案件或项目的融资活动,即为帮助当事人(或破产债务人)解决争议而募集资金用以支付争议解决所需各类开支的融资过程。值得一提的是,争议解决的融资目的是最终实现各方纠纷的定分止争,而提供资金支持的各方主体,并非以营利为目的提供争议解决的资金支持,如子公司为母公司提供争议解决费用的垫资、公益基金会为实现其基金设立宗旨而提供无偿的资金支持等。有关具体的争议解决案件的融资方式将在本节第二部分阐述。

广义的争议解决案件融资以争议解决案件为中心,探讨其费用承担方式。因此,案件(诉权)可以随处分权利的主体变化而移转,进而衍生出诉的继承、代位之诉,以及诉讼费用的借贷、垫款与投资等多种融资方式。同时,由于实际支付法律费用的主体、方式各异,还可能涉及律师风险代理、关联公司间拆借或不良资产管理等多种融资方式。狭义的第三方出资,既属于案件融资的下位概念,也可以算作同一商事活动的两面:

案件融资是从当事人角度出发，第三方出资则是从纠纷当事方之外的案件费用提供者角度阐释案件融资的过程。

就广义上的第三方出资而言，出资者不同的行为目的所表现的出资形态不同，其出资行为的性质也不相同，最终决定出资者与受资助方当事人之间建立不同的法律关系，产生不同的权利、义务约束。典型的争议解决融资包括风险代理、法律责任保险、不良资产处置、贷款垫资、公益法律援助、关联方资金支持等，在这些融资模式中，有需要承担出资返还义务的情形，也有无追索权的出资形态，甚至还有债权转化、诉权移转与无对价的无偿代理等形式。

二、第三方出资的翻译和界定

1. “Third-Party Funding”的翻译

关于“Third-Party Funding”的翻译，存在多种版本。由于内地并未实施立法改革，只有几家仲裁机构在其仲裁规则及投资仲裁规则中的表述可资参考。国际仲裁组织和中国香港特别行政区的立法例亦可作为参考。中国香港特别行政区《仲裁条例》(Arbitration Ordinance)将“Third-Party Funding”的中文翻译为“第三者资助”；①国际律师协会及国际争端解决中心在非官方语言的中译本守则中，②将其翻译为“第三方出资”。这些翻译并非官方作准的语言文本，抑或是与中国内地语言习惯有一定差异的译者进行的翻译，并不作为权威指导。而且，“Third-Party Funding”尽管已成为国际和国内仲裁业界议论的热点话题，但在中国内地的实践还未能达到产生行业惯识的程度。因此，中国内地在订定“Third-Party Funding”的中文翻译时，应做独立的价值判断和思考。

“Third-Party Funding”的中文翻译应当译为“第三方出资”。首先，

---

① 参见《政府发出〈第三者资助仲裁实务守则〉》，载香港特区律政司官网2018年12月27日，https://www.doj.gov.hk/sc/public/pdf/2018/pr20181207sc4.pdf。

② 参见国际律师协会：《国际仲裁利益冲突指引》(2014年10月23日通过)，第一部分“对一般标准6的解释”第(b)款。

"third-party"一词应与民事诉讼法学中的"第三人"制度相区分,且应避免使用容易产生歧义的词汇(如"第三者"①)。其次,"funding"一词不宜译作"融资"或"资助"。在第三方出资中,融资方为受资助的案件当事人。若译作"第三方融资",易使出资主体与融资主体相混淆。此外,"资助"一词在中文语境下具有"提供财务无偿帮助"的含义,而第三方出资行为并不一定是无偿的,仅是出资款项的返还或补偿应以受资助方当事人取得胜诉为前提。

值得注意的是,在英、美、澳3国,第三方出资市场的规制主要来自金融监管层面,如美国证券交易委员会(United States Securities and Exchange Commission, SEC)、澳大利亚证券投资委员会(Australian Securities and Investment Commission, ASIC)等,司法监督仲裁中的审查方式仅是出资个案项下的监管方式。② 如果从金融角度考虑,"融资""资助""出资"就有着施动主体与出资目的的差异。"融资"侧重于资金用需方,即当事人;"资助"含义具有一定的无偿性,或不计回报的含义;"出资"则是资金供应方供给资金行为的客观描述。特别是对仲裁机构而言,应持更加审慎、客观和中立的态度对待第三方出资,尽量避免当事人、代理律师对该机制的资金性质(有偿性)产生不必要的误会。客观、中立、公平和公正是仲裁机构的声誉核心,使用客观描述,而不加入对资金性质的表述,不仅更为稳妥,而且不会引发不必要的过度解读。因此,以"第三方出资"命名该机制更能如实反映其特征,避免歧义或误解。

---

① 参见中国香港律政司对香港法律改革委员会有关《〈第三方资助报告书〉(2016年10月)的回应》附件A,"律政司认为,在建议的法例修订中,以'第三者'形容出资者更为适合"(没有解释具体理由)。

② See Law Council of Australia, *Regulation of Third Party Litigation Funding in Australia Position Paper* (June 2011), p. 14; *ASIC Class Order* [*CO 10/333*] – *Funded Representative Proceedings and Funded Proof of Debt Arrangements*, Australian Securities and Investment Commission (ASIC) (May 2010) https://asic.gov.au/asic/pdflib.nsf/LookupByFileName/co10-333.pdf.

2. 第三方出资的概念定义与特点

对“Third-Party Funding”的中文翻译进行明确只是第一步，对于其概念内涵的准确定义才是关键。综合前文梳理的多种第三方出资相关概念界定，国际商事仲裁理事会在专项报告中所做定义最为言简意赅。①

本书对狭义的第三方出资所做定义，是指与争议纠纷没有任何直接利害关系的自然人、法人或组织，按照其与纠纷当事一方或其关联方订立的出资协议之安排，向该方当事人无偿地捐赠或者不设返还条件地提供财务资金或与之同等的物质、服务援助等行为，并可将争议解决的处理结果作为其取得出资回报或补偿的条件，进而实现出资捐助或出资回报的目的。

依照上述概念定义，狭义的第三方出资应当具有如下特点：

第一，出资主体应是与争议纠纷不存在任何直接利害关系的主体。与争议案件没有直接利害关系，是第三方出资者区别于民事诉讼第三人身份的显著特征。也就是说，出资者在进行案件出资之前，不应与案件的任意一方当事人存在既存的财务、经济、股权或者人身权义上的关系，应当是完全独立于案涉纠纷之外的独立主体。

第二，出资行为应以出资者和受资助方之间的书面出资协议为准。由于出资者与争议案件并不存在直接的法律关系，出资行为的建立应以出资者与一方当事人之间订立的出资协议为准。在现有立法例及主要国际组织的建议中，出资安排应采要式书面作出，以明确两者之间的权利义务关系。

第三，出资款项的返还或补偿须以纠纷处理结果为前提，且不得约定强制返还。换言之，第三方出资者仅在受资助方取得胜诉结果的前提

① See International Council for Commercial Arbitration, *Report of the ICCA-Queen Mary Task Force on Third-Party Funding in International Arbitration*, Apr. 2018, Chapter 3 &4.

下,才可能依约分享裁决确认的权益。①

基于上述定义及特点,本章第一节所述的各类争议解决融资安排凡能符合该特征的,即可被归为狭义的第三方出资范畴,进而纳入本书的研究体系中。对于狭义第三方出资的法律价值与风险,具体的法律规制手段,及其本土化应用,将在后续章节逐一阐述。

第二节　实践中的法律界定

结合本章开篇对案件融资可适用场景的阐释,狭义的第三方出资概念界定可参考国际法规范、各国或地区立法例与我国现有实践惯例,并结合该机制的特点加以确定。之所以对这一机制做单独的概念厘定,是因其可能对当事人的争议解决程序、现有争议解决制度和金融市场监管带来变革和挑战,需有针对性地引导和规范。

一、中国香港特别行政区对第三方出资的定义

中国香港特别行政区法律改革委员会于 2013 年既已成立专项小组研讨引入和规制第三方出资的具体办法,其先后于 2015 年和 2016 年发布的咨询文件和最终报告对于内地研究人员了解第三方出资,以及国际仲裁界了解立法机关的态度,提供了宝贵的研究对象。但出于审慎的目的,中国香港特别行政区的正式立法改革略迟于新加坡,于 2017 年 6 月 14 日方正式通过《2017 年仲裁及调解法例(第三者资助)(修订)条例》(Arbitration and Mediation Legislation Third Party Funding Amendment Ordinance 2017),对《仲裁条例》(香港法例第 609 章)作出修订,将第三方出资在仲裁与调解中的应用合法化。②

---

① 参见侯鹏:《商事仲裁中的第三方出资及其规制》,载《国际法研究》2018 年第 5 期。

② 香港法律改革委员会:《第三方资助仲裁报告书》(2016 年 10 月),第 68 页。

中国香港特别行政区《仲裁条例》第 98G 条对第三方出资仲裁进行定义。[①] 具体，第三方出资仲裁，是指为一仲裁案件提供仲裁融资：(1)基于一份仲裁协议；(2)向受资助的当事人；(3)由一名第三方出资者提供；(4)只有在仲裁取得出资协议界定的胜诉条件的前提下，出资者方有权以金融利益作为出资回报。

以上条款表明，中国香港特别行政区将出资行为视同一种获取金融利益的行为，但其取得财务投资回报应以取得仲裁胜诉为限，而胜诉标准应由受资助方当事人和出资者在出资协议中订立。

2018 年 12 月 7 日，中国香港特别行政区公布《第三者资助仲裁实务守则》，适用于任何在 2018 年 12 月 7 日或之后开始或订立的资助协议。根据《第三者资助仲裁实务守则》，出资者应承担相关义务，如出资者必须确保受资助方知道其有权寻求独立的法律意见，在出资协议中明确主要特点及条款，提供送达法律程序文件的香港特别行政区地址，并列明咨询机构的名称及联系方式；并且，出资者必须保证资本充足，有效处理利益冲突问题，对所有与仲裁和出资协议事由相关的信息和文件予以保密，不对受资助方及其律师产生影响，或采取导致受资助方的律师违反其专业职责的行为，或尝试影响仲裁庭。出资者若未能遵守《第三者资助仲裁实务守则》相关规定，不会招致司法或其他法律程序，但是，《第三者资助仲裁实务守则》可在中国香港特别行政区法院或仲裁庭被采纳为证据。

二、新加坡、尼日利亚对第三方出资的定义

由于第三方出资是法律服务行业的一种金融创新，属于法无明文禁止即可为的商业活动。各国对于第三方出资的立法例还较为匮乏。

1. 新加坡《民法修正案》

新加坡于 2017 年 1 月 10 日通过《民法修正案》[Civil Law (Amend-

---

① Article 98G of the Hong Kong Arbitration Ordinance.

ment) ACT 2017]并于2017年3月1日起生效实施《2017年民法(第三方出资)规定》。①

修订后的新加坡《民法典》没有直接对第三方出资行为作出定义,而是分别对第三方出资者、合格出资者、接受出资的当事人和第三方出资协议作出界定:“第三方出资者”,是指就争议解决程序所需全部或部分费用开支提供商业出资且非纠纷当事人的个人;“合格的第三方出资者”,是指符合且持续满足资格条件和其他可能被要求的资质的第三方出资者;“受资助方”,是指争议解决程序中与第三方出资者就全部或部分程序费用支出订立协议的一方主体,包括清盘人或司法管理人;“第三方出资协议”,是指一份由争议当事人或潜在当事人与第三方出资者就全部或部分提供争议解决程序所需费用的合同或协议,并以此从该方当事人或可取得的法律程序确认的潜在结果中分取部分利益或其他权益作为回报。②

新加坡在其国家立法中将第三方出资拆解为出资主体、受资助主体和出资协议三个方面,分别进行了界定。其中,有关第三方出资协议的规定与前文所述国际实践中对于“第三方出资”行为的界定相近。对于新加坡而言,其修改《民法典》并认可第三方出资在国际仲裁程序中的应用,有着不同意义。新加坡属英美法系,受禁止助讼分利原则的规制。2017年的法案修订,新加坡首先在《民法典》第5A部分明确规定,任何人不应承担基于禁止助讼分利原则而产生的侵权责任,正式将该原则废止。③

除此之外,新加坡于2017年的立法中对争议解决程序(dispute

---

① See Chiann Bao, *Third Party Funding in Singapore and Hong Kong: The Next Chapter*, 34 Journal of International Arbitration 387, p. 388 (2017).

② Section 5B (10), *Singapore Civil Law (Amendment) Act* 2017, effected on March 1, 2017.

③ Section 5A, *Singapore Civil Law (Amendment) Act* 2017, effected on March 1, 2017.

resolution proceedings)作出了明确界定,即解决或试图解决两个及以上当事方之间争议的完整民事、调解、和解、仲裁或破产程序。在新加坡司法部对特定争议解决程序的进一步解释中,将第三方出资可得适用的范围限定于以下五类程序:(1)国际仲裁程序;(2)与国际仲裁程序相关的衍生法庭程序;(3)与国际仲裁程序相关的调解程序;(4)在国际仲裁法(第143.A章)第6条项下申请程序中止以及其他申请执行仲裁协议的程序;(5)国际仲裁法项下与执行仲裁裁决或外国裁决相关的程序。①由此可见,新加坡立法在对第三方出资的主体及内容作出明确规定的同时,也对该机制可得适用的范围作出了明确的限定。

2. 尼日利亚的间接立法

2018年6月,尼日利亚通过了《2017年尼日利亚仲裁和调解法案(废除和重新订定)》[the Nigerian Arbitration and Conciliation Act (Repeal and Re-Enactment) Bill 2017]。该修正案扩大仲裁庭对费用分摊的裁判权,支持仲裁庭将当事人引用第三方出资的合理费用作为败诉方应承担的费用,从而间接认可第三方出资的合法性。这一立法修订案使尼日利亚成为世界上第三个、非洲第一个通过修订成文法方式认可第三方出资的法域。②

按照修订案,尼日利亚将第三方出资协议定义为:"由专业的出资公司、个人、企业、银行、保险公司或机构(出资者)与仲裁中的一方当事人订立,约定由出资者为当事人提供全部或部分的法律费用,借以分享所获赔偿金的协议。"③修订案没有变更原有法律条文正文中的内容,也未直接添列认可第三方出资合法性。但是,通过修正案订定,仲裁庭将有

---

① No. S 68, subsection 3, *Civil Law (Third-Party Funding) Regulations* 2017.

② See Abayomi Okubote & Joshua Karton, *Jumping on the TPF Bandwagon: Nigeria's New Arbitration Bill Embraces Third-Party Funding*, Africa Arbitration.

③ Section 50 1(g) and 84 of the Nigerian Arbitration and Conciliation Act (Repeal and Re-Enactment) Bill 2017.

权对涉及第三方出资的法律费用进行分配。

三、国际组织对第三方出资的定义

此处“国际定义”专指由国际组织、国际性仲裁机构以及国家之间订立的有关公约、协定、规则和指引中有关第三方出资作出的界定。

1. 国际律师协会

其实，国际律师协会（International Bar Association，IBA）于 2014 年订定《国际仲裁利益冲突指引》时既已考虑到第三方出资的问题，但是 IBA 仅在该指引的一般标准解释中对“第三方资助人”一词作出了界定：“第三方资助人”和“保险人”，是指任何对提起仲裁或进行辩护提供资金或其他物质支持并且与仲裁裁决有直接经济利益，或者根据仲裁裁决补偿一方当事人的任何个人或实体。①

该条款定义是就 IBA 上述指引中有关公正、独立和披露的一般标准中的“关系”一事作出的补充解释。也就是说，在分析判断仲裁案件中当事人与仲裁员之间的利益关系时，应将“有控制影响力”的一部分主体等同于当事人，这些所谓的有控制影响力的主体就包括第三方出资者（IBA 将其翻译为“第三方资助人”）。IBA 对等同于当事人的主体在其指引主文界定为：“如果一方当事人是法律实体，对该法律实体具有控制影响力，或者与仲裁裁决有直接经济利益，或者负有根据仲裁裁决补偿一方当事人责任的任何法人或自然人，应视同于该方当事人。”

按照上述规定，“具有控制影响力”“有直接经济利益”等要素构成了国际组织起初勾勒第三方出资者形象轮廓的主要要素。它并非浮于形式地描述出资方与当事人之间的融资行为及权益分配过程，而是更为彻底地指向了第三方出资者的产生与存在的潜在实质影响，即对仲裁程序的当事人案件辩论权利及获得裁决实体权益的负面影响。在此情形

---

① 国际律师协会：《国际仲裁利益冲突指引》（2014 年 10 月 23 日通过），第一部分“对一般标准 6 的解释”第（b）款。

下，第三方出资者的介入促使仲裁庭需要考量的引发仲裁员利益冲突的主体范围扩大。与此同时，第三方出资可能对当事人仲裁权利及经济权益的干预也被指明。这也是当前国际社会，尤其是国际投资仲裁领域对第三方出资最主要的诟病。

2. 商事仲裁国际理事会

商事仲裁国际理事会（International Council for Commercial Arbitration, ICCA）于2013年即设立了有关第三方出资问题的专项研究先遣组（Task-Force），借以研究国际仲裁程序中与第三方出资相关的问题。①该研究先遣组也是目前唯一一个由国际非政府组织专门设立的第三方出资问题研究小组，在国际社会有较大影响，且在各国就有关立法的创设和仲裁行业行为操守的指引中发挥了重要作用。

ICCA在2018年4月发布的有关国际仲裁中的第三方出资报告中作出了概念界定。②"第三方出资"，是指非争议当事人的经济实体与一方当事人、该当事人的关联方或代理该当事人的律师事务所之间通过协议方式约定：（1）提供出资或其他物质支持，用以资助该当事人就其单独或特定系列案件中所需用度的全部或部分程序费用；以及（2）提供该等支持或出资，或是为了换取全部或部分依赖于纠纷处理结果而支付的酬劳或补偿，或是通过补助方式或作为支付保费的回报而予提供。

由上述定义可见，ICCA的概念界定将"第三方""出资方式""回报方式"做了详细区分，但其界定的范围又相对宽泛，并不限缩于某一种形式。需要注意的是，ICCA的研究先遣组在其草稿版和正式工作报告中

① See International Council for Commercial Arbitration Task-Force of Third-Party Funding in International Arbitration, *Report of the ICCA-Queen Mary Task Force on Third-Party Funding in International Arbitration*, ICCA Reports Series, Volume 4, 2018, p. 2.

② See ICCA Reports No. 4, *Report of the ICCA-Queen Mary Task Force on Third-Party Funding in International Arbitration*, ICCA Reports Series, Volume 4, 2018, p. 50.

就第三方出资的定义表述有所不同,主要是从语言表述的简洁性上作出修改。①

3. 国际投资争端解决中心

国际投资争端解决中心(International Centre for Settlement of Investment Disputes, ICSID)是基于《解决国家与他国国民间投资争端公约》而设立的,唯一一家以调处国际投资争议为特别目的的国家间非政府间组织。② 在第三方出资的实践中,投资者与国家间的投资争端也是其主要应用领域。无疑,ICSID 对于第三方出资的界定将在国际投资仲裁的实践层面产生巨大影响。

2018 年 8 月,ICSID 公布了为修订现行 2006 年版仲裁规则所作的第一次工作报告。③ 其中,新增有关第三方出资的仲裁规则第 21 条,并就该机制作出了定义。④ "第三方出资",是指由一名不是纠纷当事人的自然人或法人("第三方出资者")为案件追索或答辩之目的,向参与案件程序的当事人、当事人的关联方或代理该方当事人的律师事务所提供资金或其他物质支持。提供该等资金或实物支持:(1)通过捐赠或授予方式进行;或者(2)出于保险金的回报,或是为换取全部或部分依赖于纠纷处理结果的报酬或补偿。

ICSID 在对第三方出资进行概念界定时,主要参考了 ISDS 的讨论

---

① See International Council for Commercial Arbitration (ICCA) Task-Force of Third-Party Funding in International Arbitration fist went public its draft report online on Sep. 1, 2017, and issued the formal Report on Apr. 4, 2018, both versions are available at https://www.arbitration-icca.org/projects/Third_Party_Funding.html.

② See *Introducing ICSID*, ICSID, https://icsid.worldbank.org/en/Documents/ICSID_Primer_1.16.19.pdf, last visited on 08 October 2023.

③ See *About ICSID Amendments*, ICSID, https://icsid.worldbank.org/en/amendments/Pages/About/about.aspx, last visited on 08 October 2023.

④ See *Proposals for Amendment of the ICSID Ruels-Working Paper*, ICSID, https://icsid.worldbank.org/en/Documents/Amendments_Vol_Three.pdf, last visited on 08 October 2023.

意见，并结合 ICCA 第三方出资研究先遣组在其草稿版报告中的主要定义方法，以及 IBA 有关国际仲裁中利益冲突指引的界定。同时，ICSID 在草拟第三方出资相关条款的过程中亦参考了其他主要国际仲裁机构的既有实践经验。

4. 双、多边协定

(1) 加拿大与欧盟

加拿大与欧盟政府于 2017 年 9 月达成自由贸易协定，即《综合性经济贸易协议》(Comprehensive Economic and Trade Agreement, CETA)，其中第八章“投资”项下对第三方出资作出了定义和规制。① 具体定义为，“非争议当事方的自然人或法人为了对仲裁程序所需全部或部分费用提供融资，与当事人达成协议，并通过捐赠或授予或依赖于争议处理结果获得回报补偿的方式提供资金支持”。

对于获得资金支持的争议当事方，该协议要求其及时向仲裁庭履行披露义务，提供当事方出资者的名号与地址。换言之，该协议虽然没有明示第三方出资在加拿大、欧盟争端处理机制中的合法性，但实质已然默许了第三方出资辅助于欧盟与加拿大经贸协议项下的跨境投资争端解决制度中。

(2) 欧盟与东南亚国家

2018 年 4 月，欧盟与新加坡达成《投资保护协定》(Investment Protection Agreement, IPA)，旨在优化各缔约成员之间的投资环境。该协定第三章专章就各方之间的争议解决机制进行了规约，其第 3.2 条对

---

① See *Text of the Comprehensive Economic and Trade Agreement-Chapter Eight: Investment*, Article 8.1 & 8.26, https://www.international.gc.ca/trade-commerce/trade-agreements-accords-commerciaux/agr-acc/ceta-aecg/text-texte/08.aspx?lang=eng, last visited on 08 October 2023.

第三方出资作出了明确的界定。① “第三方出资”，是指非争端当事方的自然人或法人与一方争端当事人达成协议，通过为争议解决程序提供所需的全部或部分费用的方式，换取分享该争议当事方基于裁判结果或潜在结果而有权获得的收益，或仅以捐赠或授予的形式提供资金。

2018 年 9 月，欧盟与越南达成《投资保护协定》，其中第三章第 3.28 条也就第三方出资作出界定，用语与新加坡所涉 IPA 的内容略有不同。“第三方出资”，是指任何由非争端当事方的自然人或法人基于其与一方争端当事方订立的协议安排提供的出资，该出资用以提供争议解决程序所需的全部或部分经费，进而换取以争议解决所得结果而定的补偿，或者由非争端当事方的自然人或法人以捐赠或授予的形式提供的任何资金支持。②

上述条款界定虽然有所不同，但均可体现第三方出资者是独立于争端当事方的主体（自然人或法人），且提供出资的目的存在换取回报或补偿，与单向赠予或授予等不同意图。但即便是以换取回报为目的，其回报发生的条件都是基于争议解决的结果而定。

（3）欧盟与墨西哥

欧盟与墨西哥于 2018 年签订的贸易协定的争端解决专章中，对第三方出资也作出了界定。③ “第三方出资”，是指由非争端当事方的自然人或法人经与一方当事人签订协议的方式提供的出资，用以支付争议解

---

① Chapter 3, Article 3.2 (f), *EU-Singapore Investment Protection Agreement* (2018), available at https://eur-lex.europa.eu/resource.html?uri=cellar:55d54e18-42e0-11e8-b5fe-01aa75ed71a1.0002.02/DOC_2&format=PDF#page=29, last visited on 08 October 2023.

② Chapter 3, Article 3.28 (i), *EU-Vietnam Investment Protection Agreement* (2018), available at http://trade.ec.europa.eu/doclib/docs/2018/september/tradoc_157394.pdf, last visited on 08 October 2023.

③ Article 1, *Modernisatoin of the Trade part of the EU-Mexico Global Agreement*, available at http://trade.ec.europa.eu/doclib/docs/2018/april/tradoc_156814.pdf, last visited on 08 October 2023.

决程序所需的全部或部分费用，并基于争端解决结果获取补偿，或者仅以捐赠或授予的方式出资。

在该争端解决的协定第 10 条专门对第三方出资的告知义务作出了规定，要求受益于第三方出资的争端当事人向仲裁庭告知该出资者的名称。①

（4）跨大西洋贸易与投资伙伴协议草案

欧盟在其向美国提交的《跨大西洋贸易与投资伙伴协议》（Transatlantic Trade and Investment Partnership，TTIP）内部讨论文件中亦明确对第三方出资一事作出了规范建议，尽管该协定因政治因素而未予最终达成，但无疑仍是当代举足轻重的国际投资领域的重要文献，对国际法制的构建和影响颇大。

在该版本 TTIP 草案第 3 节有关投资争端解决和投资法院系统的规定中，第一子节第 1 条即对第三方出资作出了界定。②“第三方出资”，是指由非争端当事方的自然人或法人经与一方当事人签订协议的方式提供的出资，用以支付争议解决程序所需的全部或部分费用，并基于争端解决结果获取补偿，或者仅以捐赠或授予的方式出资。

TTIP 草案在该部分第 8 条对第三方出资作出了对当事人有告知义务的规定，其表述基本与欧盟和墨西哥的相关规定相同。③

将 TTIP 草案中的定义与欧盟对外签订的投资保护协定、贸易协定中的有关定义比较可以发现，其对第三方出资的界定较为相近，即主体

---

① Article 10, *Modernisatoin of the Trade part of the EU-Mexico Global Agreement*, available at http://trade. ec. europa. eu/doclib/docs/2018/april/tradoc_156814. pdf, last visited on 08 October 2023.

② Section 3, Sub-section 1, Article 1, *Commission draft text TTIP-investment*, available at http://trade. ec. europa. eu/doclib/docs/2015/september/tradoc_153807. pdf, last visited on 08 October 2023.

③ Section 3, Sub-section 3, Article 8, *Commission draft text TTIP-investment*, available at http://trade. ec. europa. eu/doclib/docs/2015/september/tradoc_153807. pdf, last visited on 08 October 2023.

上均是与争端当事方相分离的自然人或法人，出资基础系与一方争端当事方达成的协议，出资范围是用以支付争议解决程序所需的部分或全部费用，出资方式以存在回报和赠予等两种方式为主，以取得回报的方式提供出资时，回报的取得应以争端处置的结果为基础，而回报的内容可能是补偿(remuneration)，也可能是份额(shares)或权益(interests)。

四、主要仲裁机构对第三方出资的定义

在自己的商事仲裁规则中列明第三方出资定义的仲裁机构并不多见，但主要国际仲裁中心在其投资仲裁规则或机构实务指引、仲裁员守则中补充该机制定义及规范内容的事例较为普遍。

1. 国际商会仲裁院

国际商会(International Chamber of Commerce，ICC)仲裁院是由国际商事组织设立的商事仲裁机构，同时调处国际投资仲裁争端。截至2019年，ICC仲裁院2017年版仲裁规则中尚未对第三方出资作出明确的界定和相关规定。① 但在其2019年1月1日发布的《当事人与仲裁庭在国际商会仲裁规则下参与仲裁程序的指引》中，ICC仲裁院仍就潜在利益冲突的披露义务，以及与ICC管理仲裁程序的缴费事宜作出了一些限制。这些规定对第三方出资者在ICC仲裁程序中的行为作出了规范，但没有直接对第三方出资进行界定。②

在有关仲裁员的利益冲突披露义务中，该指引规定："在评估是否应当进行披露时，仲裁员或潜在仲裁员应就其与仲裁结果存在利害关系的非当事人(non-parties)之间的关系。就此，秘书长可以通过指明仲裁程序中的相关实体或个人的方式辅助潜在当事人。这一释明行为并不免

---

① International Court of Arbitration, *The ICC Rules of Arbitration* (as of 1 March 2017), available at https://iccwbo.org/dispute-resolution-services/arbitration/rules-of-arbitration, last visited on 08 October 2023.

② International Chamber of Commerce, *Note to Parties and Arbitral Tribunals on the Conduct of the Arbitration under the ICC Rules of Arbitration* (dated 1 January 2019), paras. 24, 28 & 69.

去仲裁员或潜在仲裁员就其可能知晓的与该实体或自然人之间的关系的披露义务。如对秘书长披露信息存有异议,则鼓励仲裁员或潜在仲裁员与秘书长协商。”

对于仲裁员所需披露的事项范围,该指引亦规定:“仲裁员之间的关系,以及与争议有任何直接经济利害关系的实体之间的关系,或对裁决负有赔偿义务的一方实体之间的关系,也应在每一个案中加以考虑。”

值得留意的是,除去在仲裁员的信息披露义务中对第三方出资事宜进行了规定,该指引在当事人预缴仲裁费的相关规定中也对案外人提供仲裁费用出资作出了较为明确的限定——一般情况下,ICC 仲裁案件的费用必须由当事人直接支付。除此之外,在确有证据证明第三方付款人与当事人之间存在合法关系的情况下,ICC 可以接受由正式授权的律师或代理人支付的仲裁预付费用。

按照《国际商会仲裁规则》第 37 条第 1、2 款之规定,秘书长收到仲裁申请书之后可以要求申请人缴纳仲裁费预付金(deposit),并由申请人和被申请人平均分担;按照该条第 6 款的规定和仲裁规则附件三“仲裁费用和报酬”第 1 条第 3 款的规定,仲裁庭通常只会对已缴纳预付金的仲裁请求和反请求进行审理,若没有缴费,秘书长经商仲裁庭后,有可能要求暂停工作。也就是说,未缴纳预付金的仲裁案件一般不能得到审理,而结合前款引文,缴纳预付金的主体若与当事人之间不具备合法的关系证明,则第三方付款人也难以帮助当事人完成费用缴纳,启动仲裁程序(或仲裁反请求的审理程序)。需要说明的是,ICC 规定的仲裁费用预付款只是一种预先支付必要仲裁费用的款项支付方法,不是仲裁费用的担保金(security for cost)。后者具有担保性质,是对滥诉的防范机制。

就此,ICC 仲裁规则与其指引中没有就第三方出资者再作进一步的界定;对于第三方与当事人之间的“合法关系的证明”一事,也没有进一步的细化。但是,以上规则和指引的规定可以明确的是,第三方出资者介入当事人系争的仲裁案件需要具备其与当事人就裁决结果存在直接利害关系的合法证明性文件。这也为仲裁员确定利益冲突范围、披露事项内容提供了可行性。

2. 新加坡国际仲裁中心

如前所述，新加坡是世界上为数不多的对第三方出资进行立法规范的法域。新加坡国际仲裁中心作为该法域最为知名的仲裁机构，在其有关规则中也对第三方出资事宜作出了规范。

截至目前，SIAC 现行有效的国际仲裁规则包括：2016 年版《新加坡国际仲裁中心仲裁规则》（Arbitration Rules of the Singapore International Arbitration Centre），2017 年版《新加坡国际仲裁中心投资仲裁规则》（Investment Arbitration Rules of the Singapore International Arbitration Centre），并可适用联合国国际贸易法委员会（United Nations Commission on International Trade Law，UNCITRAL）仲裁规则。由于新加坡正式实施立法改革，确认第三方出资在其域内国际仲裁程序中的合法性是 2017 年 1 月，因而，SIAC 仅在 2017 年版的国际投资仲裁相应规定中对第三方出资一事进行了界定。①

在 SIAC《国际投资仲裁规则》第 24 条有关仲裁庭的权力中，第 1 款明确："除当事人另有约定之外，抑或该规则的其他条款赋权及仲裁程序适用法律的强制规定之外，仲裁庭有权命令披露存在第三方出资协议，及/或明确第三方出资者身份，包括第三方出资与裁决结果之间的利害关系细节，及/或第三方出资者是否承诺担负不利费用令的有关责任等。"

需要注意的是，上述规则并没有明确仲裁庭权力所指向的义务承担主体。结合上下文，以及仲裁庭权力是以其管辖权为基础的管辖原则，该等规定对应的披露义务主体应当为当事人，而非第三方出资者。与较

---

① See Singapore International Arbitration Centre, *SIAC Investment Arbitration Rules* (1st Edition, 1 January 2017).

为详细的披露责任相对应,按该规则第 33 条之规定,仲裁庭在对仲裁费用进行裁量时,亦应将第三方出资协议的有关负担纳入仲裁费用的考量范围之内:“除非当事人另有约定,仲裁庭应对仲裁程序的整体开销作出明确的裁决。除当事人约定外,仲裁庭应在仲裁裁决中决定各方当事人所应承担的仲裁费用比例。仲裁庭在指令承担仲裁费时亦可将任一第三方出资协议作为参考。”

对于当事人的法律费用和其他开支,该规则第 35 条进一步规定:“仲裁庭有权拒绝一方当事人向其他当事人支付法律等其他费用。仲裁庭在作出决定时可以将任何有关第三方出资的协议安排纳入考量范围,以决定一方当事人向其他方支付全部或部分仲裁费用。”

尽管上述规定并没有明确决定第三方出资协议所对应的开支范畴是什么,也没有明确给出支持或否定当事人为第三方出资者支付的裁决分配补偿是否属于仲裁费用(含其他费用)的一部分,而仅是以“予以考量”(take into account)等较为模糊的词语对第三方出资协议所生费用作出了安排。但仍可以肯定的是,该投资仲裁规则无疑对相对方当事人承担第三方出资所生法律费用提供了范本和规则依据,为今后各仲裁机构在其投资仲裁规则中引入第三方出资及其费用分配考量机制奠定了基础。

当然,SIAC 作为积极推动第三方出资合法化的仲裁地国的主要仲裁机构,仍有进一步修改其规则,使之与本地立法改革相呼应的空间。一方面,SIAC 尚未在一般的商事仲裁规则中明确第三方出资的概念界定和费用承担问题;①另一方面,在其《仲裁员职业道德规范》(Code of Ethics for an Arbitrator)中,亦缺乏类似 IBA 规则或 ICC 仲裁院规则的仲裁员披露义务,即要求仲裁员须予披露其与第三方出资机构的利害关系

---

① 《新加坡国际仲裁中心仲裁规则》(第 6 版,2016 年 8 月 1 日)。

问题。①

3. 中国香港国际仲裁中心

中国香港国际仲裁中心(Hong Kong International Arbitration Centre, HKIAC)于2018年11月1日起施用新版《2018年香港国际仲裁中心机构仲裁规则》。与中国香港特别行政区立法修订相呼应,新规则第44条增加了有关第三方出资仲裁的披露条款,要求受资助方当事人应将已签订资助协议的事实与第三方出资者的身份书面通知给仲裁庭和其他当事人。

在新规则中,中国香港国际仲裁中心并未重新界定第三方出资的含义,在其规则的中文译本中使用了"第三方资助仲裁"的表述用以指代"third-party funding of arbitration"。按照受托报告人所述,第三方出资的定义应参考中国香港特别行政区《仲裁条例》所作规定。②

4. 中国国际经济贸易仲裁委员会

中国国际经济贸易仲裁委员会(以下简称贸仲委)作为中国内地最早涉猎商事仲裁制度的仲裁委员会,在其成立、发展的60余年间始终走在中国仲裁国际化的前列。2017年9月,贸仲委发布了《国际投资争端仲裁规则(试行)》,旨在就投资者与东道国之间的投资仲裁争端提供仲裁管理服务和配套的制度建设。③

按照该国际投资争端仲裁规则第27条第1款的规定,"第三方资助"是指当事人以外的自然人或实体协议承担参与争议的一方当事人在

---

① See Singapore International Arbitration Centre, *Code of Ethics for an Arbitrator*, available at http://www.siac.org.sg/our-rules/code-of-ethics-for-an-arbitrator.

② See Felicia Cheng, *Third-Party Funding-the Answer to Access to Justice*?, Hong Kong International Arbitration Center, https://www.hkiac.org/content/third-party-funding last.

③ See Meg Utterback, Daisy Mallett & Holly Blackwell et al., *CIETAC Investment Arbitration Rules Seek to Fill a Gap in Chinese Investment Treaty Disputes*, King & Wood Mallesons (Nov. 15, 2017), https://www.kwm.com/en/au/knowledge/insights/new-cietac-investment-arbitration-rules-english-chinese-treaty-disputes-20171115#_ftn1.

仲裁程序中的全部或部分费用的情形。

同时该条第 2 款规定，接受第三方出资的当事人应履行必要的信息披露义务；第 3 款还针对涉及第三方出资事宜的案件规定，仲裁庭可以考虑该等事实对于仲裁费用和其他费用的影响。贸仲委颁布国际投资争端仲裁规则的时点恰逢中国香港特别行政区实施立法改革，即在香港特别行政区《仲裁条例》中明确认可第三方出资的合法性之后。该规则制度保障了贸仲委管辖的投资争端可得引入第三方出资的可行性。

2023 年 9 月，贸仲委发布了新版《中国国际经济贸易仲裁委员会仲裁规则》（2024 年 1 月 1 日起施行），其中第 48 条对普通商事仲裁程序中第三方出资的披露事项及当事人遵守相关义务费用承担作出了规定，但并未对第三方出资的概念和范围作出界定。

该条第 1 款规定，获得第三方资助的当事人应在签署资助协议后，毫不迟延地将第三方资助安排的事实、经济利益、第三方的名称与住址等情况提交仲裁委员会仲裁院。仲裁委员会仲裁院应转交相关当事人和仲裁庭。仲裁庭认为有必要的，可要求获得第三方资助的当事人披露相关情况。

同时，该条第 2 款规定，在就仲裁费用和其他相关费用作出裁决时，仲裁庭可以考虑是否存在第三方资助的情形，以及当事人是否遵守第 1 款的规定。

由上可见，贸仲委已在其最新仲裁规则中对第三方出资作出了明确规定，且近年中国内地的司法裁判中已出现首例针对诉讼投资协议效力认定的裁判[上海市第二中级人民法院，(2021)沪 02 民终 10224 号]，以及首例涉第三方出资仲裁司法审查的裁判[江苏省无锡市中级人民法院，(2022)苏 02 执异 13、14 号；北京市第四中级人民法院，(2022)京 04 民特 368、369 号]。虽然除贸仲委以外的中国内地其他仲裁机构尚未明确在一般商事仲裁案件中对适用第三方出资的相关规定，但下述另两家仲裁机构在其机构规则中的修订亦可对第三方出资在内地仲裁中的适用有所指引。

5. 北京仲裁委员会

2019年9月，北京仲裁委员会（以下简称北仲委）正式对外公布投资仲裁规则，其中第39条第1款就第三方出资进行界定：本规则所称第三方资助是指并非争端当事人的个人或实体（以下简称"第三方资助人"）向仲裁程序的一方当事人或当事人的关联方或代理人提供资金或其他相当于资金的支持以进行仲裁活动。

6. 上海仲裁委员会

2022年6月，上海仲裁委员会（以下简称上仲委）发布2022年新版《上海仲裁委员会仲裁规则》，其中第34条"仲裁员的回避"第8款规定了第三方出资的披露要求，即"如果当事人采用第三方资助方式的，为协助仲裁员遵守其在本条下的义务，当事人应当自第三方资助协议成立生效时，立即将其签订的资助其提出仲裁请求或者进行答辩的协议，以及基于该协议对仲裁结果具有经济利益的任何第三方的情况通知仲裁委、仲裁庭和其他当事人"。

从上述表述来看，国内仲裁机构在商事仲裁规则中均未明确对第三方出资的概念及含义作出界定，仅对披露义务及费用承担问题作出简要规定；在投资仲裁规则中，对第三方出资的界定也仅描述了出资活动的前半程，即从中文文义理解出发，表述了出资者向当事人提供资金或同等支持，没有就出资者可能索要的对价进行描述。这既可能基于出资者的投资回报已超出仲裁程序审理期间和仲裁庭管辖范围，也可能是有意回避出资者与受资助方间的交易安排。无论何等考虑，受限于对第三方出资的界定内容，目前国内主要仲裁机构的商事仲裁规则和投资仲裁规则中均没有进一步探讨仲裁庭或出资者可能在裁决作出时的权力或权利。

第三节　第三方出资行为的定性

本章第一节阐释了争议解决融资的几类常见业务形态。这些业务机制的归纳和梳理或可对学者进行比较研究以及实务人士处理争议解决融资需求带来一些启发。更进一步,若在实施上述各种方式进行融资的过程中产生融资纠纷,当事人与出资人又应如何平息分歧,避免和有效化解冲突?不止于此,第三方出资作为新机制、新模式,并非一蹴而就,其也是借鉴参考其他既有模式而生。出于以上目的,参与争议解决融资的各方主体有必要理解这些业务模式背后的真实法律关系,以防范融资纠纷的产生。具体,第三方出资可归结为以下四类法律关系。

一、附条件的给付

当事人与律师之间属委托代理的法律关系。律师为当事人提供争议解决法律服务,与之对应,当事人向律师支付委托代理的报酬。在大陆法系国家,律师可以在民商事案件中设定特定的胜诉目标,并在目标达成时向当事人收取风险代理费作为其奖励报酬。在德国,若当事人因其经济情况而有可能无法采取法律救济,律师可以就败诉或胜诉后的报酬标准作出特别约定,以保证当事人救济。① 一般而言,英美法系普遍不支持律师收取风险代理报酬。② 但是,英联邦国家允许律师按照案件

---

① Section 4a of Law on the Remuneration of Attorneys of May 5, 2004 (Federal Law Gazette I, p. 718, 788), last amended by Article 5 para. 7 of the Act of Oct. 10, 2013 (Federal Law Gazette I p. 3799), available at https://www.gesetze-im-internet.de/englisch_rvg/englisch_rvg.html#p0031. See also Alexandre Bailly et al., *Litigation and Enforcement in France: overview*, Thomson Reuters Practical Law (July 1, 2018) https://uk.practicallaw.thomsonreuters.com/9-502-0121?transitionType=Default&contextData=(sc.Default)&firstPage=true&bhcp=1.

② See The Law Reform Commission of Hong Kong Conditional Fees Sub-committee, *Consultation Paper Conditional Fees Executive Summary*, paras. 19-46.

实现的不同效果收取费率不一的律师小时费用,①也可视为一种间接与案件胜败结果挂钩的“风险代理”方式。无论是风险代理还是附条件收费,其实都是在约定的条件(当事人对于案件结果的期待目标)成就时,由当事人向律师支付的一笔额外对价,其本质仍是一种契约关系,即附条件的给付。

在我国,风险代理的律师收费方式已司空见惯。律师事务所无论人数多少、规模大小,也无论是否为公司制、合伙制律所,都有采用风险代理方式收取争议解决案件费用的习惯。根据国家发展改革委、司法部印发的 2006 年《律师服务收费管理办法》第 13 条的规定,事务所也可以与委托人实行风险代理收费,但须签署书面合同并就收费比例有所限制,风险代理收费的最高收费金额不得高于收费合同约定标的额的 30% 。②但是,律师风险代理费用比例上限的限制正在加强。2022 年,司法部、国家发改委、国家市监总局联合发布《关于进一步规范律师服务收费的意见》,③将律师风险代理收费限定在特定商事案件下,缩小风险代理适用范围且限制风险代理收费比例,如标的额在人民币 5000 万元以上的部分不得超过标的额的 6% 。这种律师风险代理收费的规定的变化,也会影响律师对于参办案件的勤勉程度的激励保障。事实上,律师风险代理制度虽能为当事人缓解争议解决费用的部分资金压力,但基于我国的特殊国情,该种收费安排并不一定完全解决当事人就争议解决所需的资金需求。

在中国内地进行争议解决的主要费用成本在于法院、仲裁机构收取的诉讼费或仲裁费,而不是当事人需要向律师支付的律师费。以人民币

---

① See Adam Musa King v. Telegraph Limited, [2004] EWCA (Civ) 613, cited from The Law Reform Commission of Hong Kong Conditional Fees Sub-committee, *Consultation Paper Conditional Fees Executive Summary*, Sep. 2005, p. 11 – 12.

② 《律师服务收费管理办法》(发改价格〔2006〕611 号)第 13 条。

③ 《关于进一步规范律师服务收费的意见》(司发通〔2021〕87 号)。

20亿元为标的金额的案件来看，人民法院的一审受理费用超过1000万元，[①]即便采用仲裁方式，仲裁机构收取的受理费和案件管理费合计也接近这一数额，而内地律师通常收取的先期代理费用仅在100万~200万元的量级，当事人的财务成本负担一目了然。反而，由于英、美及大部分发达国家的律师收费采用按时计算的小时费率标准，律师的法律服务费用在案件启动阶段占据了40%的争议解决费用预算，律师费用部分的减让（或后置收费）将大幅减低当事人的资金负担。[②] 因而，风险代理的收费制度在律师费占据主要成本支出的法域更加具有融资功能，而在以审判机关收费占主导的我国内地就没有这么明显地疏解资金困难的功能定位了。

二、定向用途的借贷

借贷是最传统也最为直接的融资方式。案件当事人可向资金出借方募集资金，用以支付其争议解决费用。当事人可以与第三方约定或不约定利息标准，并就资金返还事宜限定固定或非固定的还款期限。在借贷关系中，第三方出资者并不丧失其对出资财务的所有权，当事人负有返还款项的义务。

一般而言，提供借款的第三方出资者并不特定，可能是以提供定向融资贷款为业的金融公司，也有可能是与当事人具有关联关系的集团母公司、姊妹公司或者当事人个人的亲友。可以说，第三方出资者的义务仅限于依约提供拆借资金，确保资金来源的合法，并无与当事人案件程序相关的进一步权义。当事人亦不论纠纷案件的胜负结果，均负有依约向第三方出资者还款的义务。这种出资形式类似于“垫资”，不涉及第三

---

① 参见最高人民法院：《诉讼费须知》，载最高人民法院诉讼服务网2018年1月1日，https://ssfw.court.gov.cn/ssfww/ssfwwnew/detail.htm?ssfwznid=100。

② See Michael Napier et al., "*Improved Access to Justice-Funding Options & Proportionate Costs*" *Report & Recommendations*, U.K. Civil Justice Council (Aug. 2005), p.29-39.

方出资者对于案件实体问题的评估。国内既存的一些融资平台，出资者仅需以当事人的身份信息和民事起诉状、法院受案通知书为依据，即可放贷。对于当事人在涉案纠纷中的身份（原告或被告、申请人或被申请人）均在所不问，甚至不会评估当事人是否有能力胜诉进而获得赔偿以返还出借款项。

2020年，最高人民法院颁布有关民间借贷的司法解释，将借贷利率超过年化24%的利息部分不予支持的原规定，①更新为双方约定利率超过合同成立时一年期贷款市场报价利率4倍的部分不予支持。② 在司法审判实践中，最高人民法院对于出借人主张的律师费曾作出未予全部支持的案例，理由是为追讨借款而支出的法律费用与逾期利息累计超出年利率24%，对超出部分不应支持。③ 以上裁判理由表明，律师费作为法律费用之一，在部分特定案件④或存在当事人特别约定的前提下，可以由败诉方承担。相应地，为办理案件所发生的融资费用也可比照适用，但案件融资成本与案件纠纷已产生的孳息合并超出特定利率标准的，将不被人民法院支持。

---

① 《最高人民法院关于审理民间借贷案件适用法律若干问题的规定》（2015年）第26条。

② 《最高人民法院关于审理民间借贷案件适用法律若干问题的规定》（2020年第二次修正）第25条。

③ 最高人民法院民事裁定书，（2019）最高法民申1938号。

④ 根据最高人民法院的相关司法解释和中国内地有关法律规定，当事人行使撤销权，为制止侵犯专利权、著作权、商标专用权，以及存在滥用诉权、拖延承担诉讼义务等情形的案件中，人民法院应当支持当事人提出的赔偿合理律师费用等正当要求。参考《最高人民法院关于适用〈中华人民共和国合同法〉若干问题的解释（一）》第26条、《最高人民法院关于全面加强知识产权审判工作为建设创新型国家提供司法保障的意见》（法发〔2007〕1号）第13条、《中华人民共和国专利法》第56条、《中华人民共和国著作权法》第48条、《中华人民共和国商标法》第56条等有关规定，以及与之对应的《最高人民法院关于审理商标民事纠纷案件适用法律若干问题的解释》第17条、第22条和第26条。

三、权利义务的概括转让

不良资产管理方式就是对当事人所持权利，包括诉讼权利，进行债权债务的概括转移。在大部分机构的评价中，不良资产管理均可视作一种为当事人解决讼费成本的融资机制。其实，与其将它视作费用融资方式，更为客观的功能定位是一种权利的继受与现时兑付。这一点，保险制度提供的理赔款更为直接地体现了这一特征。不良资产管理公司通过出资购买债权权益的方式获得附随于债权的担保权，进而实现其出资的价值还原。保险公司则是通过支付理赔款的方式，获得代位权，借以主张当事人可得对抗相对方的诉讼权益。这两种方式均是权利转移途径，产生权利主体变更的法律效果，真实的争议解决融资需求并不消减。在继受或代位取得诉讼权利之后，资管公司或保险公司作为“新”的当事人仍需为争议解决提供必要的法律预算与成本开支，只是支付这些费用的主体发生变化。严格地讲，它们并非争议解决费用的融资方式，但已起到为当事人提供出资的客观效果。

当然，权利义务的让与也可以发生在仲裁裁决作出之后、裁决得到履行之前。这类转让(assignment)也是不良资产机构出资收购的财产性权益之一。与第三方出资不同，裁决确认权利能否得到执行，相关当事方所承担的是相对方资信风险，而第三方出资是与受资助方当事人一起承担能否得到胜诉裁判的法律风险。两类交易虽都有争议解决项目融资的功能，但实际出资的对象存在显著差异。

四、以诉权为对价的投资

商事领域的投资方式主要包括股权型投资和资产型投资，均是商事主体获取融资的主要方式和手段。前者即出资人通过增资扩股或股权转让的方式出资持有融资企业的部分股权并通过股权价值的波动(上升)实现出资者的投资价值；后者则是购买融资方的特定资产，并通过保有增值或低买高卖的方式实现投资收益。

在争议解决程序中，当事人所持诉权也是一种期待利益，即当事人系争标的权益在未来得到司法仲裁确认后转化为具有执行力的财产性权利的一种期待权利,如当事人提出的诉请主张经裁决确认和执行后转化为当事人的财产权利。可见,纠纷处置的过程,也是当事人实现财产价值的过程,其中的权益价值变化正是投资者可以通过投资行为参与获利的契机。那么,股权投资方式介入当事人的诉讼、仲裁过程即是具备商业价值期待的。

如此,争议解决领域所涉投资的投资标的属于期待权利,即当事人获得胜诉之后由裁决确定的债权权益。尽管债权可以作为一种资产标的进行转让,但未经裁判者确定的债权属于争议债权,如何进行投资则需出资者与当事人作出合理的商业安排。涉及的问题可能有:将当事人就特定债权的诉讼权利(包括仲裁权利,下同)视作一种股权标的,由出资者与当事人按比例分配持有,还是将争议事项的诉讼权利视作资产标的,进行受让、持有以实现其增值兑现?

两种投资方式对于争议解决而言存在本质的影响,涉及在裁判前是否对案涉标的财产进行分割的问题,若将争议标的视为财产进行转让,则出资者将作为与当事人具有共同利害关系者进入案件程序,掺涉争议解决其中。若只是以胜诉权益作为一种期待权利进行投资,出资者则可依约定与当事人在取得胜诉裁决之后按比例分配,则出资者无须进入争议解决的审理程序本身,裁判者也无权对出资者行使管辖权。争议解决作为传统商事经营中定分止争之所,投资者在将其开发成新的“狩猎场”之前,仍需对可能产生的负面影响与金融衍生品(derivatives)的次级争议进行理论研究并构筑风险防范措施。

第二章　第三方出资的沿革和形态

案件融资发端于当事人的争议解决需求与其参与法律程序所需担负成本之间的矛盾。司法诉讼程序是平等主体之间寻求权利救济最主要的途径之一。[①] 至今,诉讼案件的受理数量和所涉争议标的金额均数倍于仲裁在内的其他可替代性争议解决方式的总和。[②] 相较而言,仲裁作为争议解决方式的发端时间在近代工业革命之后,是伴随国际贸易的频繁与其纠纷数量和争议解决需求的发展而产生的新型争端解决方式。[③] 因此,探究仲裁领域的争议解决融资制度,需要回顾、了解并反思第三方出资在诉讼、仲裁程序中的勃兴、发展与现状,

---

① 参见黄进主编:《国际私法》(第2版),法律出版社2005年版,第581页。

② 参见周强:《最高人民法院工作报告》,2019年3月12日十三届全国人大二次会议发言。

③ 参见黄进、宋连斌、徐前权:《仲裁法学》,中国政法大学出版社2002年版,第8页。

继而探究第三方出资在当前国际商事/投资仲裁领域以及在不同法域的境内商事仲裁程序中适用、推行的正当性与可行性。

第一节 案件融资的常见形态

广义而言,凡是由商事纠纷当事利害关系主体之外的第三人承担当事人参与争议解决法律程序所需费用的情形均可归为第三方出资,如诉讼贷款、责任保险、律师风险代理等多种形式。① 作为第三方出资的上位概念,争议解决案件融资,从其字面含义理解即指由当事人之外的主体提供出资支持当事人推进诉讼/仲裁的行为。从其实际应用来看,广义的第三方出资应包含第三方出资者的出资行为和受资助方当事人的补偿行为,但补偿行为并非必要要素,在一些公益性的第三方出资活动或具有保险共益性质的法律支援形态下,当事人无须负担对出资者的资金返还或补偿义务。

一、律师胜诉酬金

律师胜诉酬金方式,包括风险代理与附条件收费安排,是律师收取法律服务报酬的常见收费方式。胜诉酬金的律师收费方式在一定程度上可以缓解当事人启动和处置争议解决案件的资金压力。以胜诉为律师报酬支付前提,可以使当事人减轻对于启动争议解决程序的顾虑。而且,"非胜诉不分利"的风险共担方式,也使当事人从心理上更为相信,提供争议解决法律服务的律师与当事人为利益共同体,因而可以更加勤勉

---

① See Douglas R. Richmond, *Other People's Money*: *The Ethics of Litigation Funding*, 56 Mercer Law Review 649 (2005), as quoted in Lisa Bench Niewwveld and Victoria Shannon, *Third Party Funding in International Arbitration*, Kluwer Law International (2012), p. 7. See also generally Maya Steinitz, *Whose Claim is This? Third-Party Litigation Funding*, 95 Minnesota Law Review 1268, p. 1268 – 1336 (2011).

地服务于纠纷解决。

1. 风险代理与附条件收费

律师风险代理是最为传统的胜诉酬金计收方式。按照我国国家发展和改革委员会与司法部联合发布的《律师服务收费管理办法》的规定,[①]律师可以以律师事务所名义与当事人签订风险代理收费合同,并按约定分担风险,收取报酬。无论是当事人还是法律职业人士,对于风险代理收费的方式都不陌生,且在实践中广为采用。但是,从争议解决融资视角来看,将律师提供的风险代理服务计费方式作为融资手段的观念并不深,也鲜有当事人把律师视作“金主”,赋予这些委托代理人除去纠纷代理之外的其他使命,如负责对争议解决所需费用的融资。

附条件收费安排(conditional fee arrangements)与律师风险代理收费相近,都是以当事人在争议解决项目中取得胜诉为前提,不同之处在于,该等收费安排多见于禁止律师风险代理的英美法系(除美国之外)的法域。[②] 律师可以对当事人约定不同的律师小时计费标准,并以案件取得胜诉或败诉为标准,依据不同的约定小时费率计算律师工作小时账单的总费用。[③] 本质上,附条件收费就是一种变相的风险代理计费,但是它的计费基数为工作小时时长,而非所涉争议的标的金额而已。考虑到该等安排下,律师无论是否胜诉均会计费,只是收费标准高低不同,客观上并不应归为一种争议解决费用融资方式。

---

① 《律师服务收费管理办法》(发改价格〔2006〕611 号)第 13 条。

② See Christopher Hodges, Stefan Vogenauer & Magdalena Tulibacka, *The Costs and Funding of Civil Litigation: A Comparative Perspective*, CH Back Hart 2010, p. 289 - 294.

③ See Lord Justice Jackson, *Review of Civil Litigation Costs: Final Report*, The Stationery Office (Dec. 2009), viii; Marco de Morpurgo, *A Comparative Legal and Economic Approach to Third-Party Litigation Funding*, 19 Cardozo Journalof International and Comparative Law 343, p. 352 (2011).

2. 风险代理方式的融资特点

诚然,传统观念上将接受风险代理的律师视作当事人的利益共同体不无道理,但以案件融资项目的视角衡量,律师提供风险代理服务是在限定情形和有限程度上为当事人缓解争议解决项目的融资压力,但没有完整地解决其融资需求。就此,以律师风险代理作为争议解决项目融资方式有如下特点:

第一,提供非现金融资。不言而喻,在风险代理模式项下,律师是以其代理工作作为出资,在案件取得胜诉之前,不计报酬地进行工作,满足当事人处理争议案件的需求。若将律师的这种工作模式视为一种投资行为,则律师的出资属于劳务出资范畴,获得的回报是以约定比例对争议标的金额的分配,投资成功的标识则是案件取得约定的胜诉点——有时,在当事人没有金钱给付主张的争议解决案件中,律师仍可采取风险代理的方式,将其为客户减免的法律责任折价算作胜诉情形,收取相应的风险报酬费用。可见,风险代理模式具备一定的投资性,但是以非现金方式提供的劳务出资。

第二,严格限制其适用领域。以中国内地为例,律师实行风险代理的收费方式仅限于特定种类的案件,即办理涉及财产关系的民事案件,且不能应用于法律法规禁止的类型中。① 此外,各国或地区立法均普遍禁止律师在刑事案件、行政诉讼案件(包括国家赔偿案件)中采用风险代理的方式。司法审判实践中,法院不仅禁止律师在特定争议类型中收取风险费,而且会禁止其从事限制当事人诉讼权利的活动,如因风险代理协议的约定而对当事人达成和解、调解与撤诉等事宜作出限制。②

第三,不能完整解决融资需求。由于风险代理中的劳务出资特点也决定了当事人不可能单独依靠律师风险代理方式完成争议解决案件的

① 《律师服务收费管理办法》(发改价格〔2006〕611 号)第 11 条。

② 最高人民法院民事裁定书,(2012)民再申字第 216 号。

全部项目融资需求。为了支付诉讼费或仲裁费，以及负担办理争议解决案件中的各项必要开支费用，如为制作证据、聘请专家、进行鉴定等原因列支的办案成本等，当事人还需要通过其他融资方式为争议解决项目募集资金。与保险理赔、不良资产收购、狭义的第三方出资不同，由律师提供的胜诉酬金安排不可作为当事人争议解决费用的唯一来源。司法代理实践中，较为流行的费用承担方式是由当事人自筹诉讼费用，由律师自行负担其办理案件的前期律师费用，最后按照约定比例分享案件胜诉成果。这一流行做法可解决绝大部分中、小争议规模的案件融资需求，但对于诸如跨境争议解决或涉及资金量特别巨大的政府基础公共工程建设纠纷案件的处置，则无计可施。

第四，潜存利益冲突风险。一般而言，律师以风险代理方式服务当事人的代理过程并不存在利益冲突。但是以法律金融投资的视角衡量，将律师视为投资主体之一，则势必须考虑其“出资”与“收益”之间的关系。这就存在律师不愿更多“出资”或律师期望更大“收益”与当事人的核心诉求之间产生利益冲突的可能性。在许多案件中，当事人并非以取得特定数额的胜诉结果作为提起和推动争议解决程序的最终诉求。在很多情形下，当事人仅是为了划清责任界限而启动争议解决程序。就此，律师若仅以胜诉裁判数额作为取费目标，则会与当事人的诉求产生一定偏离，导致律师或怠于推动案件的代理工作，或不愿积极协助当事人达成与相对方的和解，在某种程度上，损害争议解决当事人的权益。

第五，存在成功收费限额。胜诉酬金方式是将律师代理服务作为一种投入，并以提成方式分取当事人获得胜诉和执行回款后的收益，然而，风险代理活动对律师获取成功报酬而言是一柄“双刃剑”。一方面，因律师具有法律职业资格而享有开展风险代理业务的资格，这有别于一般商事主体不能通过提供法律服务牟利的限制。另一方面，律师又因其提供法律服务业务的特殊性，而需要对成功收费的上限做出具体限制。这一限制使其难以投入超出成功报酬分配比例的资金，用以帮助当事人解决争议。就此,各国或地区对于律师限定的成功收费上限并不一致,参考以下中国香港特别行政区在其咨询文件中的汇总(见表2-1),可见一斑。①

表2-1 律师成功收费的上限

司法管辖法域	成功报酬的收费上限
澳大利亚	针对律师的上限为25%
加拿大	司法先例中,有2%以上视为过高
美国	限定于商事领域内,一般为1/3
欧洲(多国)	上限区间为25% ~40%
波兰	上限为20%
中国内地	上限为30%

尽管如此,应予肯定的是,风险代理方式仍然是现今最主流的争议解决案件融资方式。而且,它也是行之有效,最便利于当事人操作的费用融资安排。其实,与其称"融资"方式——争议解决费用的摊销安排或许更为妥当。

3. 风险代理与第三方出资

律师风险代理模式不仅是狭义的第三方出资的雏形,而且是当代第三方出资的重要组成部分。两者既存在紧密的联系,又有着本质的区别。

第一,律师风险代理以当事人处置的争议解决案件取得胜诉为前提,使执业律师与当事人共同承担了部分案件败诉风险,在起到融资作用的同时,亦作为一种服务奖励机制,激励法律代理人为委托人勤勉尽责地处置争议解决风险。

第二,律师风险代理以其与当事人之间建立的委托代理关系为基础,并设定双方就案件取得胜诉为目标的共同利害关系为纽带,增强了

---

① See Christopher Hodges, John Peysner & Angus Nurse, *Litigation Funding: Status and Issues* (Research Report, University of Oxford, 2012). 转引自香港法律改革委员会第三方资助仲裁小组委员会:《第三方资助仲裁咨询文件》,2015年10月,第34页。

争议解决法律服务的功能。简言之,律师风险代理的属性是法律代理,而取得奖励报酬是在这一基本性质之上的一种激励。

第三,采纳风险代理方式的律师与当事人在根本利益诉求上存在相近性,但两主体对待胜诉结果的预期又有本质的不同。风险代理活动中,律师以其对争议解决案件投入的律师代理工作为“投资本金”,以案件胜诉情形下,按照争议标的金额为基数的约定比例收取奖励酬金。业务实践中,部分律师会独立于其委托人计算案件的“投入产出比”,即在面对胜诉希望不大,或难以满足风险代理胜诉标准的案件中,自行调低投入代理业务的工作量,以控制“成本”,减少产生“损失”的风险。尽管这一做法与律师应当恪守的捍卫正义、保障和实现当事人合法权益最大化存在冲突,但此类算计“性价比”的执业人士依旧存在。

第四,律师风险代理仅能部分解决当事人在争议解决案件中的融资需求,但不具备全部覆盖当事人必要法律费用支出的条件,因而,难以完整实现当事人的全部融资目标。众所周知,律师费仅是争议解决项目开支中的一个组成部分,特别是在标的金额极为巨大的争议解决业务中,即便律师愿意免除当事人的事前收费,也不可能以数倍于律师费的金额为当事人垫付诉讼费或仲裁费。

二、争议解决保险

保险制度是公认的风险分散方式,被民商事主体作为减少偶发事件造成损失的风险对冲方法。保险制度在跨境商业交往,尤其是海事商事领域的应用非常成熟。通常而言,商业主体会为自身从事的商业经营活动购买保险。然而,较为少见的是,当事人将保险制度作为纠纷解决的融资方式应用于争议解决活动中。近年来,逐步被我国内地人民法院接纳和采用的财产保全保险机制,实际上就是一种典型的应用于争议解决活动中的保险机制。但相较于西方的保险制度和司法体制而言,保险制度在我国作为争议解决融资方式的应用还极为罕见,且存在极为丰富的学术研究问题与研究价值。

大体而言,争议解决保险可分为费用支出保险与责任承担保险,具体涉及四个常见的争议解决费用相关险种。

1. 法律费用险

通过保险机制为争议解决的各项费用提供出资,即法律费用支出险种(legal expense insurance)的主要承保范围。按照保费缴纳的时间先后划分,费用支出险又分为事前与事后两类保险。事前费用险(before-the-event insurance),是指当事人在纠纷产生之前即行购买的保险险种,承保之后,当事人如需解决争议,则由保险公司负担相应的开支。事前费用险不仅在多个普通法法域得到认可,而且在德国等典型大陆法系国家的民事诉讼活动中普遍应用。① 它与一般的保险机制并无显著差异,只是将当事人所面临的争议解决事项作为一种出险事由,单独列为一类保险品类。

事后费用险则类似于一种争议解决的补救机制,即在一方当事人错误采取了争议解决措施的情形下,免于负担对相对方当事人的赔偿责任。典型的适用场景如:申请财产保全错误时,申请方当事人可得利用事后费用保险机制,使用保险公司的理赔款弥补相对方当事人的损失。因此,事后费用险是在当事人切实发生争议事项之后才投保的险种,所需保费占投保金额的比例相对较高(达 30% ~50%),但依然可以为当事人降低争议解决费用起到积极意义。②

---

① See Christopher Hodges, Vogenauer & Tulibacka eds. , *The Costs and Funding of Civil Litigation: A Compartive Perspective*, CH Back Hart 2010, p. 21, 357 –359. See also Jonas von Goeler, *Third-Party Funding in International Arbitration and Its Impact on Procedure*, Kluwer Law International, 2016, p. 53.

② See Mark Kantor, *Risk Management Tools for Respondents-Here be Dragons*, ICC Dossier Third-Party Funding, p. 57, 60; Cento Veljanovski, *Third-Party Litigation Funding in Europe*, 8 Journal of Law, Economics & Policy (2012) 405, p. 409; Bernardo M. Cremades Jr. , *Third Party Litigation Funding: Investing in Arbitration*, Spain Arbitration Review (2012) 155, p. 167; Lisa Bench Nieuwveld, Vicotria Shannon Sahani, *Third-Party Funding in International Arbitration*, Aspen Publisher (2012), p. 96 –97.

2. 责任承担险

责任承担险(liability insurance)作为传统的商业保险险种之一,在争议解决案件融资中的应用亦可分为事前与事后两类。就事前责任险而言,保险人按照保险条款的约定可能为被保险人提供答辩义务并负担被保险人的赔偿责任。例如,保险公司优先理赔了被保险人,还可获得代位追偿的权利。以交通事故责任险为例,蒙受车损的被保险人直接从保险公司处获得索赔,同时保险公司亦取得对肇事方的代位求偿请求权。人们往往将责任险视作风险分担机制,而忽视了保险公司在承担赔付义务并获取代位求偿权利的过程中,间接承担了争议解决的资金负担,乃至于争议解决的全部法律争讼工作。从争议解决案件融资的视角来看,这也不失为一种融资形式。

事后责任险则是一种适用领域较为狭窄的责任承担险种。① 由于承保时间在投保人已经出现争议且面临法律责任追索的情况下,保险人对于承保对象,即已启动的争议解决案件需逐案审查承保后责任风险,实际办理的承保理赔案例较为鲜见。以境外学者举例为鉴,投保事后责任险的当事人多为被告一方,其认为原告提出的法律责任主张不值一提,但又不想与原告方纠缠于司法裁判程序之中,因而,购买事后责任险,将涉诉权义转让给保险人并由保险人对原告方承担责任。② 由于投保人(被告一方)已经与原告方产生纠纷,保险人会审慎评估潜在的法律责任,并以此估定保费。

---

① See Mark Kantor, *Risk Management Tools for Respondents-Here be Dragons*, ICC Dossier Third-Party Funding, p. 57, 61; Bernardo M. Cremades Jr., *Third Party Litigation Funding: Investing in Arbitration*, Spain Arbitration Review (2012) 155, p. 174.

② See Cremades Jr., *Third Party Litigation Funding: Investing in Arbitration*, Spain Arbitration Review (2012) 155, p. 173 – 174, quoted as from Jonas Von Goeler, *Third-Party Funding in International Arbitration and its Impact on Procedure*, International Arbitration Law Library, Volume 35, p. 55.

3. 政治风险保险

以一国出现政治风险为投保事项的政治风险保险（political risk insurance）是跨境投资中经常采用的投资交易安全保障机制，也是激励投资者赴境外投资的风险防控机制。目前，全球承保政治风险的保险公司均是资金实力雄厚，且具备丰富法律手段和代位追偿能力的跨境保险公司。[①] 在我国，中国出口信用保险公司即提供政治风险保险的主要承保机构，对中资企业赴境外投资提供政治风险类的保险。[②]

作为一种事前保险机制，人们往往关注于保险安排对商业交易安全的保障，及其对现在商业风险的对冲能力，而很少聚焦于保险公司在争议解决融资中的作用，也会忽视保险公司自身所具备的法务能力和丰富的外部法律团队支持资源。实际上，如果将当事人在纠纷发生之前对争议解决融资作出的安排纳入考量视野下，保险制度，尤其是保障跨境投资的政治风险保险，对于当事人解决争议的实际作用不容小觑。

4. 仲裁裁决违约险

仲裁裁决违约险（arbitral award default insurance）是专用于仲裁领域的事后责任险制度。因其具有一定代表性而收录于争议解决融资机制中。其实，与其将该险种纳入争议解决的融资方式之中，不如将它视作争议解决融资安排的再保险机制。

简言之，仲裁裁决违约险，是指仲裁裁决作出之后，持有裁决权益的权利人——可能是当事人自身，也可能是通过权利移转而获得仲裁裁决项下权益的利益主体，就可能发生的相对方拒不履行仲裁裁决的情形而投保的保险产品。一旦仲裁裁决没有得到执行，则保险公司应向被保险

---

① See Berne Union Members, berne union, https://www.berneunion.org/Members#member-popup-holder-37.

② 参见中国进出口信用保险公司：《产品服务：海外投资保险简介》，载中国出口信用保险公司官网，http://www.sinosure.com.cn/ywjs/xmxcp/hwtzbx/hwtzbxjj/index.shtml。

人直接赔付裁决项下的全部权利。相较于一国法院作出的司法判决，受益于《联合国承认与执行外国仲裁裁决公约》(《纽约公约》)，仲裁裁决在世界范围内有着广泛的可执行力。对于国际仲裁而言，当事人在某一仲裁地获得生效的仲裁裁决，很有可能需要到另一法域去承认和执行该仲裁裁决。自然，相对方当事人就有可能拒不履行仲裁裁决裁判的法律义务，并且利用程序性手段拖延仲裁裁决在财产所在地的执行措施。仲裁裁决违约险也因此应运而生。保险公司通过精准计算仲裁裁决的执行成本与违约情形发生的概率，向裁决胜诉方出售此类保险产品。作为裁决项下的权利人，尤其是在适用狭义第三方出资引入投资人的情形下，为了对冲风险、缩短裁决利益的回收周期，许多第三方出资者或当事人会购买这类保险。

裁决违约险与前文述及的法律费用险、责任承担险既存在某种程度的重合，也存在明显的差异。竞合之处在于，裁决违约险的承保范围涵盖了当事人为处理争议所列支的各项法律费用，也实际承担了相对方当事人在裁决中被认定的法律责任。然而，区别又是非常显见的。作为一种事后责任承担险种，违约责任险所保障的投保事项已经过仲裁裁判的认定。更多地，裁决违约险是对裁决执行环节的不确定性提供担保，对于责任大小在所不问。

上述四类保险险种细分之下还可衍生出一些更为精细的小型险种。以当事人立场而论，按投保时间在纠纷发生之前或之后来衡量，事前保险险种更贴近于风险分散功能，事后保险机制则更多地符合争议解决案件融资的特点，即运用保险理赔的便利，实现纠纷所涉资金的快速回笼——基于这一目的，事后险的保费并不低廉，甚至可能达到整体纠纷标的金额的一半。在此情形下，保险制度为投保人分散一般商业风险的职能减低，金融杠杆的博弈与风险对冲作用则在放大。

三、不良资产处置

不良资产处置，泛指企业对于尚未处理的资产净值上的灭失风险或实际亏损的移转、处分。其英文翻译“Non-performing Loan”更为直观地体现了这一特征，即处置对象为无法履行的到期债务。在我国，不良资产处置多指金融机构将其可能产生的坏账风险或计提坏账，通过权利义务概括转让方式移转给资产管理公司的交易安排。近年来，随着企业破产重整与破产清算制度的建立健全，不良资产处置的业务范围也从传统的金融领域扩展到各行各业可以通过评估作价方式进行估值定价的股权类、债权类和实物类资产的转让变现交易活动。

对于不良资产的界定，以我国银行业的管理规范标准，①金融资产可分为以下五级（见表2－2），且不同级别应该按照相应管理规定提取专项准备金以备应对坏账风险。因而，对于其中“次级”“可疑”“损失”三类列后级别定性为不良资产。②

表2－2　中国银行业贷款风险分类

风险类别	正常资产		不良资产		
资产分类	正常	关注	次级	可疑	损失
计提准备金	—	2%	25%	50%	100%

按照上述分类，金融机构的不良资产处置业务，其实质是银行将表内高风险的债务科目转移到表外（银行之外），以确保银行账目清晰、收放贷状况良好的一种债权债务移转方式。近年来，不良资产处置的功能定位亦侧重于“化解风险、减少损失、优化资源配置”。③ 对于非金融机构而言，其不良资产按所涉资产形态的不同，具体分为债权类、实物类和股权类。④ 处置债权类不良资产的主要方式包括市场非诉化清收，以

① 参见《中国人民银行关于全面推行贷款五级分类工作的通知》（1999年）。

② 《贷款风险分类指引》（银监发〔2007〕54号）第5条。

③ 参见楼文龙：《不良资产处置的四种思维》，载《中国金融》2017年第2期。

④ 参见《金融资产管理公司开展非金融机构不良资产业务管理办法》（财金〔2015〕56号）。

及司法仲裁清收两种主要方式。具体而言，以银行为主的不良资产处置业务通常以打包处置、资产证券化、破产清偿，以及法律(司法、仲裁)清收为主要方式进行，其实打包处置的下一步大多还会转为法律手段。①

通过破产清偿、法律清收等途径处置不良资产的，亦可纳入争议解决的范畴。不良资产处置与第三方出资之间是既有区别，又有联系的。如果将接收不良资产的资产管理公司与第三方出资者放在并列的位置上，那么两者的区别与联系是显而易见的。

1. 资金提供方所付对价与期待不同

资产管理公司介入不良资产处置业务的方式是债权债务的概括移转，即买断金融机构或非金融机构手中持有的不良资产。无论资产的类型是债权、股权，还是其他实物资产——物权，不良资产处置的第一步是权利人的转让，之后才是由新的权利人采用不同途径实施清收计划。当然，清收途径中包括法律手段，即诉讼或仲裁。相较而言，第三方出资则存在显著的差异，也就是出资者不以取得资产权利为目标，不会出资购买资产持有者对资产的所有权。换言之，由于投资对象的特殊性——“诉权”，第三方出资者不会采用收购方式继受当事人所持有的权利，无论该权利体现为对实物资产的所有权、对目标公司的股权，还是对合同相对方的债权，狭义的第三方出资以法律费用与争议权益之间的比例作为投资杠杆，而不会直接通过全额或折价受让取得具有一定财产价值的争议标的。

在此前提下，资产管理公司与第三方出资者向原权利所有者支付的对价存在显著差异，前者往往要支付数倍乃至十数倍于后者的对价，以实现接管原资产所有人的权利。举例而言，某商业银行向市场投放的不

---

① 参见杜尔功：《新一轮不良资产的形成机理、清收障碍与处置创新》，载《求是学刊》2018年第3期。

良资产包为2亿元,其出售价格亦为2亿元,资产管理公司将以支付该债权本金的方式获得不良资产包项下的债权权益,并通过追索方式获取该等债权的孳息,即利息和罚息作为盈利。假设争议标的金额相同,第三方出资者并不收购该等债权资产,而是按债权总额10%的比例代为支付债权追索的各项法律费用及执行成本,并在取得执行回款(或和解金)后,以30%的约定比例回收资金,那么第三方出资者的前期投入仅为2000万元,而其预期利润可超过2倍(全额回收并按分配比例折算后扣减前期出资)。

由以上示例不难看出,不良资产处置与第三方出资间对从事业务的拟出资额、预期收益都有着显著差别。那么,不良资产处置业务为何不"以小博大",以较低出资实现高额回报呢?其原因正在于功能定位的差异。

2.标的资产处置中的功能定位不同

从职能定位上讲,不良资产处置是以金融机构或非金机构解决财务报表中的风险或不良资产为基本出发点,主要实现债权权益的变价兑现,而对该等债权是否能够得到实际回收在所不问。这也是为什么银行等金融机构处置的不良资产包中有较高比例的债权权属已经过司法裁判等生效法律文书的确权。对资产管理公司而言,其赚取的是债务人的信用价值,而非对赌当事人的法律责任。

然而,第三方出资是从风险投资视角出发,评估某一当事人所持诉权是否具备期待利益。换言之,第三方出资者资助的争议解决案件,必须是兼顾法律正义与财产安全的——当事人仅只具备法律保护的法益权利,而不掌握相对方的任何财产线索,很难得到以商业投资为目的的第三方出资机构提供资金支持。也就是说,这是从商业价值判断出发,"以小博大"的博弈关键在于该机制实施过程中的各类风险——高投入产出比是以更高的不确定性为对价的。可见,尽管两类机制均可能涉及法律程序,但是其本质功能并不相同。

3. 争议解决程序中的主体身份不同

由于出资者介入潜在争议解决案件的方式不同,其在争议解决中的主体身份也存在显著区别——这使它们在相应的争议解决程序中扮演不同的身份角色,所能行使的程序权利和实体权利都有着显著区别。

如前所述,不良资产处置业务的实质是对特定资产的债权债务概括移转。提供资金购买这些特定资产的出资人,自然而然地继受金融机构的权利,成为这些资产的权利人。如果资产仅以债权债务的形态存在,那么在取得债权权益之后,资产管理公司会作为当事人向债务人提起诉讼、仲裁程序,追收资金。也就是说,真正处理不良资产进行追收的出资者就是争议解决程序中的当事人。

与之相较,第三方出资者的身份就如其称谓一样,始终处于第三方的地位。需要明确的是,这并不是诉讼程序中的第三人,而是与案件争讼的标的没有直接利害关系,仅与其中一方当事人存在第三方出资关系的案外人。既然第三方出资者不是案件的当事人,也无独立或非独立的请求权,则其在诉讼、仲裁程序中不能作为直接的参与人出现。这一特殊的身份也使仲裁庭不能当然地对其行使管辖权。由于法院是代表国家公权力的司法审判机关,即便对第三方出资者采取管辖,其行权依据也不来自当事人系争标的。也就是说,第三方出资者既不能被裁判机关直接管辖,也无权以其自身名义主张被投资案件项下的权利。

4. 处置资产的主要途径与流程不同

对于不良资产处置而言,资产管理公司在出资接收(收购)这些资产时,其资产形态可能是潜存风险的债权,也可能是已经司法裁判(含仲裁程序,下同)确认的未能得到执行的权利。而第三方出资的对象相对较窄,仅能是未经司法裁判审理确认的诉权。通常而言,一旦经过权力机关的裁判确认,这些资产在法律权利上就已不存在不确定性,其潜在的风险或者不良则主要归因于相对方的清偿能力。

回归两种业务模式的本质,不良资产处置业务的目的在于改善金融机构或非金融机构的财务报表,将其中冗余、陈旧且不能得到清偿的债务予以折价变现处置。因此,这些资产是否经过司法裁判审理对于资产处置者与资产管理公司而言,并不十分重要。然而,第三方出资作为一种风险投资业务,其撬动金融杠杆"以大博小"系争在于"风险",这风险既包括对诉权能否得到司法裁判审理确认的不确定性,也包括对诉权所指向的财产权益可得清偿的不确定性,二者缺一不可。换言之,如果司法裁判审理已经作出确认,那么第三方出资者所持有的裁决确认权利就已进入"不良资产处置"的阶段。之所以没有称其为"不良"资产,原因正在于第三方出资者在提供诉讼费用之前,已通过资产调查、财产线索发掘等方式锁定相对方的可供执行资产。

实务中,第三方出资业务可一分为二,将法律程序归于第三方出资,将后续的执行程序划入不良资产处置的范畴。由此可见,不良资产处置与第三方出资业务之间存在明显的区别界限,但这两者又是非常紧密的。在区分两者时,应当关注相对方可供执行资产的情况,若不佳,则该项争议解决融资服务的最终形态很可能是不良资产处置,即当事人将其诉权转让给资产管理公司,以折价变现。

四、贷款融资助讼

贷款是一类很普遍的定向融资途径,用于争议解决融资亦不鲜见。在我国,存在以"律师贷款"为业的中小型金融借贷公司。[1] 这些贷款融资的服务对象,既包括当事人,也包括当事人的代理人,即律师。由于贷款人并不需要提供任何财产担保,仅需凭借有效的身份证明(律师还需提供其律师执业资格证书)即可获得一定额度的贷款融资,因而,贷款融资助讼实际是以信用担保为基础的定向贷款服务,就是通常所说的"垫

---

① 参见《律师贷产品介绍》,载搜狐网,https://www.sohu.com/a/212874400_473437,2023年10月8日访问。

资"诉讼。这种拆借资金以支付诉讼费用的方式,本身与其他贷款融资方式并没有本质的区别。但是,与第三方出资存在显著的不同,差异点即在于融资方式所依托的基础法律关系。当事人或其代理人是否承担还款义务,成为贷款垫资诉讼与第三方出资的最大区别。

在贷款融资模式下,当事人或代理人对于出资人(借款人)负有债务清偿的义务。无论案件追索的结果如何,当事人作为借款人都应按照借款时长及其对应的利率向出借人归还本息。那么,当事人处置纠纷的时间越久,其所需偿还资金也就越多。相应地,若案件败诉,该当事人或其代理人所负担的法律责任亦会有所加剧。从当事人的角度出发,以贷款方式进行争议解决融资,应当是在较为明确实体法律权利,具备诉权追索基础,缺乏资金实力的情况下实施的。

贷款融资与第三方出资相比,最显著的区别在于出资者与当事人之间建立的法律关系不同,即一为借贷,另一为投资。除此之外,以当事人借助案外人融资方式解决争议为视角,借款融资与第三方出资也有所不同。对于当事人而言,采用借款融资的方式并不根本上免除其负担法律费用的责任,只是在费用发生的时间上有所延迟,而采用第三方出资方式,则使当事人免于在其主张未能得到法院或仲裁庭支持时向出资方承担还款义务,打消当事人对于争议解决法律费用的顾虑。就此而言,第三方出资便利了当事人的争议解决流程,鼓励了当事人以诉讼、仲裁等法律手段解决纠纷的可能性。然而,这也使第三方出资可能导致"滥诉"频发而为人诟病。

五、公益法律援助

公益法律援助(*Pro Bono Publico*)作为一种舶来品,其本意就是为无法支付费用的公众或个人提供免费的法律服务。① 公益法律援助并不

---

① See generally Robert Granfield, *The Meaning of Pro Bono: Institutional Variations in Professional Obligations among Lawyers*, 41 Law and Society Review 113 (2007).

限定提供法律服务的品类与业务类型,而是强调提供法律服务的目的是出于公益,其行为具有援助的无偿性。通常而言,可供实施公益援助的法律业务类型包括人权、基本民事权利、女性权利、消费者权利、环境保护公益等,这些法律援助的对象都有共同处,在于其权利持有者本身在法律关系上处于弱势地位。① 公益援助的特点在于,法律职业群体为公众提供的服务本身具有无偿性,或低于其提供一般法律服务的市场价格。法律援助的本旨属于第三方出资,但其资助具有无偿性或者非营利性。② 尽管不是每家第三方出资机构都是以营利为目的,但更多的出资人是抱有商业预期的。仅此,法律援助在广义的第三方出资范畴内有其独特性。

1. 公益法律援助中公益的内涵

提供公益法律服务的初衷源于法律职业的特殊性。美国律师协会在律师道德准则中要求,律师的职业化应高于其谋利性。③ 或许是出于为当事人提供的服务与衡平、正义的法律密不可分,即便并不属于公职人员,律师仍应肩负伸张正义的使命。因而,律师职业道德操守的衡量标准也需抽离商业本位,而追寻法的精神。就此,公益法律援助应当围绕保障公共利益的内核,具体化到争议解决方面,则体现为公益诉讼。需要明确的是,公益诉讼应当区分为法律服务行为本体的公益性,与法律服务维护法益的公益性。

就法律服务的对象而言,排除为了承揽业务或开拓市场的情形,律

---

① 参见肖建国:《民事公益诉讼的基本模式研究——以中、美、德三国为中心的比较法考察》,载《中国法学》2007 年第 5 期。

② See Paul Fenn & Neil Rickmann, *The Empirical Analysis of Litigation Funding*, in Mark Tuil & Louis Visscher eds., New Trends in Financing Civil Litigation in Europe, New Horizons in Law and Economics (2010), p. 131 – 139. See also Jonas Von Goeler, *Third-party Funding in International Arbitration and Its Impact on Procedure*, Wolters Kluwer (2016), p. 328.

③ See generally Deborah Rhode, *Pro Bono in Principle and in Practice: Public Service and the Professions*, Stanford Law & Politics (2005).

师对其提供的法律服务免收或者少收律师费即其提供公益法律服务的一种体现。律师是以其知识储备、经验积累和法律技能作为谋生工具，向委托人提供法律服务赚取劳动报酬的职业群体，各种脑力活动所获成果具有有偿性。但是，律师出于法的正义，维护法的尊严，保障法意所遵循的平等与公平之目的，而为当事人提供的其所必需的法律服务，则属于公益的范畴。典型的公益诉讼代理活动，譬如：律师为农民工维护其合法劳动权益提供的维权代理工作，以及律师为没有经济能力的刑事犯罪嫌疑人提供的辩护代理工作等。律师在提供上述法律服务时是不收取报酬，亦不获得财产补偿的。有学者认为，律师提供公益服务与律师职业之间存在矛盾，但恰恰是这种技能付出与报酬收益之间的不平衡，展现了律师群体捍卫法律职业操守的特殊方式与特有担当。①

从律师维护的法律利益来看，为弱势群体提供无偿的律师代理服务，其目的在于通达正义，保障个体在法律下的权益。② 补充改进立法，建议修正行政、司法错误等行为，亦应视作维护法律所保障的社会公共利益的一种方式，其更为强调对社会整体公共利益的维护与保障。以国内的劳动公益诉讼为例，律师可以为处于弱势一方的农民工提供无偿的代理服务，法院也可以为这些经济困难的人士减免诉讼费用，便利其权益保障。如从个案来看，这实现了某一位或特定的一群劳动人员合法权益。而从宏观的总体来看，则是对劳动用工市场秩序的调整与维护，并能保障社会资源的依法分配，维护社会生态的稳定。从公益法律服务客体到公益所保障的法益，公益的目的不在于免除当事人的财务负担，而更多的是基于正义，实现正义。

由此来看，将公益法律援助的功能定位限于当事人的一种争议解决

---

① 参见董进、宋思宇：《律师职业与公益法律援助的实践矛盾性——以美国律师职业化发展为启示》，载《学术论坛》2012 年第 4 期。

② 参见刘东华：《公益法律援助的职业理性——对话丹宁勋爵对法律援助的诟病》，载《时代法学》2013 年第 3 期。

融资途径,未免有管中窥豹之嫌。但公益援助方式对第三方出资的确立和发展有着长远而深刻的影响,不能不谈。

2. 公益法律援助与第三方出资

仅从公益法律援助作为一种争议解决融资方式的角度来看,它可以直接缓解当事人解决争议所需的法律费用压力。相较于律师风险代理,公益法律援助可应用的范围更广——不限于涉及财产的民事权利,且包括刑事、行政诉讼的范畴。同时,由于公益法律援助的无偿性,当事人也不必计较引入律师工作的费用,而可以更为直接地考虑争议解决需求的其他成本。但是,对于商事纠纷而言,以公共利益作为基础的法律援助方式很难施用。

按照国际商事仲裁理事会对于第三方出资的定义,第三方出资对资金的提供方并没有一定之规,对第三方出资是否具备营利性也没有做出明确的限定。换言之,一家好乐善施的出资机构以非营利(乃至无偿)方式,作为与案件无利害关系的第三方向存在争议解决需求的当事人提供办理案件所需经费,也可以被归为第三方出资。事实上,第三方出资业务本身就被界定为无追索权贷款(non-recourse loan),①如前文有关贷款融资助讼的分析,第三方出资对受资助的当事人没有设置还款义务。就某种层面而言,第三方出资与法律援助相近。但是,公众对于两者的认知却有着显著区别,究其原因是什么?

其一,"滋生滥诉"与"匡扶正义"。由于第三方出资不要求当事人承担任何争议解决费用,即便败诉,当事人也无须向出资人返还前期投入的法律费用。因此,第三方出资一度被学者和部分法律实务人士诟病

---

① See Aren Goldsmith & Lorenzo Melchionda, *Third Party Funding in International Arbitration*: *Everything You Ever Wanted to Know* (*But Were Afraid to Ask*), International Business Law Journal 2012(1), p. 19 – 21; Andrew F. Daughety & Jennifer F. Reinganum, *The Effect of Third-party Funding of Plaintiffs on Settlement*, Vanderbilt University Law School Law & Economics Working Paper Number 13 – 8, p. 5.

为导致滥诉频发之根源。但是，从实务角度与商业价值逻辑判断，第三方出资并不会助长滥诉。① 原因很简单，如果当事人的诉请得不到支持，出资人为办理案件支出的费用就无法得到回收。如果请求成立，那么无从谈及“滥诉”一说。显然，助长滥诉的消极看法是有其片面性的。相比之下，公益法律援助因其大多适用在不涉及财产权益的刑事案件辩护代理、公益维权诉讼中，律师作为智慧劳动的付出者鲜少能从当事人有关案件的裁判中获益，缺少谋利性的动机，使公益诉讼更为“纯粹”，可以归为持强扶弱的典型，为人好评。由此可见，人们从心理层面产生的两种反差态度，更多的是基于案件结果与出资方或律师之间的利益关系来判断的，第三方出资并不产生对司法体系的消极影响。公众也可能忽视，提供公益法律援助的律师，也可能获得金钱报酬以外的奖赏，如社会名誉、业界口碑。诚然，通过做公益而实现自身软实力的增长，应值得鼓励。

其二，公益法律援助与第三方出资的相互交叉。尽管将公益法律援助列为一种争议解决的融资途径，但其本身与第三方出资之间并不是互斥的关系。如前所述，第三方出资并不以营利性作为唯一的运营目的。在英美国家，一些公益性的基金会也会成立专门的第三方出资组织，为倡导特定公益目的而从事第三方出资业务。例如，世界富翁比尔·盖茨与前妻设立的比尔及梅琳达·盖茨基金会（Bill & Melinda Gates Foundation）以倡导“确保未成年人健康茁壮地成长”为理念，②该基金会与纽约市前市长发起设立的彭博博爱基金（Bloomberg Philanthropies）共同成立了反烟草贸易诉讼资助基金（Anti-Tobacco Trade Litigation

① 参见侯鹏：《商事仲裁中的第三方出资及其规制》，载《国际法研究》2018 年第 5 期。

② See the official website of Bill & Melinda Gates Foundation, available at https://www.gatesfoundation.org.cn/zh/.

Fund)，专项援助那些在国际投资仲裁程序中与烟草公司对抗的东道国。①

六、关联方垫资支持

关联方的资金支持本质上与前文所述贷款融资助讼相同，仅是提供贷款垫资的主体范围限缩至与当事人有利害关系的主体。此处所指利害关系包括股权关系与债权关系。出资人可能是当事人的股东、子公司或与其利益一致的兄弟公司，也可能是当事人的债权人或者债务人。划定关联方范围的基本依据是出资人与当事人存在某种利害关联，但其与当事人所涉纠纷并不存在直接的利益关系——否则，该等出资人就转化为了纠纷中的当事人或参与人（第三人）。其实，关联方提供资金支持也是当事人解决争议的融资方式，即由关联方支付有关法律费用，并将这些垫资款项作为对当事人的债权，期待于纠纷定分止争之后予以清偿。

关联方的资金支持与贷款融资助讼以及第三方出资较为相似，但仍有差异：

其一，关联方不是当事人所涉纠纷的当事方或参与方，但争议案件的结果可能关涉提供出资的关联方的未来利益。比如，典型的上市公司向其子公司提供出资，帮助子公司应诉或提出追索的示例。上市公司与子公司涉及的纠纷案件之间往往没有直接的联系，上市公司既不能作为当事人、第三人，也不能作为代位求偿人行使诉权。然而，子公司涉及的争议纠纷，又可能影响上市公司的利益，如因披露涉及的重大诉讼或仲裁而对二级市场的股价造成波动。也就是说，关联方出资的目的并不一

① See Philip Morris Brands Sàrl, Philip Morris Products S. A. and Abal Hermanos S. A. v. Oriental Republic of Uruguay, ICSID Case No. ARB/10/7; Quasar de Valoes SICAV S. A. v. The Russian Federation, SCC Arbitration No. 24/2007. Both cases are cited from Victoria Shannon Sahani, *Revealing Not-for-profit Third-party Funders in Investment Arbitration*, Investment Claims (Mar. 1, 2017), http://oxia. ouplaw. com/page/third-party-funders.

定是赚取贷款利息或投资利润,而有更大可能是避免其自身遭受财产减损。

其二,关联方对当事人的出资可以通过多种形式回收。贷款融资需要以债权清偿方式回收,第三方出资款项则近似于胜诉报酬的形式予以提成回收,关联方出资的性质虽为借贷,但大可以通过债务清偿、债转股和免予回收的方式消灭。这些途径确保融资方当事人经营稳定,增强其风险抵御能力,同时,可加强关联方对于被出资主体的控制力与影响力。其实,关联方之间相互拆借资金用以解决商事纠纷的实例比较常见,但很少受到商事主体重视。缺乏从关联方相互协调、互相保障的视角检视,有可能孤立关联企业之间的业务合作关系,削弱企业集团的整体抗风险能力。就此,了解第三方出资,效仿、善用关联企业之间的资金支持模式化解争议解决的融资需求,也不失为企业风险防范的一套系统性举措。

综上所述,基于第三方出资者和受资助方当事人的不同视角,他们对于第三方出资的界定并不相同。对于同一对象的不同表述往往取决于阐释者所持立场和角度。从存在纠纷的当事人角度看,待处理的争议解决案件是其成本中心,即融资对象。换位而言,从出资者角度,争议解决项目则是其出资对象。当然,出资者与当事人在主体身份存在分离,否则,谈不上融资之说。①

出资者所持的具体目的不同所表现的行为方式亦不尽相同。如果以赚取稳定的利息收入为目的,出资者可能以定向融资贷款的方式向当事人出资,那么当事人作为债务人对出资者负担债务偿还义务,典型形态包括小额定向贷款、诉讼融资贷款等;如果以追逐“低买高卖”的期待利润为目的,那么出资者可能将出资行为作为金融通道,低价买入当事

① 实践中亦存在,由当事人为出资者提供资金用以支持案件出资的特殊安排,本书暂不做讨论。

人的诉权，在推进法律追索程序之后，再行高价出让经由法院判决或仲裁裁决确定的债权，典型形态是不良资产的收购和再转让；如果纯粹以争议解决费用为限进行出资且期待超常利润为目的，那么出资者可能以当事人获得胜诉为前提，分享其胜诉权益，典型形态包括律师风险代理和本书的研究对象——狭义上的第三方出资。

反之，争议解决案件当事人亦可将上述途径作为其案件所需法律费用的融资途径。此外，当事人惯常使用的律师风险代理、关联公司垫资或过桥贷款，乃至于政府或公益组织为当事人提供的公益律师服务等方式，均可被纳入广义的第三方出资。[①] 它们的共通之处在于，由当事人以外的主体出资解决争议，但对于所用资金的后续返还事宜存在不同的处理办法。

第二节　第三方出资的历史沿革

从制度发展史来看，案件融资暨广义的第三方出资在司法诉讼程序中的应用也非一蹴而就。由于可能招致滥诉风险和案外人利用鼓动诉讼来牟取利益，案件融资曾在不同法域被定性为侵权或刑事罪行。[②] 简言之，诉讼案件的融资活动，包括出资方与受资助方之间所签订的融资协议的法律效力，也是从不被认可逐渐转变为限制性认可的。[③] 因此，

---

① See generally International Council for Commercial Arbitration Task-Force of Third-Party Funding in International Arbitration, *Report of the ICCA-Queen Mary Task Force on Third-Party Funding in International Arbitration*, ICCA Reports Series, Volume 4, April 2018, chapter Ⅱ.

② See Lord Justice Jackson, *Third Party Funding or Litigation Funding*, Sixth Lecture in the Civil Litigation Costs Review Implementation Programme at the Royal Court of Justice on November 23, 2011, p. 2.

③ Sibthorpe v Southwark Borough Council [2011] EWCA Civ 25, [2011] 1 WLR 2111.

探究案件融资制度的历史起源、发展过程,以及第三方出资的现时需求,结合与中华法系素有的“生员助讼”制度的对比,①将有益于分析我国仲裁领域引入第三方出资的法理基础,以及该制度可能对我国仲裁事业产生的潜在影响。

一、第三方出资的萌芽

近代以来,案件融资首先应用于司法程序中,包括民商事诉讼与破产程序。基于此,第三方诉讼出资(Third Party Litigation Funding)的概念产生。其中,第三方是指提供法律费用的基金来源于保险市场、证券市场,而非诉讼当事人自有资金,②即提供资金的公司与诉讼并无任何关系。③ 这一特点也使第三方出资与英美法系项下的“禁止助讼”原则和起源于罗马法时代的禁止“高利贷”(usury)等限制性规定相冲突,第三方出资的合法性曾一度受到质疑和挑战,也在一定程度上对诉讼融资协议的法律效力与强制执行力产生了消极影响。④

1.古希腊的智术师模式

追溯禁止助讼原则的历史,在早期法制史中,人们对于案外人参与诉讼程序有着根深蒂固的消极观念,即除法官与争讼的当事双方之外不得再有其他主体干预司法裁判程序。古希腊先民认为,法律正义体现为法官在冲突双方当事人之间的正确决断。即便在刑事法律中,无论控诉方是以代表身份还是作为受害人,正常情况下均会有控诉方和被诉人出

---

① 参见霍存福:《宋明清“告不干己事法”及其对生员助讼的影响》,载《华东政法大学学报》2008 年第 1 期。

② See Baker & McKenzie LLP, *Demand for Third Party Litigation Funding Rises as Supply Becomes Volatile* (2008), http://www.bakernet.com/NR/rdonlyres/427586D3-6891-4FC2-B926-B0181DB75595/0/third_party_litigation_funding_ca&uscore;oct08.pdf, last visited on 08 October 2023.

③ See Maya Steinitz, *Whose Claim Is This Anyway? Third-party Litigation Funding*, 95 Minnesota Law Review 1268 (2011).

④ 参见程雪梅:《第三方诉讼融资制度研究》,西南政法大学 2014 年博士学位论文,第 54~55 页。

庭。在法律起源的早期历史中,对于司法审判具有强烈共识,即诉讼程序中有且只需要法官、双方当事人这三方主体,而且,不得有其他任何人,否则,任一无利害关系的主体介入到法官与当事人之间均应被视作一种侵害(mischief①)。②

唯一的例外情形是,在当事人面临刑事审判时,如无人陪同辩护(unescorted),审判将被视为不名誉的(disgraceful)。在一般民事审判程序中,出席审判的当事人多由其亲属、朋友和氏族组成的支持者拥簇,以彰显其个人的威望和权力。如果缺乏支持者相伴,当事人则显得过于卑微、可怜。这一基本概念几乎贯穿于古希腊社会的法律发展史,显映于罗马法的早期阶段,并在西欧中世纪法律制度中存续。

公元前6世纪,雅典城邦的第一任执政官梭伦提出改革,允许善人(kindly men)为那些没有支持者拥簇的经济拮据且不善交友的原告提供出庭协助。这是法律制度中首次允许案外人代表那些无法安全、有效地出席庭审的受害人,使其有能力与更具权力的相对方进行对抗。③ 该等第三方介入诉讼程序的例外规则被确定为公共利益,而第三方也被定为公众代表人(representative of the public)。凭借上述特权介入诉讼的案例多有增加,且有泛滥的趋势。但是,雅典城邦从未铭文允许市民可以在司法诉讼程序中寻求无利害关系者的帮助。

公元前5世纪,随着"智者运动"(Sophistic Movements)的兴起,富于写作和演讲技巧的智术师(sophist)逐渐增多,他们为了获取酬劳而帮助

---

① See Bryan A. Garner (editor in chief), *Black's Law Dictionary* 8th *ed.* (2004), Thomas Reuters: West Publishing Co., p. 3163, which was quoted as follows: "*mischief* 2. *Injury or damage caused by a specific person or thing.* 3. *The act causing such injury or damage.*"

② See Max Radin, *Maintenance by Champerty*, 24 California Law Review 48, p. 48 (1935).

③ See George Miller Calhoun, *The Growth of Criminal Law in Ancient Greece*, University of California Press (1927), p. 72–88.

他人准备法律文件，特别是用于雅典法庭的正式陈述文件。然而，法庭陈述依旧由诉讼当事人自行完成，且其陈辞也仍旧保留其自行起草的口吻。由于家属或族人作为诉讼当事人的私人支持者出席庭审的传统始终得到保持，这也使智术师以当事人“法律助理”（legal assistance）的身份进入法庭成为可能。在此过程中，为了保证他们的言论与当事人陈述没有冲突，法庭通常会要求当事人首先进行陈述，然后由这些私人支持者进行补充陈辞。实际上，这些私人支持者与罗马时代的公共控诉官（public prosecutor）之间并无实质的区别。

诚然，一些公共控诉官也会出于对国家和城邦的热爱，而忠于其誓词并像智术师一样，运用诡辩、纠缠的技巧去控诉违反法律的偷税者和盗取公款者。但是，公职控诉官介入诉讼，可能还有着另外一层为史料文献所未言的特殊用意——“谀佞”（sycophancy），即并非单纯以谋取金钱或名望等个人利益为目的，而是政党（political party，也许并未达到现今社会政党的规模，但已具有社团、组织的含义）实施政治煽动的手段及有组织的活动。

在公元前5世纪至公元4世纪的雅典，一些政治俱乐部的会员通过承诺在诉讼中相互支持的方式来故意挑衅其政治对手。这与15世纪存在于英格兰的助讼（maintenance）十分相似。不止于此，当时，雅典人还谙熟诉讼利益收购，被英格兰称为包揽诉讼（champerty），还从事故意诽谤、直接贿赂和恐吓证人、法庭等干涉诉讼的手段。其介入诉讼当事人与裁判法院之间的手段多种多样，且操作模式发展得非常纯熟。这些介入手段被统称为“谀佞”。

由上可见，在西方法制发展史的初期阶段，案外第三方介入诉讼并未获得认可。而由陪伴诉讼当事人出庭的亲友团所衍变发展而来的私人支持者或公共控诉官，从经济利益与法律地位上讲，仍是为了追求个人的财富与权力，或者为实现其党派的政治诉求而介入诉讼的。他们存在滥用诉权、干扰审判的可能，也未能对早期法律职业人士良好形象的树立发挥助推作用。反之，非执业人士介入诉讼、利用庭审的行径成为助讼与包揽诉讼等不端行为，也使后世西方法律制度对第三方介入诉讼的行为存有忌惮，并逐步形成一套限制、排斥案外人助讼分利的基本原则。①

2. 古罗马的沿袭与发展

雅典各类第三方介入诉讼的方式也传承至罗马。稍有进步的是，法律辩护成为公认职业，已有在诉讼程序各阶段提供法律服务的律师（*iuris peritus*）。但辩护人仍需虚构与当事人之间的个人关系方能出席庭审，并且其不得公开收取代理费用，与当事人之间的协议也不具有法律保护的可诉性。

罗马时代仍旧存在与雅典时期“谀佞”近似的滥诉，但被技术命名为“诽谤”（*calumnia*）。而诽谤者（calumniator）则是指那些提起无必要且无事实基础的诉讼的人，这些诉讼则多是刑事控诉。就此，公元5世纪的《狄奥多西法典》（Codex Theodosianus）对诽谤者作出了明确规定：“（1）那些未经授权（以他人名义）提起与自己没有关系的诉讼的人；（2）那些刚刚被判决败诉，又尝试再次提起诉请的人；（3）那些为不属于自己的财产权利或需求而提起法院诉讼的人；（4）那些期冀以平和方式，假借支援财政部门的名义，意图谋求他人或守法市民财产权利的人；（5）那些试图激起政治当局的愤怒以对无辜的人提出诬告的人。”②

按照《狄奥多西法典》的规定，符合上述情形的诽谤者均应被驱逐流放（exile）。这些有关诽谤者的定义，已涵盖英格兰法中关于唆讼者（maintainor）、助讼者（champertor）、挑唆争端者（barrator）的含义，也包含了其他任何动用司法机器和各类形式的阴谋、恐吓等手段妨害公正的行

---

① See Standing Committee of Attorneys-General, *Discussion Paper: Litigation Funding in Australia*, May 2006, p. 4.

② COD. THEOC. 9, 39, 3. Cited from Max Radin, *Maintenance by Champerty*, 24 California Law Review 48, p. 48 – 52 (1935).

为。但需要指明的是,罗马法项下的诽谤主要是指公权,即刑事检控方面的虚假诉讼,与鲁莽控诉(rash prosecutors)相异,强调控诉的虚伪性,如包含伪证或贿赂法官等因素。而与谀佞相同,诽谤也仅指控诉者本人,而非案件之外的第三人。

在民事案件中,显著恶意且无理纠缠的控诉亦构成诽谤,但诉请未能成立的,并不一定受到处罚。即便因缠讼而获得利益,也仅需承担4倍返还给事主的罚则。与刑事案件不同,民事诉讼确实存在第三方介入诉讼而产生风险的可能性,即诉讼期间不得将诉讼标的转让给第三方,否则,该等转让行为归为无效,且第三方受让后就此提出的诉请也会遭到对方的抗辩。① 这一限制的目的在于抑制诉讼。对于罗马法官而言,很难想象任何一方有充分理由在诉讼开始之后转让其诉讼权利,而究其动机无外乎规避因诽谤或“敷衍塞责”(*tergiversatio*)而受到惩罚,显然,这些动机明显属于法律上的欺诈行为。因此,罗马帝国皇帝戴克里先(Diocletian)坚称,购买诉讼“有违公共利益”(*contra bonos mores*)。②

二、晚近案件融资的限制与变革

中世纪的英格兰,既已存在贵族出资替财务困难者打官司,并期冀分享诉讼讨回利益的先例。但是,普通法系自中世纪以来,就不认可“包揽诉讼”的合法性,即限制和制约案外人资助争议案件的行为。该等行为视同“助讼与帮讼分利”,被视作一种民事侵权行为,参与者可能承担刑事责任。③

近代最早提出资金支持有助于当事人趋近司法公义的是英国哲学

---

① Max Radin, *Maintenance by Champerty*, 24 California Law Review 48, p. 56 (1935).

② Max Radin, *Maintenance by Champerty*, 24 California Law Review 48, p. 56 (1935).

③ See Lisa Bench Nieuwveld, Victoria Shannon Shani, *Third Party Funding in International Arbitration*, Kluwer Law International 2012.

家杰里米·边沁(Jeremy Bentham)。1787 年 3 月,边沁在一封有关助讼分利的书信中举例说明,司法正义在当时已经被财富(wealth)所垄断(monopoly),如果诉主不具备资金提起诉讼,那么他的合法权利就无法得到司法审判,获得正义。边沁进一步认为,将妨害当事人寻求案外人资助的助讼分利原则从当时的科律中剔除是有必要的,这一不适宜的法律致使无力负担程序费用的当事人被排除在司法裁判体系之外,这是资本、财富垄断司法公义的象征。

现代的第三方出资兴起于 20 世纪 80 年代末的澳大利亚,当时,澳大利亚处于经济下行阶段,并伴随企业破产浪潮。在企业破产、重整过程中,当事人以外的第三方对于资金困难的破产债务人提供有力支持,帮助大量企业实现了对外债权的清收。第三方出资以跨境破产重整、为破产债务人提供资金支持为开端,逐步被引入仲裁领域。

近年来,随着案件融资在争议解决司法实践中的现实需求的增加,部分国家及地区将第三方出资规定于法典中予以合法化,代表性法域为新加坡及中国香港特别行政区。

新加坡《2015 年法律执业行为规则》第 5A 部分“适用于第三方出资的规则”明确了律师对于第三方出资的披露义务。2017 年,新加坡对《民法典》进行了修订,新的第 5A 部分废除了唆讼与助讼分利原则,即第三方出资不再受这一原则的限制。同时,根据新加坡《2017 年民法(第三方出资)条例》第 3 条的规定,第三方出资在新加坡司法程序中的适用范围,限定于国际仲裁程序以及与国际仲裁相关的诉讼、调解、裁决执行程序等。

中国香港特别行政区于 2017 年 6 月 14 日通过了《2017 年仲裁及调解法例(第三者资助)(修订)条例》(Arbitration and Mediation Legislation Third Party Funding Amendment Ordinance 2017),对《仲裁条例》(中国香港法例第 609 章)作出修订,允许在中国香港特别行政区仲裁程序中的第三方出资。2018 年 12 月 7 日,中国香港特别行政区政府公布了《第三者资助仲裁实务守则》，适用于任何在 2018 年 12 月 7 日或之后开始或订立的资助协议。根据《第三者资助仲裁实务守则》，出资者负有相应义务，且《第三者资助仲裁实务守则》可以在中国香港特别行政区法院或仲裁庭被采纳为证据。

第三节　第三方出资的近代勃兴

伴随 20 世纪 90 年代以来的经济与金融危机，第三方出资诉讼的融资方式得到了快速发展，并在固有助讼分利禁止的英美法系受到普遍认可。虽然，该机制仍处于发展起步阶段，但其稳定可期的投资回报与现实解决纠纷当事人融资需求的优点，已使其成为当今民事司法领域最具影响力和最为显著的发展因子之一。①

一、第三方出资在商事争议解决中勃兴的原因

（一）争议解决需求与成本的冲突

争议解决费用高企是各类融资方式产生的根本原因。以国际商事仲裁案件为例，②申请人方平均支出约 158 万英镑，被申请人方也需平均支出 141 万英镑——事实上，在国际全球化浪潮与贸易摩擦冲突加剧的背景下，跨境商事纠纷比比皆是。一宗仲裁案件的费用支出平均已逾

---

① UCLA-RAND Center for Law and Public Policy, *Third Party Litigation Funding and Claim Transfer*, http://www.rand.org/events/2009/06/02.html, last visited on 08 October 2023.

② See Chartered Institute of Arbitrators (CIArb), *CIArb Costs of International Arbitration Survey* 2011, p. 13 (survey of 254 international commercial arbitrations conducted between 1991 and 2010 finding that claimants on average spend GPB 1,580,000 in total, while respondents spend GPB 1,413,000).

300 万英镑,解决跨境纠纷费用可见一斑。① 即便仲裁界人士致力于改善仲裁成本畸高,尤其是解决给当事人造成诉累的困境,但各方在仲裁程序中负担的机构费用、仲裁员报酬、律师费、专家费,以及相配套的法院程序费用,如用于财产或证据保全、仲裁裁决的域外承认与执行、仲裁裁决的不予执行或撤销之诉的起诉与应诉成本等,均导致各方当事人采取仲裁方式解决纠纷的财务成本与时间成本不断增加。

不止于此,与国际商事仲裁程序截然不同的境内商事诉讼程序,同样存在费用高昂的问题。近年来,随着政府与私人投资主体之间的政府合作开发工程(Public Private Partnership,PPP)逐步进入履行与资金回收期,私人投资者与政府之间的建设工程与特许经营权纠纷不断增加。然而,动辄数十亿元的争议标的金额,使当事人所需负担的最大一笔法律费用,从律师费转为诉讼或仲裁的受理及审理费。举例而言,如争议标的金额是人民币 10 亿元左右的 PPP 纠纷案件,则当事人需支付的律师费一般以百万元计,而其提出诉讼请求的案件受理费则达到上千万元。显然,当事人需要动用巨额资金维护自身合法权益,其司法救济受制于资金实力。

(二)厌恶和转移败诉风险的工具

争议解决项目融资也是当事人转移财务费用及败诉风险的途径。从公司财务管理的角度来看,发生争议的商事项目本身应计提损失,而为办理争议解决事宜而列支的费用则纳入企业的财务成本中。由此,当

---

① See United Nations Commission on International Trade Law (UNCTAD), *Investor-State Disputes: Prevention and Alternatives to Arbitration*, New York and Geneva, 2010 p. 16 – 18 ("[c] ontrary to the expectations, it turns out that costs involved in investor-State arbitration have skyrocketed in recent years... costs for conducting arbitration procedures are extremely high") (emphasis original); The Organisation for Economic Co-operation and Development (OECD), *Government Perspectives on Investor-State Dispute Settlement: A Progress Report*, Freedom of Investment Roundtable Dec. 14, 2012, p. 8 ("legal and arbitration costs for the parties in recent ISDS [investor-state dispute settlement] cases have averaged over USD 8 million").

事人的财务账目将因企业涉及纠纷而产生双重拖累。争议解决的新式融资方式则可以为当事人,特别是涉及商事纠纷的上市公司,改善财务报表与账目情况提供帮助。通过引入和采用具有投资属性的第三方出资,公司将不再负担争议解决的具体成本,并且即便败诉也不负担对第三方出资机构的资金返还义务,这使涉事公司的财务报表得以改善。更进一步,一些第三方出资机构会将其对争议解决费用的出资与当事人的诉权相合并,共同注入特定目的实体(Special Purpose Vehicle,SPV)。通过股权出资的方式,当事人也可将其存在不特定风险的诉讼权利转化为具有长期投资属性的股权出资,进而实现企业财务情况的优化。

(三)经济下行周期中的特殊机会

对于投资者以及提供争议解决专项服务的第三服务产业从业者而言,争议解决项目融资可以为其业务营收另辟蹊径,开辟次生业务形态与收益方式。争议解决案件的项目融资种类繁多并且出资主体多样。其中既包括以案件投资为业的第三方出资机构(投资人),也包括销售责任保险的保险公司、提供定向放贷的小贷公司、接受全风险代理的执业律师等。这些出资主体共同构建了围绕争议解决费用融资需求而生的小型金融生态。这些从事第三产业的服务者在其传统的本职服务之外,亦衍生出以基础金融出资或投资为主要经营内容的次生业务形态,同时通过实现纠纷解决,回收资金,获取额外的金融收益。

值得一提的是,争议解决服务本身就是第三服务产业的一隅。无论是律师、仲裁员,乃至于法官,在某一维度上,都是围绕商事主体为其纠纷解决需求提供智慧服务的“从业者”。为了推动争议解决的顺利进行,化解其服务对象的困难,争议解决项目融资应运而生。这不仅使当事人的财务困境得以解决,而且为提供法律服务的律师提供新的业务营收增长点。以第三方出资为鉴,诉讼融资和仲裁融资在英美法系的繁荣正是由律师执业群体为寻觅支付其报酬的适当主体而得以推动的。此外,当争议解决费用不再成为障碍,投资者与当事人对于缩短办案周期的诉求又迫使仲裁行业向前发展,不断变革以实现办案时间的节省。

诚然,上述融资原因的兴起均建立在当代法律制度框架下,均以争议解决融资方式具备法律基础与合法性为前提。换言之,当代经济水平的高度发展与法治环境的文明进步,是争议解决融资方式产生和兴起的重要原因。

二、第三方出资的现当代再认识

争议解决案件的项目融资就是定向应用于争议解决业务的财务融资行为,属于金融活动。但由于其作用于争议解决这一传统法律范畴,人们对于法律与金融相结合的机制并不熟悉。目前,人们对争议解决项目融资的态度大体有积极与消极两种态度。以辩证方法认识第三方出资的现有评价有助于对该机制作出更为客观的界定。

(一)对争议解决融资的误解

一些不了解争议解决项目融资,尤其是第三方出资的法律实务人士和法学研究学者,将该等以争议解决为对象的融资方式视作"反正义"。① 大多数持消极态度的学者,指摘争议解决融资的理由是"滥诉"(frivolous)。他们认为,诉讼不能沦为投资的工具。② 其背后的逻辑在于,当事人原本没有足够的资金实力提起诉讼,甚至于当事人也根本不具备合理的诉讼请求或法律主张。因争议解决融资机制的显现,帮助该等当事人实现了其诉请主张被裁判者——无论是法院法官还是仲裁庭进行聆讯和审理的可能。这也可能招致恶意诉讼的泛滥。

如前文所述,这一逻辑是不能成立的。一方面,是否发生恶意诉讼,能否防范恶意诉讼的泛滥,有赖于法制基础与法治环境的文明程度,而

① See Sebastian Perry, *Live London Debate*, 8 Global Arbitration Review (28 November 2012).

② Rancman v. Interim Settlement Funding Corp., Supreme Court of Ohio, Judgment of 11 June 2003, 99 Ohio St. 3d 121, para. 18.

非简单归咎于“恶人有钱了就滥诉”——这一逻辑本身就建立在无力负担争议解决费用的主体所持诉讼理由与主见不佳前提上,而该假设本就不能成立;另一方面,该等消极态度产生的主要原因在于持异见者对争议解决融资机制的生疏,以及对涉及争议解决项目融资各方主体可能涉及的权利义务的不了解。实际上,任何一项争议解决案件的项目融资都不是以“无偿”为目的的,即便一些案件融资是由公益基金会主导的公益项目,但公益的对价亦在于实现公益,而非漫无目的的“无偿”资助。

（二）从客观出发的支持态度

争议解决项目融资的历史并不长,甚至对于很多律师而言,虽然谙熟法律实践业务,但从未意识到自己采用风险代理模式收取律师报酬的方式,即为典型的争议解决费用融资手段之一。在风险代理的过程中,律师将其提供的法律服务作为一种非现金出资,转化为争议解决项目的案件成本,以此为对价在案件取得胜诉结果之后,向胜诉的当事人回收其出资投入。

通常而言,长期从事法律执业的人士能够较为快速地理解争议解决项目融资的商业逻辑与财务流转过程,并对其加以赞许。① 尤其是在商事交易与金融衍生品市场发达的法域,如英国和美国,争议解决案件的项目融资更容易被理解。因为,这些融资行为本质上就是将诉权视为一种新的资产品类,②也就是所谓的“另类投资产品”。

针对狭义的第三方出资而言,第三方出资者正是将当事人手中的诉权视作投资目标,通过支付争议解决费用的方式完成投资行为,并在取得胜诉结果时取回投资成本和收益。当然,案件胜诉并非常事,一旦败

---

① “litigation funding is ‘the best thing since sliced bread’.” See Sebastian Perry, *Live London Debate*, 8 Global Arbitration Review (28 November 2012).

② See Aaron Katz, Steven Schoenfeld, *Third-party Litigation Financing in the U. S.*, Practical Law online maintained Jun. 2018, p. 36, 37; Selvyn Seidel, *Third-party Investing in International Arbitration Claims: to Invest or Not to Invest? A Daunting Question*, ICC Dossier Third-Party Funding 16, p. 25.

诉，出资人则面临出资损失的情况，这也属于正常的商业投资风险，无可厚非。正是这种对于资金回报的不确定性，使狭义的第三方出资行为满足了投资行为必须承担合理风险的要素，使第三方出资更具投资属性，而非简单的财务融资。

无论何等情形，由上可见，商业主体，特别是职业的金融投资机构，更乐于将争议解决项目融资归入合法的资金流转与资本运作范畴。就某种程度而言，这亦更为贴合客观情况，没有人为添加主观情绪。一家诉讼出资机构这样评价争议解决案件的融资机制："我们为你打开通向正义之门，把你的诉求化为现金，让你踏在平等的基石上抗争"①。

① "We provide access to justice. We turn your claim into cash. We put you on an equal footing." Cited from Alter Litigation official website, available at http://www.alterlitigation.com/last browsed on 08 October 2023.

第三章　第三方出资的法社会学价值

第三方出资在商事仲裁领域的应用和兴起并非一蹴而就,而是伴随法制发展完善,在社会经济需求下逐渐得到认可而得以复兴、应用和扩大适用的。这一过程中,第三方出资所带来的积极效用和消极作用也广受争论。为论证该机制是否合法、能否应用,应当权衡其产生的法律价值与法律风险,确定其正向效能大于反向作用。为探讨和确定第三方出资的正当性与必要性,本章和下一章将专门分析第三方出资对现有商事仲裁制度的积极法律意义,及其可能对现有法律制度产生的消极作用,分别从该机制对争议解决制度、国际仲裁事业和法经济学视角下的金融市场安全的影响,逐一而论。

第一节 对传统仲裁程序的裨益

争议解决业务在法律实务领域中泛指与商事活动、投资交易相关的诉讼、仲裁、调解和商业谈判和解业务。① 争议解决案件中的直接参与者为纠纷各方,有时为两方,有时因交易模式与交易对手方数量的不同而涉及多方当事人。在传统的争议解决业务中,谈判与和解无须借助当事人以外主体参与,因而,所需费用较低,不涉及采用第三方出资。一旦引入裁判者或调停者,当事人就需要支出必要的费用开支,甚至向法庭或仲裁庭缴纳必要的诉讼、仲裁费用,届时,第三方出资的作用将得以显现。也正是在这些争议解决的传统和替代性程序中,第三方出资可能为实现法制完善、提升法治效果带来如下好处。

一、促进实现司法公义

大部分学者和立法专家认为,②第三方出资的适用将帮助当事人趋近法治正义。理由是,第三方使当事人有能力提起其本负担不起的诉讼主张,使其寻求司法救济的可能性增加。但是,这并非对"趋近公义"的完整解读。真正确保当事人实现救济的公正,需要使其与相对方在同等条件下对峙。③

---

① See Karl Mackie & David Miles et al. , *The ADR Practice Guide Commercial Dispute Resolution*, London: Butterworths LEXIS (2000), p. 10.

② See Maya Steinitz, *Whose Claim Is It Anyway? Third – Party Litigation Funding* (2011), 95 Minnesota Law Review 1268, (2011); Marco de Morpurgo, *A Comparative Legal and Economic Approach to Third – Party Litigation Funding*, 19 Cardozo Journal International & Comparative Law 343 (2011); ICCA Reports No. 4, *Report of the ICCA – Queen Mary Task Force on Third – Party Funding in International Arbitration*, ICCA Reports Series, Volume 4, 2018.

③ See William W. Park, *A Fair Fight: Professional Guidelines in International Arbitration*, Vol. 30 No, 3 Arbitration International 2014, p. 409.

1. 帮助当事人提起法律程序

如前所述，最早提出资金支持有助于当事人趋近司法公义的是英国哲学家边沁。边沁的举例论证说明，确保当事人有能力维护其合法权利需要将当事人寻求案外人资助的助讼分利原则从当时的科律中剔除，否则将使无力负担程序费用的当事人被排除在司法裁判体系之外。边沁所言的司法裁判环境虽然与当代不同，但个别当事人受经济困窘所迫而无力寻求司法裁判审理的情况依然存在。

同样，在澳大利亚具有代表性的第三方出资诉讼第一案中，对于第三方出资者"组织"(organizing)当事人进入法律程序申辩其法律权利的过程，澳大利亚最高法院合议庭克尔比(Kirby)法官认为，即便有时候当事人不一定会完整、清晰地认知其在相关矛盾下应当享有的合法权益，但该等组织起诉的行为并没有给社会增加新的矛盾(controversies)，只是将这些当事人旧有的矛盾付诸法律程序，因此，其本质是确保当事人实现司法正义，是符合法律的。①

在《国际投资争端解决中心评论》中，有学者对第三方出资帮助当事人实现趋近公义的理由进行了概括。② 首先，第三方出资确保争议解决的当事双方可以站在平等地位上进行对峙，而不受制于资金的阻碍而丧失诉讼资格；其次，伴随资金实力的增加，当事人将可摆脱对案件程序费用的顾忌，通过财务负担的转嫁——并且不是以债权债务方式转移，当事人可以为主张其权益而抛开诉讼成本的考虑；最后，出资者在提供资金支持之前的案件评估流程以及确认出资的行为，也是对当事人寻求司法公义可行性的确证。

由上可见，使当事人已经发生的纠纷有可能被诉诸正义，是第三方

① Campbells Cash and Carry Pty Limited v. Fostif Pty Limited, [2006] HCA 41, Australia, para. 202.

② See Eric De Brabandere & Julia Lepeltak, *Note Third – Party Funding in International Investment Arbitration*, ICSID Review Vol. 27, No. 2 (2012), p. 383 – 384.

出资的首要优点和正当性基础。不排除有观点认为,标的金额过小的案件不会得到第三方出资者的资金支持,但是从未能实现司法公义案件的整体来看,第三方出资仍有助于增加标的金额较大的争议案件趋近司法公义的可能。①

2. 提供出资对象具有普遍性

第三方出资提升当事人趋近司法公义的优点具有普适性。这是因为受资助的对象不只限于财务资金困窘的当事人,同样适用于财务状况良好、现金流稳定的当事主体。本来,第三方出资者以扶贫济弱者的身份出现于争议解决法律程序中。而随着接纳程度的提高和对解决案件的现实帮助的增强,第三方出资也逐步扩大到没有财务负担的主体,他们适用该机制的原因则源于对冲败诉的法律风险。②

传统而言,第三方出资可以为缺乏资金的当事人增加提起争议解决程序的可能性。显然,涉及纠纷的当事人在决定是否启动司法仲裁程序时,除考虑其主张理据是否充分,能否得到裁判支持之外,最现实的考量因素即是争议解决所需耗费的费用支出成本。破产债务人是这一领域主要的受资助群体。实际上,债务人进入破产重整或清算程序的原因不外乎资金链断裂、资不抵债,而导致这一财务状况的原因,除去经营不善、行业环境因素之外,最有可能是因为对外应收债权无法得到及时清偿。也就是说,破产债务人既是匮乏现金支持其债务追索的财务困窘者,也是对外掌握潜在债权权益的当事人。因此,第三方出资应用于破

---

① See Round Table Discussion of the ICCA – Queen Mary Task Force on Third – Party Funding in International Arbitration, *Draft Report for Public Discussion*, http://ccsi.columbia.edu/files/2017/11/Third – Party – Funding-in – ISDS – Roundtable – Outcome – Document – FINAL – 2. pdf.

② See Jonas von Goeler, *Third – Party Funding in International Arbitration and Its Impact on Procedure*, Kluwer Law International, 2016, p. 16 – 30.

产项目,为破产债务人提供资金支持其对外追索债权的情况并不鲜见。①

特殊而论,第三方出资同样可以为资金充裕的商业主体,甚至金融机构提供争议解决费用,帮助其跨越法律费用预算限制,或缓解其在争议解决费用支出上的成本预算决策压力。提到第三方出资对财务自由者的资助,主要涉及两类限制突破:其一,当事人资金充裕但法律预算有限。实质上,这类情形与传统资助范畴内的资金困窘者并无本质区别。一项信托计划或私募基金,无论其管理的资产数额何等巨大,可得调配用度的金额权限再高,法律费用作为其运营成本都要受到限制。此类金融机构并不掌握为了启动争议解决程序而必需开支的费用,所以,就争议解决业务而言,他们也是财务困窘者。其二,当事人没有法律预算的限制和资金筹措困难,但是其对费用列支的决策责任与其对法律结果不确定性的忌惮,导致其不会使用自身享有的大额资金用以承担争议解决费用。这一类别的当事人主要包括大型跨国企业集团、国内的国资企业等内部监督管理机制完善,且具有严格责任追究管理体系的主体。做一例举,某国有企业在处理境外合同纠纷的货款索偿案件中,具备充足的经营资金和法律费用预算额度,但考虑到其对境外法律制度的不了解,以及对裁判承认与执行程序的不确定性,最终,该企业没有选择自行支付法律费用,而是选择与第三方出资机构合作,帮助其支付先期法律费用。对于这类当事人而言,法律费用或第三方出资者分享部分法律成果并非企业经营、管理的重要关切,而企业利益的追索责任和采购不称职(或不尽如人意)的法律服务的过错,是企业经营管理人的主要考量。就此,第三方出资为他们提供了一种可行的、稳妥的争议解决方式。

3. 支持案件类型受一定限制

第三方出资虽然可以促进实现司法公义,但出资对象并非包罗万

① See generally Frederick Tung, *Confirmation and Claims Trading*, 90 Northwest University Law Review 1684 (1995 - 1996).

象。例如,第二章就法律援助所作对比,以及后文对第三方出资的案件类型所作细分讨论一样,不是所有案件都可以得到第三方出资者的资金支持,也并非所有类型的争议案件都为法律所允许以第三方出资方式启动。

除助讼分利的传统禁令限制第三方出资的应用之外,第三方出资已经在任何可能取得损害赔偿,或者涉及金钱法律裁判结果的个案中得到出资者的支持。① 甚至,刑事案件中的被告人亦可援用第三方出资的资助。② 事实上,刑事案件中的出资并非严格意义上以投资方式进行的第三方出资,而是一种定向应用于诉讼案件的小额金融贷款。

一般而言,与律师风险代理的限定范围一致,第三方出资可得投向的争议案件多限于金钱请求权的案件,且不得涉及行政、刑事、人身等法律关系。第三方出资不仅不会资助民商事案件以外的案件类型,还会对一些涉及财产的类别予以限制。英国法律服务委员会以法律援助社团组织的形式负责监管民事法律援助基金,此类基金属于公益法律援助的范畴,对第三方出资有一定借鉴意义。按其规定,民事损害、遗嘱继承、商事与财产信托等案件均不得接受第三方出资。③ 这一限定无不来自对诉讼商品化(commodification of claims)的担心,即顾虑于出资者制造诉讼以使其具备投机功能。④

二、提高争议解决效率

第三方出资可以提高争议解决效率,是指第三方出资可以缩短争议

---

① See Harbour Litigation Funding Ltd, *Types of Cases We Fund*, http://www.harbourlitigationfunding.com/types-of-cases-we-fund, last browsed on 08 October 2023.

② See LegalFinancing, *Do You Need Financing for a Criminal Misdemeanor Lawyer?*, https://legalfinancing.com/criminal/, last browsed on 08 October 2023.

③ See Legal Service Commission, *Types of Legal Assistance Available and How They are Obtained*, https://www.insolvencydirect.bis.gov.uk/technicalmanual/Ch49-60/Chapter%2060/part2/part_2.htm, last browsed on 08 October 2023.

④ See Edouard Bertrand, *The Brave New World of Arbitration: Third-Party Funding*, (2011) 29 ASA Bulletin, Issue 3, p. 607-615.

解决案件的处理时间，并且提升当事人在讼争案件项下可得赔偿的金额比例。争议解决的效率包括两个内涵，一方面是指争议解决程序的耗时，另一方面则是指最终得到赔偿的数额与争议解决的索赔主张之间的比率。

前者重在对时间的把控，争议解决的耗时越短，当事人定分止争之后，进行新的商业交往，或者另觅他处进行下一轮商业活动的周期越短，效率也就越高。后者是对当事人实际获偿比率的计算，也是对当事人到底能在多大程度上实现其救济的反映。换言之，如果每一当事人均不能在争议解决程序中得到足够比率的获偿金额，那么争议解决程序存在的基础也就不存在了。毕竟，商业交往中的定分止争，并不仅限于厘定责任承担主体，还带有很强的财产性，需要明确争议财产的所有权，以及赔偿请求权可得支持的比率。

1. 缩短争议解决的时长

第三方出资的介入与争议解决程序的时长之间存在相互影响。一方面，第三方出资者从财务投资成本的角度出发，会有选择和有控制地向案件周期较短的争议案件进行出资。另一方面，由于第三方出资对于当事人厘清争议解决思路、强化代理能力等方面的帮助，也有利于节省审理时间，进而缩短争议解决的时长。此外，考虑到相对方当事人对于有第三方出资者介入的心态影响，案件也有可能以和解、调解等非裁判方式作出，从而缩短整体的案件周期。

以国际投资仲裁为例，审理周期漫长的诟病由来已久，其原因除了“迟来的不是正义”，还有程序时间越长，法律费用越高。① 为此，国际贸易法委员会为投资者与国家争端解决的未来发展进行了专项讨论。其中，按项目工作组报告，全部国际投资仲裁案件的平均审理周期为3.46

① See UNCITRAL Secretariat's Note, *Possible Reform of Investor – State Dispute Settlement* [*ISDS*] – *Cost and duration* [A/CN. 9WG. Ⅲ. 153, 31 August 2018], para. 11.

年，其中以裁决方式结案的案件平均需要 3.73 年。① 同时，针对非裁决方式审理终结的案件，当事人以和解方式终结审理的案件比例最高，其总数超过未继续审理、管辖权审理后和解及管辖权异议后未继续审理的三类案件的总和。这说明和解是缩短案件审理周期的有效方式。

第三方出资对于缩短争议案件审理时长的作用途径有二：一是增强案件当事人的和解意愿，促使案件和解概率大幅提高。同样以国际投资仲裁为例，以和解方式结案的案件审理期限平均为 2.17 年，②相较以裁决方式结案的审理耗时缩短 1.56 年，节省时间达 42%。二是提升受资助方当事人的法律技术与律师代理服务能力，简化裁判者的实体审理负担，提升审判的实质效率，进而缩短审理时长。以第三方出资行业的标志性出资方佰福德资本有限公司（Burford Capital Limited，以下简称佰福德资本）为例，其 2018 年度统计的组合投资案件的平均周期仅为 1.8 年，显著低于一般争议解决案件的审理时限。③

2. 增大争议请求支持率

如前所述，提高争议解决效率的另一考量标准在于，第三方出资的介入能否帮助当事人增大其诉求得到裁判认可的比例。对这一问题应辩证看待。第三方出资的介入可以使裁判者向更为有利于受资助方当事人的位置倾斜，而其原因既来自受资助方当事人的请求主张本身就应具备良好理据，才可能得到出资者的资金支持，也源于第三方出资对当事人整体的法律技术水平的提升。

第三方出资可以提高诉讼请求最终转化为执行回款的可能性。由

---

① See ISDS Academic Forum – Working Group Ⅱ, *Duration of ISDS Proceedings*, https://www.cids.ch/images/Documents/Academic – Forum/2_Duration_ – _WG2.pdf.

② See ISDS Academic Forum – Working Group Ⅱ, *Duration of ISDS Proceedings*, https://www.cids.ch/images/Documents/Academic – Forum/2_Duration_ – _WG2.pdf.

③ See Burford Capital, *Burford Annual Report 2018*, https://www.burfordcapital.com/wp-content/uploads/2019/04/BUR – 31172 – Annual – Report – 2018 – Web.pdf?utm_source = web&utm_medium = box.

于每一案件均受一事不再理原则的限制，无法比较接受第三方出资的案件与没有资金支持的法律裁判后果之间有无差别。因此，第三方出资对诉请支持率的支持，仅能从裁判者对第三方出资案件的司法裁判结果与其他一般案件之间的区别，来推测第三方出资对争议结果的积极意义。就此，有学术研究表明，第三方出资有利于提升裁判质量。① 与没有上述必要流程的一般当事人相较，通过第三方出资服务附随的案件事实评估、法律策略分析、财产线索调查和财产保全措施等手段，受到资助的当事人将更有可能保障其诉讼权益，并可在裁判执行环节得到有效的财产线索作为其后续回款的来源依据。

需要指明的是，尚无明确的数据统计或明确依据支持，经第三方出资的案件更不容易被改判，或更易得出有利于受资助方当事人的司法裁判。但是，法经济学家在数理模型中论证，第三方出资可以给社会财富总福祉带来积极贡献。② 也就是说，第三方出资的产生，使社会经济总量发生正向增长。这或可辅证，第三方出资本身对于当事人维护其争议解决权利的积极意义，毕竟第三方出资仅应用于争议解决业务中，而此类业务可以产生正向价值的唯一方式就是当事人的主张得到司法裁判或仲裁庭的支持，并且最终得以实现执行。此外，从得到支持的请求金额来看，美国学者亦认为，由出资受让侵权之债的买受方替代原始权利人去主张诉权，能够获得更多的补偿。③

当然，对于提高争议解决效率这一优点仍需客观看待。尽管可以观察到第三方出资的案件平均审理时间更短，且出资行为使受资助方切实

---

① See David S. Abrams & Daniel L. Chen, *A Market for Justice: A First Empirical Look at Third Party Litigation Funding*, 15 University of Pennsylvia Business Law 1075, p. 1080 – 1081 (2013).

② See Keith N Hylton, *The Economics of Third – Party Financed Litigation*, 8:3 Journal of Law, Economics & Policy 701, p. 718 – 719 (2012).

③ See Marc J Shukaitis, *A Market in Personal Injury Tort Claims*, 16 Journal of Legal Studies 329, p. 340 (1987).

获得了实体权益,但是,亦需了解受资助案件本身即应具备耗资时间不长,具备合理理据与可供执行财产的优点。如是,到底是第三方出资选择了优质案件,还是第三方出资使案件变得优质,存在循环论证的可能。两者之间其实并不对立,而是相辅相成的,即第三方出资使优质的案件可以更加快速地实现其法律权利救济。

三、提升审理裁判水平

第三方出资对于司法仲裁审理水平的提高是间接的,也是必然的。裁判者审理裁断是非曲直的能力,主要体现在其对事实认定的准确度和对法律理解与适用的恰当性。第三方出资在事实查明与法律适用两个层面均可给受资助案件的审理者带来帮助,并可提升案件审理水平。

1. 有助于案件事实查明

在争议纠纷中,各方当事人有可能对案件事实产生分歧,分歧的类型既可能在于事实发生与否,也可能是事实能否达到某一标准,即满足法律规定或合同约定的相关条件。

对于事实发生与否,裁判者根据举证责任将举证义务分配给负有证明义务的一方,并由举证不能者承担不利法律后果。在第三方介入案件后,尽管第三方不能改变法官对举证责任的分配,也不能帮助受资助方去编造、伪造事实,但其可以利用更为广泛的调查手段去搜集事实线索,还原案件的客观情况。这一点对大陆法系的裁判者而言,裨益尤为明显。因处于究问位置,大陆法系法官在应对当事人的调查取证申请时多持被动、消极态度,不鼓励当事人运用法院的调查权去挖掘和还原事实真相。第三方介入之后,案件调查这一任务可以由出资者委托的案件评估机构予以实现,由于案件评估费用计入出资者的摊销成本,当事人可以得到出资者提供的更多的财务预算用以调查案件事实。

对于事实与标准的相符程度,通常是由评估、鉴定等服务中介机构依据其专业特长和纠纷所属专业背景予以判断,再由裁判者结合这些报告对案件事实进一步作出认定。一般案件中,评估鉴定机构的委聘有三种方式：第一种为裁判者依职权或依当事人的申请，以自己名义进行，相关费用视争议解决机制的不同，由国家或当事人支付，最终由败诉方承担；第二种为当事人单方委托某一机构进行，相应地，所需费用由该当事人支付；第三种为当事人各方达成一致，共同委托进行，费用分摊或按约定处理。第三方出资的引入使评估、鉴定等一系列需要由当事人承担的费用移转到出资者负担，从而增加了争议解决案件中聘请专业机构对有关事实进行鉴别的可能性，增加了事实查明的准确度。

2. 有助于准确适用法律

这里的法律适用问题包含两类情形：一是案件纠纷涉及多个法域的，裁判者需掌握冲突法原理，并可实现对某一特定法域的法律查明和法律适用；二是在同一法域之内，就案件纠纷准确把握裁判所需的法律依据，包括在英美法系中准确援引判例法的能力。

第三方出资之所以可以帮助裁判者增强法律适用的准确度，主要归功于出资者在案件评估和投资决策阶段对于案件事实和案件裁判的预测，这些出资之前的投资分析势必将在案件审理过程中转化为受资助方的抗辩理据，进而间接对裁判者产生引导、提示作用，增强其对有关法律、判例的查明能力。有学者以澳大利亚最大的第三方出资机构 IMF（澳大利亚）有限公司[IMF(Australia) Ltd.]在其境内的诉讼融资案件作为调查样本，对受资助案件与一般案件进行了比较。通过比较两类案件援引既往判例的数量，以及两类案件被后续案件援引的数量，得到出资机构支持的案件引用及被引次数都是未获资助案件的 2 倍。① 这反映出第三方出资可以为受资助市场创造更多的判例法，印证了该机制对于司法裁判的推动作用。

第三方出资对于外国法律查明的帮助作用主要体现在跨境纠纷案

① See David S. Abrams & Daniel L. Chen, *A Market for Justice: A First Empirical Look at Third Party Litigation Funding*, 15 University of Pennsylvia Business Law 1075, p. 1103 (2013).

件中。外国法律查明,是指一国法院或仲裁机构在审理涉外民商事案件时,若依据冲突规范应适用某一外国国家的实体法律规范,应如何证明该外国法并确定其调整案涉当事人系争权利义务的具体内容的法律选择与法律适用过程。[①] 不同国家法院对于外国法律查明的义务和方式有不同处理。一般而言,外国法律的查明可由当事人自行举证,法院依职权查明,或者由法院依职权查明为主、当事人协助查明为辅。在我国,人民法院、仲裁机构或行政机关负责法律查明,如果是当事人选择的,由其提供外国法律。[②] 在跨境纠纷案件中,裁判者需根据冲突法规范确定裁判案件所依据的实体法,如果需适用外国法的,当事人有可能承担对外国法的查明或举证(一些国家将外国法视为证据,由当事人承担举证义务)。就此,第三方出资将可综合其在案件评价体系内的资源,分解争议解决律师的部分工作职能,在案件所涉外国法域内遴选相应机构或专家提供外国法查明及法律解释的服务。在这一过程中,裁判者或当事人均不受法律调查成本的限制,案件查明外国法的可能性将有所提升。

这一优点看似微不足道,却在提高涉外审判质量上有着重大意义。在现实司法活动中,涉外案件审判的外国法律查明一直存在一定困难:一方面,具备外国法律知识、及时了解并能准确理解外国法律规定的专家相对较少,国内的外国法专家匮乏;另一方面,赴境外调查和了解外国法律规范与适用的成本高昂,非当事人或司法、行政机关所能负担。[③] 这些困难导致我国内地涉外司法审判中极少适用外国法律,对于当事人提交的外国法说明材料,亦缺乏有效的复核、印证方式。第三方出资则在人才合作与经费开支方面很好地化解了现有的问题。立足于国际合

---

① 参见肖永平:《肖永平论冲突法》,武汉大学出版社2002年版,第13~26页。

② 《中华人民共和国涉外民事法律关系适用法》第10条。

③ 参见中国政法大学比较法学研究院:《中国政法大学外国法查明研究中心揭牌仪式暨外国法查明高端论坛在京举行》,载法大新闻网2015年1月20日,http://news.cupl.edu.cn/info/1011/1699.htm。

作，出资者为审慎评估争议案件的可投资性，必须进行准据法的查明工作，外国法查明是其不可节省的一环，费用支出成为案件出资的必需成本。而且，第三方出资者较境内机构有更多机会直接在准据法所属法域调动律师资源和当地法律专家，提供更为准确的一手法律意见。这些都将有利于提高裁判者对跨境纠纷的审理裁判水平。

四、发展商事仲裁事业

一直以来，商事仲裁作为各类商事活动的纠纷处置方式之一，其自身的商业属性与经济价值并未被正视。传统的争议解决是由纠纷当事双方以外的第三方协助、调停、裁断当事人之间的纠纷，最终实现争议解决的过程，包括由国家司法机关裁断的诉讼程序，也包括由仲裁员、调解员提供的替代性争议解决。① 在这些纠纷解决方式中，律师可以作为当事一方的代表提供法律服务，第三方出资者也可以作为一方当事人的财务出资者支持其推进争议解决程序，最终实现定分止争。

第三方出资作为法律金融的新型投资方式而出现，使争议解决业务本身的服务属性及其商业价值逐渐引起注意。② 涉及争议解决的服务多集中于法律服务，即律师凭借其法律执业资质和法律技能提供的代理服务，以及仲裁机构和仲裁员通过收取仲裁员报酬的方式提供纠纷审理裁断服务——区别于国家公权力赋予法官的司法裁判，仲裁制度本身并不具有公法属性，因而，可以被界定为私人服务。第三方出资的兴起，为争议解决这一古老而传统的服务带来了新的发展机遇。③

---

① See Karl Mackie & David Miles et al. , *The ADR Practice Guide Commercial Dispute Resolution*, 2ed. Butterworths Press (2000), p. 21.

② 参见香港法律改革委员会第三方资助仲裁小组委员会：《第三方资助仲裁咨询文件》，2015 年 10 月，第 5.6～5.8 段（第 116～117 页）。

③ See Frank Bannon & Nick Boyce, *The Rise of Third - Party Funding in International Arbitration*, Fiancier Worldwide Magazine, Oct. 2016, available at https://www.financierworldwide.com/the-rise-of-third-party-funding-in-international-arbitration#.XS7UGWdlK3A.

1. 巩固争议解决中心地位

作为第三方出资合法化的先行者,新加坡和中国香港特别行政区在其立法改革中均明确提出,第三方出资的引入与适用对提升当地仲裁服务水平的积极益处。在新加坡政府公布的咨询意见中,政府明确认为“新加坡在国际仲裁中引入第三方出资有助于商业活动中适用融资工具便利在其他中心的争议解决,同时,提升新加坡在国际仲裁领域的领导力”①。新加坡政府在其立法讨论中认为,随着第三方出资业务在普通法法系的快速扩张发展,新加坡法域无可避免地需要改变其既往的限制性法律以拥抱第三方出资业务,确保其在国际仲裁业务中得到国际商业主体的持续信赖和欢迎。②

按照《第三方资助仲裁咨询文件》引言部分所述,③中国香港特别行政区第三方资助立法改革研究小组陈述了现行法律检视及立法改革研究的背景有三:第一,第三方出资在其他法域已有实践,且这些践行法域包含了既往将助讼分利视作侵权行为和刑事罪行的英美法系法域(如澳大利亚、英格兰和威尔士);第二,中国香港特别行政区保有仲裁中心的地位,第三方出资不断发展已涉足对仲裁案件的资助活动;第三,中国香港特别行政区受既有法律制度的限制,尚未就第三方出资的合法性作出评价,而第三方出资仲裁将有助于促进仲裁市场的活跃。

由上可见,中国香港特别行政区作为亚洲商业和金融中心,其作出针对第三方出资的修法动因也不例外。出于对当事人及其投资争议与

---

① See Singapore Ministry of Law Policy Advisory Division, *Public Consultation to Seek Feedback on the Third – Party Funding Framework*, Apr. 2018, https://www. mlaw. gov. sg/content/minlaw/en/news/public-consultations/public-consultation-third-party-funding. html, last browsed on 08 October 2023.

② See Debbie Lee, *Third Party Funding in Singapore – Prospective on Best Practices*, SIARB, https://siarb. org. sg/index. php/120 – newsletter/articles/249 – third-party-funding-in-singapore.

③ 参见香港法律改革委员会第三方资助仲裁小组委员会:《第三方资助仲裁咨询文件》,2015 年 10 月,第 1.1 ~ 1.8 段(第 8 ~ 9 页)。

商业纠纷解决的需求,中国香港特别行政区是亚洲区域内首个引入联合国贸易法委员会制定的《国际商事仲裁示范法》,即以国际最高标准作为其规范仲裁行业的准则,并以此为原本制定了《仲裁条例》的法域。中国香港特别行政区对于仲裁制度的开放和欢迎态度,也使其在亚洲金融中心之外,还享有亚洲仲裁中心的称号。继承这一传统,继续保持中国香港特别行政区的亚洲仲裁中心地位,并进一步号召和吸引更多的当事人将中国香港特别行政区作为仲裁本座,是中国香港特别行政区立法当局响应仲裁界人士呼吁而进行修法的真正动因。

2. 拓展争议解决服务内涵

美国 2019 年有关第三方出资实践应用情况的调查报告指出,超过 41% 的受访律师和公司法务人员已具有第一手的争议解决融资经验。[①] 对内部法务人员而言,对冲诉讼风险是公司决定运用第三方出资的主要动因,而律师更多是出于缺乏法律费用的缘故引入第三方出资者。另一大型第三方出资从业机构在 2018 年的数据统计也印证了该产业在美国的应用实况,超过 53% 的美国律师表示对诉讼融资非常了解,且有 72% 的律师表示愿意在未来两年内使用第三方出资。[②] 以上调查反映出第三方出资在法律服务市场的受欢迎程度,也印证了第三方为商事服务行业注入新的活力。

首先,第三方出资将推动律师代理业务的发展。按照上述调研,以及调查报告中对 2016 年和 2018 年律师引荐第三方出资服务的动因比较可见,由于法律费用不足而使律师介绍第三方出资的可能性呈上升趋势。与之相较,公司法务人员作为当事人一方代表,并没有将法律预算

---

① See Lake Whillans & Above The Law, *2019 Litigation Finance Survey Report*, Lake Whillans, https://lakewhillans.com/research/2019-litigation-finance-survey-report/.

② See Burford Capital, *2018 Litigation finance Survey*, https://www.burfordcapital.com/wp-content/uploads/2018/10/Burford-Capital-2018-Litigation-Finance-Survey.pdf.

限制或法律费用匮乏当作引入诉讼融资的主因。也就是说，领取法律服务报酬的一方（律师）比开支法律费用的一方（公司法务）更为在意公司法律费用是否匮乏。这正说明，律师正在扩大其法律服务的对象范围，将法律服务供应给那些原本并不具备付费能力的当事人。换言之，法律服务的范围扩大了。

其次，第三方出资为公司内部法务人士提供了一套风险对冲机制。与律师或大部分第三方出资者考虑不同的是，公司法务人员作为争议解决当事人的代表，并没有将法律费用和财务成本控制作为引入第三方出资者的动因，而是更多考虑争议解决案件的风险转移问题。这一思路与保险公司对商业风险转移和分摊的思路异曲同工。在争议解决案件中，当事人直接面临纠纷标的得到支持或丧失的可能，直接负担法律费用消耗或得以补偿的可能，对于风险的转嫁和对冲，当事人有着更为迫切的需要。而传统的律师法律服务并不能实现风险对冲的可能性。第三方出资的应用使当事人置身于财产权属、法律费用的顾虑之外，赋予争议事项新的解决路径。

最后，伴随第三方出资产业的发展，泛争议解决领域的其他高端服务业将增加新的业务品类和业务机会。争议解决融资出现之后，出资者可能自身或委托专业人士就拟投资案件进行评估，新的服务需求由此而生，即案件评估咨询服务。同时，为了完善和强化受资助方的诉讼仲裁主张，出资者对案件投入的费用出资将会超过当事人自行委托代理时的费用开支，其主要列支项目即是向评估、咨询、调查、审计等高端服务机构支付费用，聘请这些机构为受资助方当事人论证、补强请求。由此，凡是与争议解决业务相关的上下游业务都将随着当事人“不差钱”的费用支付习惯变更，从而带来新的机遇和变革。

3. 促进国际仲裁事业发展

第三方出资主要应用于商事争议解决案件，特别是国际仲裁案件。如前所述，国际投资仲裁案件中超过一半的案件当事人曾与第三方出资机构接洽，并寻求案外人的资金支持。因而，第三方出资增加了当事人采用仲裁方式提出请求的概率，也增加了仲裁庭审理案件的数量，同时，确保仲裁员、案件代理人可以取得报酬，繁荣仲裁事业。

自 1958 年《纽约公约》于纽约生效，至今已有 172 个国家和地区签订。[①] 由于广泛的跨境执行力，仲裁成为有效解决国际商事、投资争端的主要法律途径。然而，伴随仲裁诉讼化与仲裁费用高企，越来越多的商事主体质疑仲裁制度的设计阻碍了当事人寻求救济的便宜。[②] 第三方出资的兴起，降低了当事人自身的费用负担，强化了仲裁庭的案件审理能力，使仲裁制度有了新的生机。

第二节　对法律金融创新的意义

追究第三方出资的本质，其并非一项法律服务，而是复合了法律、资本、财务、咨询的资本运作行为，即金融活动。不只对其投资对象所属的争议解决业务带来了裨益，第三方出资也给资本市场设置了新的命题，将存有商事争议的待定财产权利，或者说，将法律赋予当事人的诉权资本化。由此，资本市场中亦开辟了新的另类投资领域——争议解决案件的风险投资。

---

① 东帝汶（Timor – Leste）于 2023 年 1 月 17 日加入纽约公约，成为其第 172 个缔约国。See *New State Party to the New York Convention*: *Timor – Leste*, United Nations UNCITRAL（Jan. 18, 2023）, http://newyorkconvention1958. org/index. php? lvl = cmspage&pageid = 7&id_news = 1034&opac_view = –1.

② See James M. Gaitis & Carl F. Ingwalson Jr. et al. , *The College of Commercial Arbitrators Guide to Best Practices in Commercial Arbitration*, JurisNet, LLC, 3rd ed.（2013）, p. 144. See also John Wilkinson, *Arbitration Discovery*: *Getting It Right*, 21 Dispute Resolution Magazine 4（2014）.

一、拓宽法律金融投资产品的类别

目前,开展第三方出资业务的机构大体分为四类组织形态:公开募集的上市股份有限公司、私人募集的有限合伙基金、定向经营的有限责任公司和利用自有资金池提供诉讼垫资服务的律师事务所。从资金募集与投资的角度看,世界上较为知名和有代表性的第三方出资业务实体多以上市公司和私募基金为主。①

1. 增加上市公司业务领域

第三方出资的出现,为资本市场拓宽了可投资的产品范围。这种投资范围的拓宽区别于实体产业的业务品类或行业类别的增加,如新兴制造业或高科技服务产业等,而是一种对金融投资品的业务拓展,它将包括各行各业各类当事人相关的各种商业、投资争议都囊括为可投资的对象,而运用融资投向法律服务进而实现产品升值、变现。以第三方出资上市公司佰福德资本为例,该公司在招股书中明确,公司有意关注在美国或国际仲裁事务中的商事争议活动,通过创建并管理多样化的商事争议解决有关的组合投资,为股东实现可观的分红和资本增值。②

2. 充实另类投资产品内涵

对于上市公司而言,公众投资者以自有资金购买上市公司的股权,属于传统的股权投资。然而,若以私募基金形态经营,基金的出资人则是将其资金用于购买一种以争议解决案件项下的未来期待权利为标的,开展另类投资。其中"未来期待权利",即第三方出资者与受资助方当事人依约定比例,就争议案件项下经由法院或仲裁庭确定的财产权利,通过执行进而得到的权益分配。

目前,争议解决融资业务的快速扩张以数十亿美元计,包括对冲基

① See Litigation Capital Management, *LCM – IPO on the ASX Management Presentation*, Nov. 2016.

② See Burford Capital Limited, *Burford Admission Document*, p. 18, http://www.burfordcapital.com/wp-content/uploads/2016/09/burford-admission-document.pdf.

金、私募权益基金和其他机构投资者正源源不断地涌向这一新的资本市场,一个以争议纠纷,而非传统商业为投资标的的资本市场。① 从几千美元的投资,到数百万美元,乃至上千万美元的法律费用出资,都由第三方出资机构提供。

3. 避免激发次级债务风险

但是,这一模式又区别于银行次级债务、不良资产的处置业务,其不会刺激次级债务市场的扩张,从而避免诱发金融海啸。次级债权产生的原因是,银行为将其到期无法得到清收的对外债权移除表外,将这些不良资产折价转让给第三方资产管理公司,这些资管公司再进行追索或转卖。承接不良债务的后手为实现营利目的,将次级债务以高于其买入价的退出价转让,使再次一级的债权人增大了债权清收的风险,这就使不良资产处置链条后端的受让人为了实现更小的可得利润,而承担了更大的价值贬损风险,次级债务的泡沫也就如此被加大。

第三方出资业务本身并不诱发次级债务风险的根本原因,在于不转移财产权利的所有者,并且对投资对象的风险具有极强的可控性。由于并不继受取得当事人对相对方的债权权利(无论是否溢价或折价),第三方出资者不会将资产不良的风险利用金融工具对当事人以外的其他主体进行转移、传导或扩散。并且,对选择出资案件的标准有着极为严苛的要求,国际知名出资机构的实际投资案件仅占其全部评估案件比例的1% ~5%,这一比例尚未计算出资机构收到但启动评估事宜的更大量的潜在咨询案件。②

二、增加法律救济获取补偿的渠道

将第三方出资回归金融行为的本质属性看待,其对于繁荣资本市

① See Barney Thompson, *Litigation Finance Industry Opens up to Private Investors*, Financial Times (23 Aug. 2018), https://www.ft.com/content/03921f5e-a49a-11e8-926a-7342fe5e173f.

② See Burford Capital Limited, 2018 *Annual Report*, p. 4; Litigation Capital Management, *LCM – IPO on the ASX Management Presentation*, Nov. 2016.

场，实现投资者的投资回报也有着积极意义。

1. 从商业风险到商业机会的转变

争议解决是否构成商业风险或给企业经营带来较大不确定性，应从主体出发，区分立场看待。一直以来，企业涉及的争议解决案件都被认为是资本市场中的主要风险，被列为上市公司必须披露的重大事项。由此而来，争议解决被视作高风险，即对未来结果存在较大不确定性的事件。除不良资产管理业务外，极少有商业主体将争议解决业务列作投资标的，即便是商业保险制度也仅将平摊、对冲投保人或将面临的商业风险事件作为盈利途径，而非以代位求偿、保险追责为盈利点。

对于以争议解决案件的投资和管理为业的第三方出资机构而言，看待风险和评估争议解决风险高低的态度和手段，与一般商业主体存在较大差异。甚至，这种差异足以颠覆对争议解决的习惯认识，将其从纠纷处置中心转换为利润产生中心。事实上，在第三方出资的商业逻辑中，受资助的当事人、第三方出资者、代理律师，乃至裁判案件的法官或仲裁庭，都是该机制的获益者。第三方出资在其对争议解决案件的投资过程中，实现了各参与主体的共赢，而唯一的输家——付出资金的一方只是受资助当事人的相对一方。其实，对方在严格意义上并不是财产权益的失去者，而只是将财产权益依法依约回归其本位的权利义务的责任承担和履行者。由此可见，第三方出资在金融投资和回收过程中为涉及纠纷的全体参与者，实现了其各自不同的价值诉求，当事人的商业风险也可转化为投资者的商业机会。

当然，从风险到机遇的转化中，也有学者认为，第三方出资助长滥诉，扰乱司法环境和正常经济生活秩序。[①] 就此，英格兰高等院法官杰克逊勋爵（Lord Jackson）认为，近代裁判先例与法官说理均已认定，伴随

---

① 参见肖芳：《国际投资仲裁第三方资助的规制困境与出路——以国际投资仲裁“正当性危机”及其改革为背景》，载《政法论坛》2017年第6期。

社会法制的健全,司法审判的公正性已不可与中古时代的法治环境相提并论。① 结合商业投资机构的趋利性与投资逻辑,资助缺乏理据且难以得到裁判支持的诉讼请求,并不符合正常理性商人的认知。实践中,第三方出资得到各方当事人的广泛青睐,也是对上述疑虑的回应。

2. 疏解和避免激发次级债务风险

2008 年,次级贷款产生的金融海啸危及全球各主要经济体,对一些中小型经济体的金融秩序产生严重打击。厘清和规避次级债务违约风险是新经济模式下需要重点攻坚的方向。防范次级债务流转、违约对金融市场的负面影响也是金融监管部门的重要课题。②

美国次贷危机始于房地产贷款债务的违约,而房屋贷款违约本就属于争议解决范畴。与第三方出资不同,次贷危机时期,银行作为房贷的债权人向市场打包出售了预期违约(或信用不良的债务人)的债权,即次级贷。次级贷经过打包和粉饰后,金融市场的买方难以判断次级贷的信用风险,错误认定了贷款的优良属性,进而在贷款到期、债务违约时,发生了连锁式的债务违约情形,进而导致债权清偿损失。从争议解决的角度审视上述金融流转过程,次级贷实际属于不具有可供执行财产的房屋贷款债权,债权人将其已经或未经诉讼程序的债权权益概括转让给了金融市场中的次级贷买家,在债权到期时,发生债务违约,进而导致次级贷最终的持有者发生财产损失。由于次级贷的实际价值名不副实,买受人在交易流转过程中,实际以高于次级贷产品的市场价值溢价买入了低价值的财产(债权),最终导致亏空。

第三方出资从本质上杜绝了次级债风险,其原因是在该机制下,债

---

① See Lord Justice Jackson, *Third Party Funding or Litigation Funding*, *on the Sixth Lecture in the Civil Litigation Costs Review Implementation Programme*, Judiciary of England and Wales, 23 November 2011.

② 参见葛奇:《次贷危机的成因、影响及对金融监管的启示》,载《国际金融研究》2008 年第 11 期;谷冬青:《从美国次债危机谈我国资产证券化的风险防范》,载《国际商务研究》2008 年第 5 期。

权人作为权利人的身份并不发生移转,出资者面临的最大风险是以其支出的法律费用为限承担资金灭失损失。如果将第三方出资介入的争议待定权利,与美国次贷危机中的不良债权进行比较,可以发现有以下不同:其一,债权产生的主观意愿不同。第三方出资资助的对象,是基于正常商事、投资活动而发生的正常商事风险;次贷危机中的债权则是金融机构为扩大贷款规模,而降低放贷审批标准,下调对债务人的信用能力要求而发生的潜在不良债权。其二,次贷危机的爆发,在于次级贷款的层层转嫁,将不良债权上的违约风险通过流转的方式逐步提高价格转移给后手,并最终使后手直接负担债务信用违约之后的所有损失。相较而言,第三方出资并不发生债权债务的概括转移,案件当事人与第三方出资机构合作的目的并不是转嫁债权实现的风险,而是对冲败诉风险,规避不利的法律责任负担。由此可见,一般商事争议解决案件中的第三方出资并不扩大不良债权规模,而是更加审慎地参与并解决纠纷,加快恢复经济主体回归正常商业活动。

因此,第三方出资不会诱发次级债务的产生与扩大,加之不具备财产收购、债权流转的行为,无论当事人在争议案件中的权益能否得以实现,都不会诱发像美国房地产次贷危机一样的大规模金融风险。

三、提供法律风险合理对冲途径

第三方出资机构既是案件当事人的风险对冲工具,也是投资者脱离市场经济周期下行风险的避险工具。

1. 当事人的财务风险对冲工具

2019 年,世界领先的第三方出资机构佰福德资本对美国、英国和加拿大的 502 名公司首席财务官进行了线上调查,通过统计分析和在线问答得出了案件当事人对第三方出资的定位。① 这些财务官更为关注该

---

① See Burford Capital Limited, 2019 *Managing Legal Risk Report: A Survey of CFOs and Finance Professionals*, p. 30.

机制能否为其服务的组织产生价值，特别是帮助企业完成有助于公司价值增长的诉讼追索。财务官反映出当事人的公司意志，约有45.2%的受访者表示，选择第三方出资的主要理由是“对冲风险敞口”（hedge risk exposure）。在对法律融资对公司的重要性调查中，56.9%的财务官认为，该机制帮助企业对冲风险非常必要，仅有6.6%的受访者认为第三方出资对于企业的风险规避没有带来帮助。

需要说明的是，当事人在争议解决语境下所需对冲的风险敞口，是指争议解决案件的负面结果可能产生的经济损失。以加拿大航空（Air Canada）在一项专访中的答复为例，加拿大航空就特别重大诉讼事项设有专项基金，确保就高昂讼费和其他付款的资金储备。即便其有能力自担争议解决的财务成本，第三方出资仍有可能被引入，以便于对冲不利裁判结果招致的经济损失。① 其实，加拿大航空的上述理念代表了相当广泛的一批争议解决当事人，他们不仅财务富足，有能力自行负担承办案件的法律费用，且公司内部的法律实务部门人员丰沛，具备一定的纠纷解决能力。但正如再完善的内部法务团队也不会掠去外部律师的代理业务一样，即便公司财务宽裕，也不甘自行承担败诉风险。因此，第三方出资通过支付法律费用的方式，部分缓解或抵销了当事人在败诉时需要应对的经济损失。这一当事人的法律风险对冲原则同样适用于以国有企业为主的中国商事主体之上，本章第三节将予详述。

2. 投资者的金融风险规避手段

自2013年以来，第三方出资市场持续扩大，并已实现高度繁荣。截至2018年的统计，美国采用第三方出资的律师事务所数量增长了

---

① See The Judge Limited, *Hedging Litigation Risk – A GC Special*, The Judge (July 12, 2017), https://www.thejudgeglobal.com/hedging-litigation-risk-a-gc-special/.

414%。[①] 从事第三方出资业务的上市公司近10年的募资规模和资产规模均实现了双位数增长。甚至，全球知名出资机构最近4年营业收入实现了年均50%～150%的持续增长。[②] 这些现象说明第三方出资业务作为投资对象，在资本市场中得到认可和追捧。究其原因，第三方出资给投资者带来的投资产品实际是与市场经济周期性波动相逆的错峰投资产品。即宏观经济周期下行时，商事争议解决需求增大，当事人的财务能力下降，争议解决融资需求增大，第三方出资的业务机会增多，且因业务谈判地位的变化，有可能产生超出常规的业务利润，进而总体上给第三方出资业务的投资者带来更高的投资回报，形成与市场经济波动规律不相吻合的逆势现象，成为金融风险的有效规避手段。

上述解释从商业逻辑上不难被接受，第三方出资业务的兴起、发展的时间阶段也与几次经济下行、金融海啸的经济周期相互吻合。近现代的第三方出资业务模式兴起于20世纪80年代末的澳大利亚。当时，澳大利亚的宏观经济出现下滑，并伴随企业破产潮。在企业破产、重整过程中，当事人之外的资金对资金困窘的破产债务人提供了有力的支持，帮助企业实现了对外债权的清收。这一过程既已反映出，市场经济下行过程中，企业对于争议解决融资业务需求的增大。自然地，投资于第三方出资业务的投资人将可伴随业务用需的增大，实现其投资回报的增长，恰恰与当时的宏观经济周期相背。

从投资者角度看，将第三方出资业务作为一种投资产品，则其在市

---

① See Gregg Wirth, *Forum Magazine: Is Litigation Finance Now Getting the Attention of the Legal Industry*?, released by Thomson Reuters (Jun. 20, 2018), http://www.legalexecutiveinstitute.com/forum-magazine-litigation-finance/.

② See IMF Bentham Limited, *Annual Report* 2014－2017, https://www.imf.com.au/shareholders/annual-reports; Burford Capital, 2015－2017 *Annual Report*, www.burfordcapital.com/investors/financial-reports-and-presentations/; JURIDICA Investments Limited, *Annual Report and Audited Financial Statements for The Year* 2014－2016, www.juridicainvestments.com/investor-relations/reports-and-accounts/reports-accounts/2017.aspx.

场经济环境进入下行周期之后，业务活动频次呈上升趋势，可以有效地帮助投资者实现多元化资产配置，规避经济周期负面影响，实现投资者财产权益的保值与增值功能。虽然没有明确统计，但参照与第三方出资同属于争议解决案件衍生的不良资产管理业务来看，欧洲从事不良资产处置交易最为频繁且资金量最大的国家恰是经济增长最为缓慢的意大利、西班牙等国，①而其业务高峰也与金融海啸之后的经济周期二次下行相吻合。② 在宏观市场经济活动不够活跃时，第三方出资面对的争议解决业务市场反而空间广阔，具有更强的可投资性和金融投资避险属性。

第三节　对跨境争议解决的价值

随着“一带一路”建设的不断深化，中国已成为资本输入和输出并举的国际投资强国，海外直接投资存量规模已逾 10 万亿元。③ 然而，海外投资财产安全保护也日益重要。目前，中国投资者面对跨境争议，特别是海外投资争端仍属于“弱者”，普遍不擅长也不善于利用法律途径解决纠纷。第三方出资可以更为迅速、直接、有力地保障海外投资权益及资产安全，增强中资企业风险防控与法律能力。

一、跨境争议解决案件的融资需要

据商务部统计，截至 2021 年年底，中国对外直接投资存量达到近

① See Debtwire, *European NPLs - FY18: An Overview of The Non - Performing Loan Market*, p. 4, http://www.debtwire.com/pdf/EuropeanNPLFY18!.pdf.

② See *GDP Growth (Annual %): World Bank National Accounts Data, and OECD National Accounts Data Files*, The World Bank, https://data.worldbank.org/indicator/NY.GDP.MKTP.KD.ZG? locations = EU.

③ 参见商务部条法司蒋成华副司长:《在中国国际经济贸易仲裁委员会与国际仲裁商事理事会联合举办的投资仲裁实务研讨会上的发言》,2019 年 5 月 20 日，笔者根据会议记录整理。

2.8万亿美元,占全球直接投资流出存量的份额升至6.7%,位列全球第三。[①] 然而,中资企业运用境外仲裁机构处置国际投资争端的案例却鲜有所闻。以国际投资争端解决中心为例,在其受理的706宗国际投资仲裁案件中,中资企业或中国(包括香港特别行政区)自然人提起的仲裁申请仅有6件。[②] 这并非代表中国企业没有海外投资纠纷,而是反映出中资企业不善于运用跨境争端解决机制维护自身的合法权益。

1. 海外投资的潜在风险敞口

随着"一带一路"成员国家的不断壮大,中国已发展成为对外直接投资大国。据商务部发布的数据,2023年1~8月,我国企业在"一带一路"共建国家非金融类直接投资1403.7亿元人民币,同比增长22.5%;在对外承包工程方面,我国企业在"一带一路"共建国家新签承包工程合同额7253.5亿元人民币,同比增长5.6%。[③]

与此相伴,中国企业海外投资面临的潜在风险也有所增加。据中国社科院世界经济与政治研究所2019年发布的《中国海外投资国家风险评级》报告,截至2017年,中国对新兴经济体直接投资存量占对外投资总存量的85.8%,对外投资集中于风险评级为BBB或BB、B类的国家。然而,除罗马尼亚、俄罗斯等少数经济体的评级上升为A级之外,绝大多

---

① 参见张力、顾学明主编:《中国对外投资合作发展报告2022》,载商务部官网,http://fec.mofcom.gov.cn/article/tzhzcj/tzhz/upload//%E4%B8%AD%E5%9B%BD%E5%AF%B9%E5%A4%96%E6%8A%95%E8%B5%84%E5%90%88%E4%BD%9C%E5%8F%91%E5%B1%95%E6%8A%A5%E5%91%8A%EF%BC%882022%EF%BC%89.pdf。

② 参见侯鹏、韩冰:《充分利用国际投资仲裁制度为共建"一带一路"服务》,载《中国经济时报》2019年4月30日,第4版。

③ 参见商务部对外投资和经济合作司:《2023年1~8月我对"一带一路"共建国家投资合作情况》,载商务部官网2023年9月28日,http://www.mofcom.gov.cn/article/tongjiziliao/dgzz/202309/20230903443846.shtml。

数的新兴经济体的评级指数在 BBB、BB 级别以下，属中等或高风险级别。[①] 此外，根据世界银行发布的 2020 年《营商环境报告》，中国市场的营商环境上升 15 位，名列第 31 名，这也是世界银行营商环境报告发布以来中国的最好名次。[②] 相比之下，中资企业对外投资的"一带一路"共建国家则较为逊色，除一些欧洲国家的排名较高外，其余国家的营商环境排名普遍较低。

由上可见，"一带一路"共建国家的营商环境一般，后期产生投资风险的可能性较大。对于赴境外投资的中资企业而言，只有能够有效防范和化解各类投资风险，才能保障企业海外投资权益安全，维护中国与"一带一路"共建国家良好、融洽的经贸合作关系。为此，中资企业需要增强海外利益保护的能力。

2. 海外投资争端解决的瓶颈

化解海外投资风险的主要途径包括政治斡旋、外交磋商、东道国内国的司法救济，以及国际投资、商事仲裁。由于政治、外交途径往往涉及国际关系等错综复杂的个案考量因素，不具有普适性，不能作为投资争议的惯常处理机制。目前，国际社会公认的商事、投资争端解决机制，仍是以国际调解、商事和投资仲裁，及跨境诉讼为主的多元化纠纷解决机制。[③]

就我国境外投资而言，由于从事国际投资业务的时间较短、跨境法律处置的能力不强，且忌惮于境外法律程序的费用成本和裁判结果的不可预测性，中资背景的投资者往往不会选择诉讼、仲裁途径处置其海外投资纠纷，而是寻求事前投保的方式，向保险机构承保境外投资的政治

---

① 参见张明、王碧珺等：《中国海外投资国家风险评级报告（2019）》，中国社会科学出版社 2019 年版，第 31 ~ 90 页。

② See The World Bank, *Doing Business* 2020.

③ 参见漆彤主编：《中国海外投资法律指南》，法律出版社 2019 年版，第 21 ~ 34 页。

险及违约险,防范和弥补投资风险。

二、第三方出资于跨境争议的应用

当前,有多达 40% 的国际投资仲裁案件中涉及第三方出资的参与。[①] 考虑引入第三方出资作为海外投资权益保护的援助机制,以此为蓝本,构建当事人实现跨境争议的法律权益保障制度。

1. 明确跨境争议解决的辅助定位

援助机制的定位,首先应明确其地位为辅助性,而非决策性。解决海外投资争端的主要法律途径包括诉讼、仲裁和调解机制。其中,诉讼包括由一国法院受理的内国涉外诉讼,也包括基于国际条约、多边协定而交由国际法庭或世贸组织下设机构审理的国际诉讼;仲裁则依参与主体、纠纷性质不同而涉及平等权利义务主体之间的商事仲裁,以及投资者与东道国政府之间的投资仲裁;调解作为经典的可替代性争端解决机制,近年来也受到国际社会的青睐。[②] 无论是由国际组织发起设立的 ICSID、ICC,还是由主权国家设立的国际商事法庭,都是裁断、调处纠纷的争议解决机构,由特设的审判庭(或仲裁庭)裁断是非。

区别于上述争议解决制度,援助机制本身是一套辅助体系,并非裁判纠纷的场所,既不提供裁判者,也不提供法律代理人(律师),而是一套辅助当事人将纠纷提交给上述这些机构进行裁断的辅助机制。即它不会也不能取代这些争端解决机构,而是为实现保障当事人主张其合法权利而设立的辅助、协调机制,确保当事主体在上述机构妥善处理争议。如此一来,采用援助机制的当事人仍需将海外投资纠纷交由有管辖权的争议解决机构或法院审理。同时,因援助机制本身不承担当事人法律代

---

① See Stavors Brekoulakis, *The Impact of Third Party Funding on Allocation for Costs and Security for Costs Applications*: *The ICCA – Queen Mary Task Force Report*, Kluwer Arbitration Blog, 18 February 2016.

② 参见王贵国:《"一带一路"争端解决制度研究》,载《中国法学》2017 年第 6 期。

理人的职能，既无须相关法域的法律执业资质，也不能承担案件代理的工作。

2. 强化法律途径解决纠纷的作用

尽管援助机制不具有裁判、代理的功能，但其存在的主要价值和作用在于便利海外投资的纠纷主体采取上述争议解决途径解决纠纷，减少我国赴外投资者倚赖政治途径、外交手段，甚至怠于采取权利救济措施的情势。

长期以来，中国投资者因缺少对法律手段的认知和了解，多依赖于海外使领馆的外交保护、投保的政治风险保险及会计准则的做账核销等方式解决纠纷——甚至无视权利被损害。这也是我国政府当前倡导各国投资者和当事人运用多元化纠纷解决机制处置纠纷的主要动因。然而，如前所述，争议解决制度的构建和完善是保障当事人具备畅达救济的途径，但没有在资金支持、法律技术保障等方面的手段赋能，仍难于引导中国投资者切实有效利用法律手段维护自身合法权益。

就此，建立、健全援助机制的首要目的，核心关键在于确保当事人自由地利用法律途径于境内、外解决海外投资争议，构建争议解决的保障体系。通过援助机制专设的纠纷评诊、策略分析、第三方资金支持与争议解决项目管理等系统化的方法，援助机制应当实现强化当事人维护海外投资权益能力的作用。

3. 第三方出资可兼顾公益与营利

由援助机制本身的功能定位决定，第三方出资设立的援助机构应区分为整体与特定两个层面。在争议解决保障机制这一整体架构层面，援助机构应当是社团组织，成为连接海外投资过程中各类高端服务行业的纽带，这是上层。在争端解决的保障服务上，援助机构由应为具备适当商业营利能力的商业主体，可以在保障国家、中资企业和个人海外投资权益的同时，兼顾该机制独立、持续运营的能力。

因此，援助机构的牟利性要在“度”上加以把握。从国际投资仲裁、国际商事纠纷解决的通行实践来看，第三方出资机构的获利不可谓不丰厚。它们以毛利润不低于案件出资额的3倍为最低盈利标准，动辄获取原始出资十倍甚至数十倍的利润。然而，我国设立援助机制的初衷并不在于争议解决融资产业的发展，而应定位于对海外投资权益的恰当、有效、迅捷的争议处置。同时，考虑到海外投资的"大头儿"在中国国有企业，[①]援助机构的牟利性应当降低，援助机构的辅助应援功能应当强化。就此，商业营利应以援助机构的自负盈亏和持续经营为基准，打造半营利、半公益的援助机构商业实体。

---

① 参见张力、顾学明主编:《中国对外投资合作发展报告2022》，载商务部官网，fec. mofcom. gov. cn/article/tzhzcj/tzhz/upload/中国对外投资合作发展报告(2022). pdf。

第四章　第三方出资的潜在法律挑战

历史实践中，不乏对案外人向当事人提供资金援助机制的非议。① 尽管第三方出资在当代争议解决领域中的应用价值和实践效果有目共睹，但对其存在的质疑和批评仍不绝于耳。② 作为服务于争议解决领域的法律金融混合产品，第三方出资的产生和发展与审判制度的健全和完善密不可分，也与当事人自身享有的争议解决程序性权利及实体权益存在密切联系。第三方出资给整个社会带来的究竟是益处，还是弊端？回答这一问题不仅要看该制度的积极效用，还要梳理其潜在诟病，将新机制的

---

① 参见本书第二章第二节有关第三方出资的历史沿革的讨论。

② See Jonas von Goeler, *Third-Party Funding in International Arbitration and its Impact on Procedure*, International Arbitration Law Library, Vol. 35 Kluwer Law International (2016), p. 26.

负面评价解构,才能披沙拣金,将积极效用发挥出来。

为更进一步明确第三方出资可能对现行仲裁制度产生的冲击和影响,本章从广泛的消极评价着手,针对典型的第三方出资模式进行系统性评价,试图通过分析资助模式合法性的质疑及其对整体司法仲裁制度和当事人个案权益的影响,为后续章节勾勒出第三方出资所需接受的制度规管以及第三方出资的参与者应然义务的范围。谈及第三方出资可能面临的挑战及其消极影响,应当将这一命题拆分为对社会公共秩序的整体影响,以及对司法仲裁制度的特别干涉。

需要澄清的是,本章探讨的各项质疑与评判,仅限于民商事司法审判及商事仲裁等程序中的平等民商事主体间争议,不涉及与主权国家之间进行的公法仲裁或投资者与东道国的投资仲裁范畴。这些涉及国家、集体利益的争议解决案件另有其所需考量的特殊属性,不宜一概而论。

第一节　对社会公共政策的隐忧

第三方出资可能面对的挑战需首先考察模式的合法性问题。如果不具有合法性,那么以该机制名义进行的定向财务融资或将成为非法吸收资金,相应的投放与回收流转则可能被界定为高利贷;并且,有此机制参与的争议解决案件,其案件审理程序的合法性也将受到挑战,甚至导致个案裁判的既判力瑕疵。区别于后续节目有关审理制度、个案权益的潜在挑战,本节是以第三方出资的运行模式为出发点,论证该资助机制对于司法体系的社会公共资源,以及金融市场的健康经济秩序等方面的潜在消极影响。就此,针对第三方出资模式的正当性诟病,本节具体从争议解决程序与融投资活动等方面,介绍资助模式的合法性所受质疑,并对各项质疑理由的合理性与确实性,进行分析,去伪存真。对于确实可能的负面因素,本书将在第五章进一步阐释规制办法和具体建议。

一、对于司法系统的扰动

探讨第三方出资的引入与适用，首先应明确其对社会公共政策的影响，具体主要涉及对社会救济体系和渠道畅通的影响以及公共司法资源分配的影响。

1. 助长虚假滥诉

畅通司法公义渠道即趋近法治正义与滋生虚假滥诉（frivolous claims）就像同一事物的两面。一面，作为优点，第三方出资使不具备诉讼实践能力的当事人，可以恰当地使用资金援助其诉讼，可保障贫弱者享有司法公义的保护；另一面，如果不能谨慎地提起具备理据的诉讼，那么第三方出资将帮助细碎、无理、虚假的诉请敞开大门。①

一些学者和实务界人士认为，第三方出资将会招致虚假诉讼的增加，然而并无任何直接证据支持这一质疑。② 尽管如此，对于增加纠纷案件数量，甚至是仲裁案件数量的潜在风险仍有广泛的支持者。借鉴投资仲裁实践中的反思，由于东道国仅可能作为被诉主体，且难以提出具有金额给付内容的反请求，许多持保护主权国家利益态度的学者认为，诉请案件数量增长实际是在有针对性地增加东道国的诉累。③ 同样地，

---

① See Carolyn Lamm & Eckhard Hellbeck, *Third-Party Funding in Investor-State Arbitration: Introduction and Overview*, in ICC Institute of World Business Law and others eds, Third-party Funding in International Arbitration (International Chamber of Commerce 2013), p. 106.

② See Clive Bowman, Kate Hurford & Susanna Khouri, *Third Party Funding in International Commercial and Treaty Arbitration-a Panacea or a Plague? A Discussion of the Risks and Benefits of Third Party Funding*, TDM 4 (2011), TOM, https://www.transnational-dispute-management.com/article.asp?key=1747. See also David Abrams & Daniel Chen, *A Market for Justice: A First Empirical Look at Third Party Litigation Funding*, 15 Journal of Business Law 1075 (2013).

③ See Eric De Brabandere & Julia Lepeltak, *Third Party Funding in International Investment Arbitration*, Grotius Centre Working Paper No 2012/1, p. 8, available at https://papers.ssrn.com/sol3/papers.cfm?abstract_id=2078358, last browsed on 08 October 2023.

第三方出资应用于商业诉讼或仲裁中,也可能成为一种商业投机(business ventures)工具,通过杠杆化作用于诉讼、仲裁的审判流程之中,进而谋取商业利益。① 而且,部分学者认为,将第三方出资与实现司法公义挂钩,实质是将公益律师为贫困、残疾的无能享受法律服务的弱势群体提供的司法公义渠道,与缺乏资金的财阀或企图进行商业投机的第三方出资模式相混同,偷换和曲解了实现司法公义的本旨。②

然而,第三方出资可能导致虚假诉讼、恶意诉讼(及仲裁)滋生的忧虑却并未得到法官们的普遍支持。澳大利亚高等法院审理的经典案例中,克尔比法官指出,组织他人通过法律途径维护其合法权益的行为本身并不产生本不存在的纠纷,而是促使既存的纠纷提交至法院解决,而诉权本就是当事人的合法权利。③ 甚至一些学者主张,第三方出资的应用实质减少了当事人的滥诉数量。④ 从案件实体看,由经验丰富的律师、投资人和风控管理人员组成的出资人团队势必会对案件实体的可靠性予以详细检查,并对可能涉及的司法环境、执行财产线索等情况进行审慎评估,出资者对于没有胜诉概率的案件不会提供出资。⑤ 从商业逻

---

① Lawrence W. Newman & Richard D. Hill, *The Leading Arbitrators' Guide to International Arbitration*, (3rd edn) Juris Publishing, Inc. (2014), p. 217.

② See Tara Santosuosso & Randall Scarlett, *Third-Party Funding in Investment Arbitration: Misappropriation of Access to Justice Rhetoric by Global Speculative Finance* (2019), 60 Boston College Law Review E. Supp. I. -8, p. 3.

③ Campbels Cash and Carry Pty Ltd. v. Fostif Pty Limited, [2006] HCA 41, Australia, para. 202.

④ See Eric De Brabandere & Julia Lepeltak, *Third Party Funding in International Investment Arbitration*, Grotius Centre Working Paper No 2012/1, p. 7, https://papers.ssrn.com/sol3/papers.cfm? abstract_id = 2078358, last browsed on 08 October 2023.

⑤ See Kelsie Massini, *Risk Versus Reward: The Increasing Use of Third Funders in International Arbitration and the Awarding Security for Costs*, 7 Year Book Arbitration and Mediation 323, p. 327 (2015).

辑角度看，出资人更没有理由将其资金挥霍于毫无理据的滥诉中。① 这一商业判断与国际商会仲裁院的调查相吻合，出资者同意出资的案件数量仅占其接案量的5%～10%。②

综合上述两派意见，第三方出资导致滥诉频生的诟病并没有现实的证据支持，反之，出资者对于提供资金支持当事人启动案件的审慎态度却具有事实依据。并且，如克尔比法官在判决中的说理，出资者并不制造纠纷，而仅是为当事人既存的纠纷提供行使诉权的便利。可见，畅通司法公义的优势是实在的，而产生滥诉的忧虑则多半来自人们亘古未变的厌诉思维，以及第三方出资集中适用的领域中，如投资仲裁，相对方苦于没有对等出资者的支持，卷入案件程序而应接不暇的愤慨。对此，实质是当事人辩论权利因第三方介入，而使其平衡被打破后难以复原的问题，下一节将进一步分析。

2. 浪费司法资源

伴随诉讼融资模式的出现，无论虚假诉讼是否增多，诉讼案件总体数量出现了增长。③ 有学者提出，第三方出资可能导致无辜的被告方加重答辩义务，同时增加司法系统的负担，浪费公共资源。④

另有学者认为，第三方出资给司法系统带来的压力并非源自其增加

---

① See Sebastian Perry, *Third-Party Funding: the Best Thing since Sliced Bread?*, Global Arbitration Review (Nov. 28, 2012) https://globalarbitrationreview. com/article/1031782/third-party-funding-the-best-thing-since-sliced-bread.

② See Jonas von Goeler, *Third-Party Funding in International Arbitration and its Impact on Procedure*, International Arbitration Law Library, Vol. 35 Kluwer Law International (2016), p. 25.

③ See Mariel Rodak, *It's About Time: A Systems Thinking Analysis of the Litigation Finance Industry and Its Effect on Settlement*, 155 University of Pennsylvania Law Review 503, p. 519 (2006).

④ See Jeremy Kidd, *To Fund of Not to Fund: The Need for Second Best Solutions to the Litigation Finance Dilemma*, 8 Journal of Law, Economics and Policy 613, p. 24 (2011 - 2012), available at https://ssrn. com/abstract = 2010638, last browsed on 08 October 2023.

了法院的受案数量，而是其提高了当事人达成诉中和解的门槛。也就是说，如果某一法院系统自身审判压力过重，法官们会更为倾向于和解结案。在此背景下，没有经费负担的当事人自然不愿轻易妥协和被迫接受法院调解下的和解，而这恰恰使法官的审理负担进一步加重，从而产生对第三方出资的厌恶。①

其实，探讨浪费司法资源这一弊端的前提是将第三方出资的应用限定于司法诉讼程序。脱离司法诉讼程序，商事仲裁、调解均是基于当事人意思自治原则而在平等主体间发起的替代性争端解决方式，并不涉及公共司法资源之说。而商事仲裁与调解制度的繁荣与发展，是消解司法系统裁判压力的重要辅助手段。② 因而，对于第三方出资的这一诟病，实质是建立在第三方出资仅能为诉讼提供融资的假设之上。换言之，出资仲裁对社会公共体系的扰动较低。

对于司法体系而言，就第三方出资可能浪费司法资源的批评意见或难以成立，涉及的理由主要有三点：其一，第三方出资的案件大多是当事人先提出诉讼申请，尔后缔结出资协议的交易安排，自然地，无从谈及司法资源是因出资安排而被“加负”；③其二，即便是先资助后起诉，现阶段第三方出资的案件大多来自律师转介，而非面向公众的宣传和推广，律师作为专业人士有能力篦除滥诉而将具备了充分理据的潜在诉请介绍给出资人，也就是说，这些争议无论是否得到资助都很有可能进入司法

① See Jonathan Molot, *A Market in Litigation Risk*, 76 The University of Chicago Law Review 367, p. 413 (2009).

② 参见《最高法院发布多元化纠纷解决机制改革若干意见》，载最高人民法院官网 2016 年 6 月 29 日，http://www.court.gov.cn/zixun-xiangqing-22762.html。

③ See Terry Cater, *Cash Up Front: New Funding Sources Ease Financial Strains on Plaintiffs Lawyers*, America Bar Association Journal (Oct. 8, 2004), http://www.abajournal.com/magazine/article/cash_up_front/.

程序;[1]其三,出资人的商业逻辑促使其不会以加重司法审判负担为目的而投资于案件,只能凭借其对案件的事实把握和法律判断而决定是否出资。[2]

对于替代性争议解决程序而言,第三方出资的实践应用增强当事人仲裁、调解解决纠纷的意愿。替代性争议解决方式的应用,有助于缓解司法审判负担。[3] 伴随第三方出资的演进,越来越多的当事人有能力也有意愿将其商事纠纷提交仲裁解决。例如,存在第三方出资立法改革的法域,新加坡和中国香港特别行政区,都将第三方出资对提升国际仲裁适用、营造国际流行仲裁地的裨益列入其修法报告中。更进一步,各法域对仲裁程序援引第三方出资的态度,较诉讼中适用的态度更为包容,也在客观上提升了当事人选用仲裁机制解决纠纷的可能性,缓解了公共司法资源的负担。

由上可见,第三方出资对于司法资源的侵占和过度消耗似乎是一伪命题。首先,第三方出资对于当事人选择多元化争端解决机制有促进作用,相应排解司法审判的压力和负担。其次,第三方出资主要集中于案件提起之后,或经具有专业经验的执业律师转介进而建立案件出资关系,也就是说,该途径并未公开地面向于全体公众,也没有鼓励公众向人民法院提起诉讼。再次,第三方出资的商业投资逻辑使其对案件出资具有谨慎态度,也使缺乏理据的诉请可以在进入审判之前就被案件评估方否决,有利于减轻司法收案压力。最后,第三方出资使受资助案件的和

---

① See Susan Lorde Martin, *The Litigation Financing Industry: The Wild West of Finance Should be Tamed not Outlawed*, 10 Fordham Journal of Corporate & Financial Law 55 (2004), p. 67.

② See American Bar Association Commission on Ethics 20/20, *White Paper on Alternative Litigation Finance* (2011), p. 23, https://americanlegalfin. com/wp-content/uploads/2015/11/20111019_draft_alf_white_paper_posting. authcheckdam. pdf.

③ See Karl Mackie, David Miles & William Marsh et al., *The ADR Practice Guide Commercial Dispute Resolution* (2nd edt), Reed Elsevier (UK) Ltd (2000), p. 3.

解标准更为合理化,也使习惯和依赖于和解方式结案的裁判者感到了阻力,这或许是该机制被视为加重司法负担的主要线索,但显然地,并不能成为切实正当的理由。

二、对于经济秩序的影响

第三方出资对社会公共政策的影响,除了来自其对司法体系的潜在冲击,更来自这一新兴商业活动对于公共经济秩序或能产生的影响。从资金流向来看,交易盈利模式的合法性,以及此类交易的资金募集、管理、运营方式的潜在消极影响是第三方出资在社会公共经济秩序层面的主要考量因素。

(一)有高利贷之嫌

第三方出资的商业本质就是"出资—胜诉—分成"的过程。其中,"胜诉"是取得分成的前提,这也使参与该商业活动的双方建立起投资与被投资关系,而非债权债务关系,即不涉及债务本金利息的偿还问题。即便如此,司法裁判将第三方出资视为一种特定用途的金融借贷,并以其分成比例是否超出该法域内最高贷款利率标准,予以审查的先例并不鲜见。

古今中外,以违反法律规定标准的高利率进行借款套利的行为,即高利贷(usury)都为禁止性行为。① 早在公元前 1750 年,世界上第一部禁止高利贷的古巴比伦汉穆拉比法典(Babylonian Code of Hammurabi)就已对法律许可的最高利率作出了限定,即白银借贷不超过 20% 的年利率,谷物借贷不超过 33% 。② 第三方出资的收益模式是以先行支出预付款(advances,预支给当事人的法律费用)并按约定情形(如和解或判决

---

① See Wayne A. M. , Visser & Alastair Mclntosh, *A Short Review of the Historical Critique of Usury*, 8:2 Accounting, Business & Financial History 175 (1998), p. 176 - 179.

② See Christopher L. Peterson, *Truth, Understanding, and High-cost Consumer Credit: the Historical Context of the Truth in Lending Act*, 55 Florida Law Review 807, p. 821 (July 2003).

胜诉)取得费用返还,形成出资—收益关系,这一模式被视作一种贷款(loan)。[①] 由于诉讼案件的费用融资通常可以达到年化收益率100%以上的标准,因而,约定以固定利率方式计收出资回报的,如利率过高或将被归为高利贷,属法律所禁止。[②]

即便大部分第三方出资者将其提供的资金定义为无追索权贷款(non-recourse loan),但仍有一些美国法院作出了判决,认定该等出资违反法律规定,属于无效的高利贷约定。[③] 在埃切韦里亚诉林德纳财产案(Echeverria v. Estate of Lindner)中,法院对第三方向当事人提供借款的行为属于借款、投资,还是赌博进行了界定。法官首先排除了出资行为构成赌博,因为从某种程度而言,该笔出资是否能够得以收回是具有确定性的。此外,法官亦不认为第三方向当事人进行了高风险的投资,而是按超过高利贷标准的利率向其提供了贷款。因此,法院认定第三方出资者的资金应按照调整后的利率标准计算利息所得。[④] 密歇根州上诉法庭也曾作出相似判决。[⑤]

对于诉讼融资属于高利贷的质疑,英国哲学家边沁在近代司法制度下首先提出了异见。他认为,只要寻求法律救济的费用支出仍然高企,当事人为实现救济而自愿进行的融资,应当有别于其他借款,许以其充分理据支持,基于可能达成的任何条件标准去获得借款,而不追究其借

---

① See the Association of the Bar of the City of New York Committee on Professional Ethics, *Third Party Litigation Financing Formal Opinion* 2011 - 2, available at https://www2. nycbar. org/pdf/report/uploads/20072132 - FormalOpinion2011 - 2Third-partyLitigationFinancing. pdf.

② See Jason L. Kennedy, *Lawsuit Loans Add New Risk for the Injured*, New York Times Jan. 16, 2011, http://www. nytimes. com/2011/01/17/business/17lawsuit. html? _r = 1&scp = 1&sq = lawsuit&st = cse.

③ See Susan Lorde Martin, *Financing Litigation On-Line: Usury and Other Obstacles*, 1 DePaul Business & Commercial Law Journal 85 (2002), p.90.

④ *Echeverria v. Estate of Lindner*, 7 Misc. 3d 1019 (N. Y. Misc. 2005), U. S..

⑤ *Lawsuit Financial v. Curry*, 683 N. W. 2d 233, (Mich. Ct. App. 2004), U. S..

款的利率。[1] 或许,边沁的上述主张过于强调借款用途的正当性,而忽视借款利率的合理性。应依据高利贷的构成要件,重新审视争议解决融资方式是否确实为法律禁止。

参考美国多数州立法和司法先例,高利贷的构成要件包括:(1)订立借款协议;(2)借款人负有偿还借款的绝对义务,而非以其他事件或条件为前提的或然性义务;(3)超出法律有关高利贷利率限额的还款义务;(4)故意超过法定限额标准。[2]

就第三方出资而言,显然,出资者没有要求受资助方当事人必须偿还出资款项的意向,出资者的收益也是以该当事人能够获得法律裁判支持为前提的。这就与高利贷有着本质的区别。基于美国合同法重述,高利贷法案并不禁止利用金钱获取商业机会。[3] 基于此,美国法院曾作出裁判先例,认可出借人冒着当事人完全败诉的风险,尝试获得更高投资回报的交易安排,不违反高利贷法。[4] 但是,法院亦要求出资人在诉讼中承担的商业风险应是一些较大的挑战,而不能仅限于当事人失于履行

---

① Jeremy Bentham, *Letter XII of Maintenance and Champerty*, The Works of Jeremy Bentham (1843) (William, Tait, Edinburgh) Vol. 3, Part 1, A Defense of Usury, p. 19.

② See, e. g., Ives v. W. T. Grant Co., 522 F. 2d 749, 762 (2d Cir. 1975) (Connecticut law); Dopp v. Yari, 927 F. Supp. 814, 820 (D. N. J. 1996) (New Jersey law); In re Maryvale County. Hosp., Inc., 307 F. Supp. 304, 308 – 09 (D. Ariz. 1969) (Arizona law), citing from Susan Lorde Martin, *The Litigation Financing Industry: The Wild West of Finance Should be Tamed not Outlawed*, 10 Fordham Journal of Corporate & Financial Law 55 (2004), p. 58 – 59.

③ Restatement (First) of Contracts § 527 cont. a, app. (2002).

④ See Britz v. Kinsvater, 351 P. 2d at 991; 45 AM. JUR. 2D Interest and Usury § 133 (1999); 91 C. J. S. Usury § 25 (1955); 14 WILLISTON ON CONTRACTS § 1692 (3d ed. 1972), citing from Susan Lorde Martin, *Financing Litigation On – Line: Usury and Other Obstacles*, 1 DePaul Business & Commercial Law Journal 85 (2002), p. 91.

返还本金义务的一般借款风险。①

另有一些第三方出资机构以回款的不确定性作为其主要理由,回应律师协会就职业与司法道德作出的指引,亦有法院以此为由认定第三方出资不属于借款。② 尽管如此,仍有个别州法院,在审查受资助方当事人以高利贷为由拒绝依约支付回款的案件时,使用了帮讼分利的禁止性原则,限制了第三方出资的实践应用。③

第三方出资在英国和澳大利亚的应用始于破产案件中出资者对债务人的资金扶持,并在此后逐步扩大到全面的商事争议解决业务,④英

① See, e. g., Thomassen v. Carr, 58 Cal. Rptr. 297, 301 (Ct. App. 1967); Diversified Enters., Inc. v. West, 141 So. 2d 27, 30 (Fla. Dist. Ct. App. 1962); Dublin v. Veal, 341 S. W. 2d 776, 777 –778 (Ky. 1960); Olwine v. Torrens, 344 A. 2d 665, 667 (Pa. Super. Ct. 1975), citing from Susan Lorde Martin, *Financing Litigation On – Line: Usury and Other Obstacles*, 1 DePaul Business & Commercial Law Journal 85 (2002), p. 91 –92.

② See, e. g., Comments of Augusta Capital, LLC to the America Bar Association Working Group on Alternative Litigation Finance (Feb. 7, 2011) ("The funding that Augusta Capital provides is entirely contingent-the lawyer is not obligated to repay any portion of the funding provided by Augusta Capital-nor to pay any fee to Augusta for the funding-for a particular case unless and until a recovery is made in that particular case."); Comments of Oasis Legal Finance, LLC to the America Bar Association Working Group on Alternative Litigation Finance (Jan. 18, 2011) ("This product does not fall into a traditional 'loan product' category as it is non-recourse."). See also, e. g., Dopp v. Yari, 927 F. Supp. 814 (D. N. J. 1996); Kraft v. Mason, 668 So. 2d 679 (Fla. Dist. Ct. App. 1996); Nyquist v. Nyquist, 841 P. 2d 515 (Mont. 1992); Anglo – Dutch Petroleum Int'l, Inc. v. Haskell, 193 S. W. 3d 87, 96 (Tex. Ct. App. 2006) co-citing from American Bar Association Commission on Ethics 20/20, *White Paper on Alternative Litigation Finance* (2011), p. 13 – 14.

③ Rancman v. Interim Settlement Funding Corp., 789 N. E. 2d 217 (Ohio, 2003), p. 218 – 221.

④ See Civil Law (Wrongs) Act 2002 (A. C. T.) s. 221 (Austl.); Maintenance, Champerty and Barratry Abolition Act 1993 (N. S. W.) ss. 3, 4, 6 (Austl.); Criminal Law Consolidation Act 1935 (S. A.) sch. 11, ss. 1(3), 3 (Austl.); Wrongs Act 1958 (Vic) s. 32 (Austl.); Crimes Act 1958 (Vic) s. 322A (Austl.), Access to Justice Bill, 1998 – 9, H. L. Bill [58B] cl. 38 (Eng.), citing from Marco de Morpurgo, *A Comparative Legal and Economic Approach to Third – Party Litigation Funding*, 19 Cardozo Journal of International and Comparative Law 343, p. 391, 397 – 399 (2011).

国甚至涵盖侵权赔偿类案件。由于两国对第三方出资的引进应用较早，并未产生过多高利贷方面的诟病。即便在适用严苛而古老的伊斯兰教法（Shari'ah）的法域，如阿联酋，第三方出资方式并不被禁止，且被视为服务公共利益的体现，因为资金支持使当事人有财力启动诉讼或作出抗辩。[①] 在这些法域，即便借款利息（riba）、过度投机（gharar）及赌博行为（maisir）都被法律所禁止，第三方出资也未遭到禁止。其理由在于，第三方出资模式本身依赖于契约，且财务回收以裁判结果作为前提，而且，案件出资也系经过缜密分析和科学判断作出，而非随机的射幸行为。[②]

由上可见，虽然仍有对第三方出资是高利贷的批评，但考虑到出资人以当事人胜诉为获取出资回报的前提条件，使其出资行为与资本回收之间产生了不确定性，亦即出资人与受资助方当事人之间并不建立债权债务关系，因而，当代大多数法域司法实践已经明确，第三方出资不属于高利贷的违法行为。

（二）融资渠道瓶颈

第三方出资与否取决于其所担风险与所享回报。[③] 如果第三方出资的商业模式得到法律允许，那么其资金运作也应获得相应准许。然而，交易模式的合法化并未完全使交易融资渠道被打开。尽管，许多法域通过立法改革或司法实践已认可和接受第三方出资在其诉讼、仲裁领域中

---

① See Watson Farley & Williams, *Briefing Third Party Funding in the Middle East*, Mar. 2019, available at http://www. wfw. com/wp-content/uploads/2019/03/WFW - Briefing - Third - Party - Funding - Middle - East. pdf.

② See Robyn Waller & Courtney Rothery, *The Lawfulness of Third Party/Litigation Funding of Arbitration and Litigation in the UAE*, Lexology Blog (Apr. 17, 2019) https://www. lexology. com/library/detail. aspx? g = b5cf830e - 135e - 461d - 9a29 - ce5661bbf2e2.

③ See Christopher Hodges, John Peysner & Angus Nurse, *Litigation Funding: Status and Issues*, Research Report of Centre for Socio - Legal Studies, Oxford, and University of London Lincoln Law School, Jan. 2012, p. 100, available at https://www. law. ox. ac. uk/sites/files/oxlaw/litigation_funding_here_1_0. pdf.

的应用,第三方出资作为资金密集型产业所需的资金募集渠道仍未放开。[①] 这其中不乏人们对新型交易模式的忌惮。

在本书讨论的狭义语境下,第三方出资的资金来源主要有三个方面:[②]其一,在纠纷发生之前预先设立的资金池,这一模式以保险制度为代表,保险人事前筹集资金弥补当事人发生投保事项之后的损失,继而获得代位求偿权,向纠纷(多为侵权行为)相对方进行追索的机制。其二,为实现特定交易而设立的特殊用途的资金池,这其中包括具有公益性质的法律援助基金,也包括具有传统商业性质的不良资产管理、秃鹫基金、纠纷产生后的费用风险保险,以及当前提及的专项争议解决案件融资基金。其三,由中介个体提供的出资,这一类资金的提供者多为中介者,包括代理案件的律师、个人投资者等。其与第二类资金来源的主要区别在于,此类出资更为个性化,一案一议,且出资者可能以其他身份参与到争议解决程序中来,如律师可能以提供法律服务的方式进行出资,这也就是通常而言的风险代理;而个案投资者大多与受资助方存在关联关系,如母公司或兄弟公司作为出资者对涉事的关联公司提供短期过桥资金等。

1. 纠纷前设置的资金池

对于在争议发生之前既已为争议解决设立的资金池,此类资金募集主体多为商业保险公司,其蓄积的资金主要用于理赔团队成员的人力成本和行政成本,以便更为经济地实现保险理赔之后对侵权方或责任人的代位追索。此类资金池的融资标准多基于各市场对保险机构的管理和对险资应用的规定,已具备较为完善、成熟的监管制度。

---

① 参见侯鹏:《第三方出资机制的二元监管模式》,载《法学评论》2019 年第 3 期。

② See Christopher Hodges, John Peysner & Angus Nurse, *Litigation Funding: Status and Issues*, Research Report of Centre for Socio - Legal Studies, Oxford, and University of London Lincoln Law School, Jan. 2012, p. 113, available at https://www.law.ox.ac.uk/sites/files/oxlaw/litigation_funding_here_1_0.pdf.

针对以保险理赔和代位求偿方式提供的争议解决案件出资而言，虽然资金来源和融资渠道的合法性并未产生过度风险，但是，保险人行使代位求偿权也应受到一定限制。一是基于保险代位求偿权的限制，特定的争议类型，如人身损害，不得使用保险公司代位求偿的方式寻求争议解决；①二是追偿对象的限制，以保险人和被保险人之外的第三者为前提，而投保人与被保险人的主体分离使投保人同样可能成为事前保险方式的追偿对象。② 尽管以上并不属于案件融资渠道的限制，但仍有必要了解融资过程中的利害关系人，如投保人可能沦为案件追索的相对方。

2. 为特殊交易设置的资金池

为特定目的交易而设置的资金池最符合狭义第三方出资的特质，即资金用途是争议解决案件的项目融资。其中既包括公益性质，也包含商业性质的专项基金。

就前者而言，传统的法律援助公益基金主要用于帮助弱势群体参与法律程序，并维护其在庭审过程中行使的合法程序权利。最典型的代表是律师为刑事案件的犯罪嫌疑人提供公益法律援助，并为残疾人、劳动农民工等经济贫弱、法律知识匮乏群体提供的诉讼代理服务。为公益目的而设置的资金池，多由政府或具有公益性质的非政府组织主导，资金用途为当事人及其代理人在争议解决程序中的费用支出，因源于公益目的，资金池并不以营利为目的，也不设专门的资金回收流程。然而，随着财政资金吃紧，以公益为目的的法律援助资金的规模在不断受到限制。幸好，第三方出资在争议解决案件中的应用逐步得到认可，使贫弱的当

---

① 参见姜蕾：《浅析保险代位求偿权法律制度》，载中国法院网 2012 年 12 月 5 日，https://www.chinacourt.org/article/detail/2012/12/id/797778.shtml。

② 参见师晓燕、毛莹梓：《保险人代位求偿权之探讨》，载金诚同达官网 2019 年 1 月 4 日，https://www.jtn.com/CN/booksdetail.aspx?type=06001&keyid=0000000000000003932&PageUrl=majorbook&Lan=CN。

事人有可能寻求替代性融资渠道。①

对于后者,具有商业性质的第三方出资亦囊括其中。出资者通过自有资金池或募集资金的方式,将专项资金定向应用于争议解决案件的费用支出,换取一定的对价,如分享裁判确定的某种财产性权利,也可能是直接继受取得尚未执行终结的债权并再分配。基于营利性的驱动,这一资金池的募集或可直接来自出资人的自有资金,或来源于更为纯粹的金融募资过程,即财务投资者通过融资渠道汇成资金池。卷入金融市场,意味着资金来源的合法性,以及业务经营的合法性需要受到金融监管部门的审查,同时,资金管理者对于募集资金的管理、调配也需要受到相应的规管。就不同发展程度的金融市场而言,对于第三方出资能否作为金融衍生品被投资、经营,存在不同态度和准入标准。

以英国、美国和澳大利亚为样本的市场经济活跃且制度高度发达的法域为例,争议解决案件融资并未受到资金募集上的限制或禁止。② 恰恰相反,争议解决融资正成为西方资本市场中最为热门的投资品类。③ 作为一种金融衍生品,第三方出资是将当事人持有的未来可能获得某项权利的期待可能性作价,支付办案费用作为出资,以期换取未来取得胜诉时的权益回报。为这类营生募集资金的过程,符合一般金融衍生品的

---

① See Judiciary of England and Wales, *Legal Aid and the Costs Review Reforms: A Talk by Lord Justice Jackson to the Cambridge Law Faculty*, Sep. 5, 2011, available at https://www. judiciary. uk/wp-content/uploads/JCO/Documents/Speeches/lj-jackson-speech-legalaidetclecture. pdf.

② See James Rogers, Alison G. FitzGerald, & Cara Dowling, *Emerging Approaches to the Regulation of Third – Party Funding*, Norton Rose Fulbright (Oct., 2017), http://www. nortonrosefulbright. com/knowledge/publications/157164/emerging-approaches-to-the-regulation-of-third-party-funding.

③ See Thomas t. Janover, *Litigation Funding: An Increasingly Popular Investment Vehicle*, Kramar Levin Naftalis & Frankel LLP posted on Lexology (Nov. 1, 2018), https://www. lexology. com/library/detail. aspx? g = 3d4474b1 – 6ce6 – 4f3e-a853 – 45b21d47182d.

融资流程，并不受特殊的行业规制。

中国内地虽然没有受助讼分利等法律原则影响禁止第三方争议解决出资，但是，金融监管部门对非标准化的金融产品设立有严格的资金募集、管理和使用方面的限制。第三方出资是将当事人的诉讼请求权作为投资标的进行的另类投资。就此，中国证券业协会在其颁布的《证券公司另类投资子公司管理规范》中明确规定，该等另类投资公司从事《证券公司证券自营投资品种清单》所列品种以外的金融产品、股权等另类投资业务，应当符合法律法规、监管要求和该规范的规定，并且该等另类公司不得从事融资、对外担保和贷款。① 第三方出资的收益来自投资之后，未来或可产生的裁决确认权利的分配，属于一种动产期权。若参照适用场外期权的交易监管制度，则从事这一业务的主体及交易对手方需要是依法注册的金融机构，或其他经认可的专业投资机构，并需满足最低注册资本、最低金融类资产、风险承受能力与从业经历等方面的条件。②

争议解决出资在融资渠道方面的限制，正是金融产品风险性的体现。伴随争议解决融资需求的扩张，以此为业的投资行为将呈放大趋势，借助公开市场或特定群体开展的融资活动势必有所增加。就此，第三方出资亦需在融资监管方面满足法定的资格条件，并加强资金管理水平，降低其对经济秩序或可造成的消极影响。

3. 中介人士提供的个案出资

第三方出资的第三种资金来源是由中介人士提供的个案出资，具有两个特点：第一，资金来源方与案件当事方之间存在一定的利害关系，一般而言，出资人就是案件的代理人或者当事人的关联公司；第二，此类资

---

① 参见中国证券业协会《证券公司另类投资子公司管理规范》(2016 年)第 2 条和第 16 条。

② 参见中国证监会《关于进一步加强证券公司场外期权业务监管的通知》(证监办发〔2018〕40 号)。

金来源具有个案性，一案一募，所需的资金大小、出资种类均依据个案需求而定。

基于以上特征，由中介人士提供出资的情形中，融资渠道风险有所降低，仅需考虑资金来源的合法性；然而，资本持续性以及资金回收方面的隐患加大。一方面，由于是个案出资，出资人的资本持续能力，以及持续出资意愿相较于专项资金池方式较为薄弱；另一方面，资金回收过程中，出资人为代理人的，其分配比例受限于律师行业有关风险代理限额的约束，出资发生于关联企业之间的，则需判断该资金供给与回收过程中发生的关联交易，是否会侵害当事人的小股东或其债权人权益。

对于特殊身份的中介人士能否出资、出资是否附有限制，以及回收分配限额等问题，本书将在本章第二节予以阐述。而此类融资方式最为凸显的资本持续性问题正是本节下一部分侧重讨论的。

（三）资金供应风险

第三方出资的产生使资金匮乏者寻求司法、仲裁救济成为可能。反之，第三方出资的退出同样可能使受资助方无力继续其已经启动的司法仲裁程序。相较于匮乏寻求司法公义的劣势，启动审理程序之后又无以为继的情形更加扰乱司法秩序，并可能对受资助方、相对方当事人造成实质损害。为此，第三方出资者持续出资的能力尤为重要，资金可持续性成为第三方出资的又一潜存风险。①

持续出资能力需要从主、客观两个维度进行考量。主观上，第三方出资者终止履行其对受资助方的出资义务，可能造成出资行为的中断；客观上，第三方出资者没有充足的资本对案件提供持续出资，同样可能导致当事人无力支持办理案件的费用开支。英国高等法院法官杰克逊勋爵在其对司法费用改革的最终报告中就对上述两类情况分别作出了

① 参见中国香港法律改革委员会第三方资助仲裁小组委员会：《第三方资助仲裁咨询文件》，2015 年 10 月，第 129 页。

评价。①

1. 主观上的持续出资

法官杰克逊勋爵认为，第三方出资协议与一般的民商事合同不同，出资者应当承担持续提供资金的义务，而不能随意地撤销其义务，除非存在恰当理据（proper grounds）。② 针对英国民事司法委员会（Civil Justice Council）在其有关第三方出资的自愿性指引中的规定，大法官建议对恰当理据作出仔细考虑和慎重思量。③ 就此，民事司法委员会主导下设立的诉讼出资者协会（Association of Litigation Funders）在其2018年版《诉讼出资者行为指引》中对出资方可得终止资金支持的情形作出了以下限定：④

其一，出资者合理地不再相信争议的理据而停止出资；

其二，出资者合理地相信争议从商业角度看已不具可行性；

其三，出资者合理地相信受资助方已实质违反了出资协议项下的约定。

中国香港特别行政区律政司按照修订后的《仲裁条例》颁布了《第三者资助仲裁实务守则》。⑤ 按照该实务守则之规定，出资者与受资助方无权在出资协议下自行酌定出资者的终止权，仅能依据《第三者资助

---

① See Lord Justice Jackson, *Review of Civil Litigation Costs Final Report*, The Stationery Office, Dec. 2009, p. 118 – 121.

② See Lord Justice Jackson, *Review of Civil Litigation Costs Final Report*, The Stationery Office, Dec. 2009, paras. 2.7 – 2.8.

③ See the Civil Justice Council of U. K., *Submission to the Review of Civil Litigation Annex D*.

④ See the Association of Litigation Funders, *Code of Conduct for Litigation Funders*, Jan. 2018, article 11.2, http://associationoflitigationfunders.com/wp-content/uploads/2018/03/Code – Of – Conduct-for – Litigation – Funders-at – Jan – 2018 – FINAL.pdf.

⑤ 参见《政府发出〈第三者资助仲裁实务守则〉》，载中国香港特别行政区政府律政司官网2018年12月27日，https://www.doj.gov.hk/sc/community_engagement/press/20181207_pr4.html。

仲裁实务守则》规定的三种情势享有单方终止权。实际上，中国香港特别行政区通过上述软法规制，限制了出资者终止协议、停止出资的主观动量。但值得一提的是，中国香港特别行政区较英格兰与威尔士区域的行为指引更为宽泛，出资者可以基于其合理地相信(reasonably believes)“受资助方在有关仲裁中的胜算或成功追高的可能性有重大不利转变”①而停止出资。相对于英国的指引，②中国香港特别行政区更为明确细致地指明，出资者在合理相信案件不能取得胜诉时，可以终止协议。也就是说，中国香港特别行政区政府并不限制出资者以支持具有良好理据的诉请为前提，而承担持续出资义务。但是，英国、中国香港特别行政区两地的实务指引亦均规定，即便第三方出资者有权终止协议，除非终止系因受资助方严重违约行为使然，否则均应承担出资义务直至终止日(date of termination)。③

尽管从上述行为指引来看，出资者对于能否终止履行出资协议仍占有较大的自由决定权，但无论是法官意见还是行业指引，均对出资者单方终止履行出资义务作出了较大程度的限定，终止的前提不只是出资者自身无过错，且要在出资目的确无实现可能或者相对方实质违约的限定条件下，方可终止出资协议。

---

① Article 2.13 (2) of the *Code of Practice for Third Party Funding of Arbitration* (Hong Kong) provides that the third party funder may terminate the funding agreement in the event that the third party funder “reasonably believes that there has been a material adverse change of prospects to the funded party’s success in the arbitration or recovery on success”.

② Article 11.2.2 of the *Code of Conduct for Litigation Funders* (England and Wales) provides that terminate the LFA in the event that the Funder of Funder’s Subsidiary or Associated Entity “reasonably believes that the dispute is no longer commercially viable”.

③ Article 2.15 of the *Code of Practice for Third Party Funding of Arbitration* (Hong Kong); And, Article 12 of the *Code of Conduct for Litigation Funders* (England and Wales).

2. 客观上的资本充足

如法官杰克逊勋爵分析,资金持续供应的风险不只来自出资者可能反悔,事中终止出资安排,更有可能是一种客观上的履行不能,即作为金融机构的资本充足率不足导致其无力负担费用开支。① 这并非耸人听闻,积年累月的诉讼、仲裁程序可能产生大量的法律费用,一家出资机构亦有可能因资金周转不足或受其他出资案件拖累而无力担负另一特定案件的出资义务。

在澳大利亚,第三方出资机构如果作为从事金融衍生品交易的机构,就需依据公司法取得相应的牌照资格。② 2013 年,澳大利亚证券投资委员会对涉及受资助代理程序和清盘人出资诉讼程序的律师和出资者提供了临时集体令(interim class order),免于其适用国家消费者信用保护法(National Consumer Credit Protection Act)相关规定。③ 但是,第三方出资者需具备资本充足的要求始终为金融当局的要求。

尽管,英国金融服务管理局(Financial Service Authority)没有对第三方出资进行行业规管,但是确保第三方出资者的资本充足程度仍是法

---

① Lord Justice Jackson, *Review of Civil Litigation Costs Final Report*, The Stationery Office, Dec. 2009, p. 119 &121.

② In International Litigation Partners Pte Ltd. v. Chameleon Mining NL, [2011] NSWCA 50, [2012] HCA 45. The NSW Court of Appeal found that the litigation funder was required to hold a financial services license as the funding agreement between Chameleon and the funder was a "financial product" as per the regulation 7. 1. 06 of the Corporations Regulations 2001. See Law Council of Australia, *Regulation of Third Party Litigation Funding in Australia Position Paper*, Jun. 2011, p. 52. See also Standing Committee of Attorneys – General of Australia, *Litigation Funding in Australia Discussion Paper*, May 2005, p. 8.

③ ASIC Class Order [CO 10/333]. See also, 13 – 003*MR ASIC Extends Relief from Regulation for all Funded Representative Actions and Funded Proof of Debt Arrangements*, Australian Securities & Investments Commission (Jan. 11, 2013), https://asic.gov.au/about-asic/news-centre/find-a-media-release/2013 – releases/13 – 003mr-asic-extends-relief-from-regulation-for-all-funded-representative-actions-and-funded-proof-of-debt-arrangements/.

官、司法实践者和行政管理当局所关切的。① 英国诉讼出资者协会要求,其成员最低资本需始终维持在500万欧元以上,且应持续披露其资本充盈情况。② 由于第三方出资在司法仲裁程序中的实践尚未普及,一般的案件融资活动暂无须通过立法或行政进行规管。但是,若出资活动日趋频繁,或者触及消费者权益的集体诉讼等特殊的争议解决领域,监管当局仍需审慎考虑采用金融监管的方式确保第三方出资者具有充足的资金储备。③

就此,新加坡在其有关第三方出资的立法中明确规定,第三方出资者需实缴(paid-up)不少于500万新币的资本,方有权从事案件出资业务。④ 虽然中国香港特别行政区更早在其咨询报告中提出"第三方出资者资本不足的风险"⑤,但在立法中并没有就出资者的资本规模作出强制性规定,而是在律政司颁布的《第三方资助仲裁实务守则》中进行限定,最低金额为2000万港币。⑥ 此举既可实现对资本不足的风险规避,也可视行业和经济情势的发展而更灵活地调整资本充足的认定标准。

从以上各法域的实践来看,对第三方出资者作出最低出资标准的限制是防范第三方出资可能潜存的资本充足率问题的主要方法。同时,通过对出资者终止出资协议的权利限制,各法域亦在谋求出资行为的稳定性和可持续性,确保由出资行为而启动的司法程序,无论其结果如何,均能得到妥善推进,以确保司法资源不受浪费,当事人权益免于因行使诉

---

① See Lord Justice Jackson, *Review of Civil Litigation Costs Final Report*, The Stationery Office, Dec. 2009, p. 121.

② Article 9.4 of the *Code of Conduct for Litigation Funders* (England and Wales).

③ See Lord Justice Jackson, *Review of Civil Litigation Costs Final Report*, The Stationery Office, Dec. 2009, p. 121.

④ Civil Law (Third - Party Funding) Regulations 2017, Regulation 4(1).

⑤ 参见中国香港法律改革委员会第三方资助仲裁小组委员会:《第三方资助仲裁咨询文件》,2015年10月,第129页。

⑥ 参见中国香港特别行政区政府律政司《第三者资助仲裁实务守则》第2.5(2)条。

权和行使不得而遭受损害。

此外，公共政策抗辩是国际商事仲裁中极易被提出的一种抗辩。[①]由于凡是涉及社会公共利益的情形均可收罗其中，以公共利益为由对抗仲裁裁决效力，申请不予执行的抗辩频发，而持友好仲裁态度的法院在行使其司法监督权时却慎而又慎，极少予以肯允。同样地，在司法诉讼审判中，社会公共利益也是认定合同效力的考察因素之一，不乏当事人以侵害公利为由主张合同无效。

本节对于第三方出资在社会公共政策方面的影响分析，将对以此为由的抗辩提供一套系统、完整的评价机制。也就是说，对于卷入争讼的当事双方而言，引入第三方出资能否构成其撤销、挑战审理裁判效力的理由，可以从上述节目有关司法、经济秩序的利弊分析入手，加以判断。对于出资者与受资助方可能就出资协议产生的纠纷而言，也可以在本节对司法制度、资本充足率等问题的考量着手，判断出资协议的效力。

第二节　对商事仲裁制度的影响

对于第三方出资的潜在风险，许多研究机构乃至负责立法改革的研究部门已进行过较为广泛的探讨，甚至归纳出了十数项可能产生的潜在风险。[②] 如前所述，从古罗马、希腊到中世纪的英格兰，资助他人提起诉讼并分享裁判结果的行为均被视作干扰诉讼的不当行为。[③] 由此，大部

---

① 参见林一飞：《仲裁裁决抗辩的法律与实务》，武汉大学出版社 2008 年版，第 240 页。

② 参见中国香港法律改革委员会第三方资助仲裁小组委员会：《第三方资助仲裁咨询文件》，2015 年 10 月，第 5 章。

③ See Max Radin, *Maintenance by Champerty*, 24 California Law Review 48, p. 51 (1935).

分学者对第三方出资持有质疑态度。① 然而，随着晚近法制健全与经济需要，英美法系的大法官却从司法制度的改革实践中逐步对第三方出资表示认可，持越来越开明的认可态度。②

有别于上一节对社会公共政策，即新机制对于整体社会公益的影响分析，本节侧重于对具体的仲裁程序中每一参与主体的影响分析。在明确当前主流价值取向的前提下，第三方出资对司法仲裁制度的潜在挑战必须正视，并可从司法仲裁程序的不同参与者的身份立场予以解构，逐一分析其潜在影响和现时可行的应对策略。从受到第三方出资影响关系最为密切、利益最为巨大的事项问题考虑，本节将以当事人权益、仲裁制度特性、司法仲裁制度共性和律师执业特点为对象，探讨出资机制可能带来的消极影响。

一、减损当事人权益

争议解决中的当事人具有两种权益，即程序性权利和实体性权益。程序性权利主要是当事人在司法仲裁程序中的申诉权、抗辩权，以及得到公平审判及平等辩论权。实体性权利则是围绕系争标的的财产性权利。第三方出资的介入使平等的诉讼原告（仲裁申请人）与诉讼被告（仲裁被申请人）之间的二元关系被打破，第三方出资者作为资金攻击的强者，甚至是法律技术专家，介入程序之后将有极大可能强化受资助方的诉讼能力，增加其取得实体救济的可能。而基于营利性，第三方出资者又将通过挤压相对方（赢得诉请）的方式，瓜分受资助方的可得裁判确

---

① See Frank J. Garcia et al., *The Case Against Third – Party Funding in ISDS: Executive Summary*, Boston College Law School – PUC University of Chile, Working Group on Trade & Investment Law Reform, Third – Party Funding Task Force (2018), https://lawdigitalcommons.bc.edu/cgi/viewcontent.cgi?article=2130&context=lsfp, last browsed on 08 October 2023.

② See Lord Neuberger, *From Barretry, Maintenance and Champerty to Litigation Funding*, lecture given at Harbour Litigation Funding First Annual Lecture on May 3, 2013, available at https://www.supremecourt.uk/docs/speech-130508.pdf.

认权益。在这一过程中,第三方出资者很有可能施加其对案件的影响,抛开不合法的影响公正裁判的因素不谈,出资者控制受资助方的意志,影响诉讼策略及和解意愿的情况是可能发生的。可见,当事人各方的程序及实体权利都将受到第三方出资的影响。

1. 控制当事人程序权利

控制和干涉当事人在争议解决程序中的意思自治,是第三方出资在司法仲裁审判制度中受到的主要挑战。当事人、代理律师和监管方曾就出资者可能控制司法程序及替代受资助方当事人作出程序决定等事项提出质疑。这也招致公众对第三方出资合法性的质疑。①

出资者到底是否享有对案件的控制权并无定论。② 即便出资协议中不能约定,出资者有权替代当事人对争议解决的程序性权利或实体性权利作出表决,出资者仍有可能利用其在资金供给上的决定权,变相实现对案件的干预。至少,出资者对争议案件的调查、评估,以及决定是否提供出资就是基于其单方意愿的,而非依受资助方的需要。

在具有开创意义的坎贝尔斯诉福斯蒂夫一案中,澳大利亚高等法院(澳大利亚最高司法审判机构)在司法审判中曾以5:2的压倒性多数表决认可第三方出资诉讼的合法性,在判决说理中允许出资者对当事人的控制。③ 不止于此,由于该案涉及的出资协议中明确约定,出资者有权代表当事人选定律师,甚至有权禁止律师与当事人直接联系,并约定出资者有权指挥律师及达成和解。该出资协议的效力被澳大利亚法院认可,等同于澳大利亚在极大程度上认可并同意第三方出资者对受资助方

---

① International Council for Commercial Arbitration, *Report of The ICCA – Queen Mary Task Force on Third – Party Funding in International Arbitration*, Apr. 2018, p. 28.

② Jonas von Goeler, *Third – Party Funding in International Arbitration and its Impact on Procedure*, International Arbitration Law Library, Volume 35, p. 24.

③ Campbels Cash and Carry Pty Ltd. v. Fostif Pty Limited, [2006] HCA 41, Australia, para. 202.

当事人的控制。①

然而,澳大利亚对第三方出资者可得控制案件程序的开放式做法并不是国际主流实践趋势。与之相反,出资者对受资助方的控制在普通法系中受到明确抵制。英国诉讼出资者协会订定的行为指引规定,出资者不得试图影响受资助方当事人的代理律师,包括当事人的非诉律师(solicitor)和出庭大律师(barrister),借以控制或替其纠纷当事人行事。②

中国香港特别行政区则是在律政司颁布的《第三者资助仲裁实务守则》中要求,出资者与当事人签订的出资协议中必须明确约定,第三方出资者不得寻求控制或替当事人及其代理人行事,且不得采取任何可能招致当事人代理人违反职业准则的行为,或是对仲裁机构及仲裁员施加任何影响。③

实际上,大部分的第三方出资协议都用词考究,并尽量避免表露出对受资助方当事人施加控制或影响的意思。之所以如此,与大多数法域批评、诟病第三方出资干预当事人的权益密切相关。为更为公平地保护出资者与当事人,需建立保护机制,设置合理的出资终止条件。事实上,从资金运作来看,出资者决定投资之前对是否提供出资有着绝对的单方决定权,一经确认,出资义务便不得任意撤销。所谓控制或干预案件,均是出资者支付资金,启动争议解决程序之后的一种事后监督或投后控制,其程度强弱与出资者个体的资金管理风格有着紧密联系。金融监管当局亦可从资金监管的角度予以规制。

2. 风险敞口扩大与分摊

第三方出资的出现,对于自身无力启动争议解决程序的当事人增加

---

① See Wayne Attrill, *Ethical Issues in Litigation Funding*, IMF (Australia) Ltd. published on Feb. 16, 2009, https://www. imf. com. au/docs/default-source/site-documents/ethical-issues-paper-imf09 – – – globalaw-conference.

② Article 9.3 of the *Code of Conduct for Litigation Funders* (England and Wales).

③ 参见中国香港特别行政区政府律政司《第三者资助仲裁实务守则》第2.9条。

了实现司法救济的可能性，但对争讼双方都扩大了程序风险与裁决既判力不稳定的风险敞口。同时，出资者为保证其投资效果（实现资金回收），有时也要求受资助方的代理律师分担部分风险，以此督促其勤勉尽责地完成代理工作。① 如是，代理律师也将间接地卷入出资活动中，使审理程序的正当性风险进一步扩大。

无论在法院诉讼程序，还是仲裁程序中，第三方出资者均不是案件适格的当事人或第三人。按照第三方出资的定义，出资者正是与系争实体不存在法律联系的人。因而，审理裁判机关难以对出资者行使管辖权，当事人，尤其是受资助方的相对方，亦难以在案件纠纷处理过程中直接针对出资者提出任何权利抗辩。本来，出资者仅只作为法律费用的资金供应方，不直接介入审理程序是适当的。但是，考虑到出资者可能对裁判者（仲裁员），以及双方代理人产生潜在的利益冲突，这就使案件审理的程序性风险加大。

再者，第三方出资曾为英美法系的基本诉讼原则所禁止，并在一些司法实践中受到社会公共利益方面的批判，有第三方介入的案件程序及其裁判结果被撤销、不予执行的可能性增加，裁判既判力存在被削减的隐忧。这些不仅对受资助方不利，对期盼息讼止争的相对方当事人也带来消极影响。

此外，出资者与代理律师之间的风险共担，即代理律师亦降低前期代理费，与出资者共同期待裁决胜诉结果的风险分担安排，将使律师职业道德遭到冲击，使其与出资者建立投资（出资）利益联盟，极有可能扰乱律师与当事人之间的委托代理关系。

最后，引入第三方出资之后，当事人所涉案件审理周期并不一定缩短。相反，因案情复杂程度和代理专业程度的提升，案情审理与辩论的

---

① International Council for Commercial Arbitration, *Report of The ICCA – Queen Mary Task Force on Third – Party Funding in International Arbitration*, Apr. 2018, p. 27.

时间周期可能更长，所耗费的费用开支更大。从经济效益上讲，费用高昂、周期漫长无不是扩大风险敞口的诱因。

3. 辩诉地位平衡被打破

本书第三章对第三方出资可以为当事人带来的裨益进行了阐释。其中，第三方出资能够提升受资助方当事人对涉案纠纷的处理能力，包括提高对裁判结果的预见力、对代理律师的选聘自主权，以及对法律观点和辩论技能的强化。[①] 尽管优势诸多，第三方出资的介入在实现受资助方当事人寻求司法救济的同时，也促使争议当事双方的辩诉能力发生变化，伴随仲裁员、代理人与出资者之间的潜在利害关系的增加，可能改变攻辩双方的辩论地位，影响其公平对峙。

从近年来投资者与国家间争端解决制度改革的讨论中可见，包括中国政府在内均认为，第三方出资的做法可能影响当事方之间的权利平衡。[②] 在一定程度上，国际投资仲裁需要尊重东道国国家行为系造福其域内民众的社会公共行为，且不应对东道国施加惩罚性赔偿或预期利润赔偿。[③] 甚至，美国禁止转让法案（Anti-assignment Act）明确禁止转让针对美国政府诉讼项下的部分或全部权益。[④]

当然，国际投资仲裁与传统商事仲裁或民商事诉讼存在很大不同，即国际投资仲裁是投资者对主权国家提出的仲裁，不可与平等主体之间的商事纠纷案件相提并论。但学者与实务工作者对第三方出资的批评依旧值得反思。譬如，第三方出资仅能为主张金钱给付请求（或反请求）

---

① 参见本书第二章第一节，第 55 ~ 58 页。

② 《投资人与国家间争端解决制度可能的改革中国政府提交的意见书》（A/CN. 9/WG. Ⅲ/WP. 177），联合国国际贸易法委员会第三工作组第三十八届会议，2019 年 7 月 19 日。

③ See David Gaukrodger, *The Balance between Investor Protection and the Right to Regulate in Investment Treaties: A Scoping Paper*, OECD Working Papers on International Investment Feb. 2017, p. 20 – 21.

④ 31 USC § 3727(a).

的当事人提供出资,对于行为给付或责任判定类请裁事项不能提供资金援助。① 这也就导致处于答辩地位的东道国并不能获得同等数量出资者的青睐和资金支持,②而其直接后果就是加重仲裁程序中申、被双方当事人辩诉能力差异,原始的辩诉能力平衡被打破。

辩诉平衡被打破的主要伤害是加重相对方当事人维护其辩论权利的成本负担。不言自明,不具有资金实力的当事人因得到出资者支持而获得启动司法仲裁程序的可能。与之配套,受资助方当事人将会选聘代理律师以提高其获得胜诉概率。相对方当事人则是从原本未涉诉讼(当事人无力启动争议解决程序)转为卷入涉诉风险之中。对于上市公司而言,企业涉诉本身就足以造成对企业股权价值和商业信誉的直接伤害。更为严重的是,相对方还需为应对出资者支持下的审理程序而列支法律成本。尤其是在国际商事仲裁案件中,相对方即便作为接收仲裁申请的被申请人,也需与申请人共同分担并预支仲裁费用,还需为选聘称职的法律专业人士和定损专家而耗费更为巨大的法律费用。

如果将辩诉双方的攻防地位比作一个跷跷板,那么在第三方出资介入之前,受资助方当事人处于绝对的劣势地位,而一旦得到资金支持,其将有可能实现平等,甚至后来居上地占据主导案件审理程序的优势地位。这种辩诉平衡的摆动使系争权利陷于更大的不确定性中,也使司法仲裁程序本身的公正性、平等性受到潜在挑战。正如中国政府在国家间争议解决机制改革中对联合国贸易法委员会提出的建议,③增加程序透明度,建立信息披露制度,公开可能影响当事人辩诉能力的事项,将是第

---

① See Krzysztof J. Pelc, *What Explains the Low Success Rate of Investor – State Disputes*?, 71 International Organization 559, p. 559 (2017).

② See Brooke Guven & Lise Johnson, *The Policy Implications of Third – Party Funding in Investor – State Dispute Settlement*, CCSI Working Paper 2019, p. 31.

③ 《投资人与国家间争端解决制度可能的改革中国政府提交的意见书》(A/CN. 9/WG. Ⅲ/WP. 177),联合国国际贸易法委员会第三工作组第三十八届会议,2019 年 7 月 19 日。

三方出资案件维系辩诉平衡的关键。

4. 裁判可分配权益减少

因为司法仲裁费用开支的日趋提高,当事人对第三方出资的需求不断增加。大多数的出资行为并非公益性质,而是带有盈利目的的商业活动。这再次印证了"出资 + 风险 = 回收 + 利润"等式。对于出资者而言,第三方出资是一种风险投资工具;而对于受资助方而言,该机制是其在使用司法审判资源过程中的一类垫资工具。但实事求是地讲,这种垫资方式并不便宜。剔除出资者对于风险对冲的需求,仅从定向融资的角度来看,第三方出资索取的回报通常是昂贵的。

如果案件胜诉,受资助方当事人普遍需要向第三方出资者分配20% ~40% 的裁判确定权益,作为出资者提供资金支持的补偿。① 这笔权益通常是出资者实际提供出资额的 3 倍以上。在澳大利亚阿尔金诉博查德航运有限公司及其他案(Arkin v. Borchard Lines Ltd. & Others)(以下简称 Arkin 案)中,②法庭认为,在案件费用出资人依裁决结果回馈出资费用的案件中,资金贫弱的当事人应合理预见到,其可能将自身取得的裁决确认权益分配给出资者。也就是说,即便存在降低受资助方当事人可得受偿金额的情况下,法院并不认为,第三方出资者分享当事人权益的行为侵害了受资助方,或构成乘人之危。

可是,无论案件胜负与否,第三方出资的介入不会实质影响双方当事人的实体权益分配吗?同样在 Arkin 案中,受资助方当事人并未取得案件胜诉,而法官更为忧虑的是,相对方当事人的合法权益是否由此蒙

---

① See Sherina Petit, James Rogers & Cara Dowling, *Third - Party Funding in Arbitration-the Funders' Perspective*, International Arbitration Report 2016 - Issue 7, Norton Rose Fulbright 2016, p. 11, available at https://www.nortonrosefulbright.com/ - /media/files/nrf/nrfweb/imported/international-arbitration-report - - - issue - 7.pdf? la = en&revision = 2b95e882 - b426 - 4aa1 - 952e - 6270bebf896b.

② [2005] 1 WLR 3055, CA, [2005] EWCA Civ 655.

受损失。[1] 如本节前文所述，在辩诉平衡受到出资者介入的影响下，相对方可能蒙受的损失也将扩大。

在受资助方胜诉时，第三方出资的费用投入与权益分享都可能作为一类申请，由相对方当事人承担，这无疑将使相对方当事人在接受败诉判决之外雪上加霜，不仅需要承担裁决不利的法律后果，还需要另外向出资者列支其出资回报；在相对方胜诉时，其已实质上为取得胜诉而耗费了更多财力，以聘请和强化其代理团队的应诉能力，而这笔费用本身是否可以转嫁给出资者，却是未可知的。在许多相对方取得胜诉的案例中，第三方出资者以其不是争议案件的当事人为由免于接受案件管辖权，并规避向相对方承担费用补偿的义务。承担费用补偿责任的往往是败诉的受资助方当事人，而其本身还在接受资助，就更无力向相对方兑付法律费用的补偿开支。如此，相对方实体权益会受到出资机制的消极影响。

可见，第三方出资不仅可能对受资助方判决可分配权益造成削减，更可能对相对方实体权益造成实际影响。对于前者，只要出资者与受资助方的出资安排是建立在平等自愿基础之上的，即无可厚非；而对于后者，相对方处于一种被动的两难境地，需要设立制度规范来保障该方的权益。就此，一种建议正如中国香港特别行政区政府曾讨论的是，设置不利费用令（adverse cost order），由第三方出资者直接赔付相对方当事人的费用开支。[2] 但该建议最终没有被立法修订所接受。另一种建议则是考虑扩大费用担保的承担主体，在第三方出资参与案件的情况下，明确审理机关对第三方出资具有特定事项的管辖权，进而要求出资者提供费用担保。

综上所述，第三方出资造成当事人权益减损的忧虑主要来自两个层

---

① ［2005］1 WLR 3055，CA，［2005］EWCA Civ 655.

② 参见中国香港法律改革委员会第三方资助仲裁小组委员会：《第三方资助仲裁咨询文件》，2015 年 10 月，第 124 页。

面，即对于程序性权利的减损，以及对于实体权益的损害。出资者的介入，不仅可能打破当事双方的辩诉能力平衡，更可能增加审理程序中的风险。若出资者还控制当事人或代其行事，则当事人双方的程序及实体权益均有可能受到影响。对于受资助一方，可以通过在出资协议拟定中的意思自治来维护自身权益，适度摆脱出资者的干涉。但就相对方而言，无论案件胜负，都有可能使其实体权益和资金负担扩大。这些风险和隐忧尚不确定，仅需持谨慎的怀疑态度予以规避，并可考虑完善规制方法，建立适度控制、信息披露与费用担保等规管方法。具体本书将在后续章节探讨。

二、挑战传统仲裁制度

作为替代性争议解决机制，仲裁制度相较司法审判而言有其独特性。[①] 这包括更为尊重当事人的意思自治，恪守仲裁员的独立性和公正性，以定分止争兼顾商事关系存续为导向而加强仲裁程序中的调停功能，具有严格的法定和约定审理程序，接受司法监督等。这些特质也给对仲裁结果不友善的当事人提供了抗辩的机会，并可从案件管辖、仲裁协议效力，到仲裁程序合法性、裁决效力，及至裁决执行力等多个阶段提出抗辩。[②]

第三方出资的引入加重了仲裁程序被挑战的风险。除本章第一节讨论的社会公共秩序原因外，正当程序和超裁风险是挑战涉及第三方出资案件的主要理由。有别于司法诉讼程序，这些风险是仲裁制度特有的，因而单独讨论。有关争议解决程序，即涵及诉讼仲裁的共通问题，本节将在虚假案件、枉法裁判与律师执业扰动等部分展开讨论。

---

① See Karl Mackie, David Miles & William Marsh et al., *The ADR Pracitce Guide Commercial Dispute Resolution*, Butterworths 2000, p.16.

② 参见林一飞:《仲裁裁决抗辩的法律与实务》，武汉大学出版社 2008 年版，第 57～70 页。

(一)违反程序正当性

正当程序(due process),即自然正义,是所有法域均存在的审理裁判要求。① 仲裁也需要正当程序,其目的是确保当事人得到平等对待,并能得到公平庭审和陈述案情的机会。② 按照欧洲《保障人权和根本自由公约》第6条第1款规定,“在决定某人的公民权利和义务或者在决定对某人确定任何刑事罪名时,任何人有理由在合理的时间内受到依法设立的独立而公正的法院的公平且公开的审讯”③。对于商事仲裁而言,正当程序包含最基本的两点准则:其一,各方听取对方陈述的权利(*audi alteram partem*);其二,任何人不得当自己的法官(*nemo judex inre sua*),即得到无偏私的裁判。④

伴随第三方出资者的介入,当事人之间的辩诉能力平衡被打破。同时,出资者间接进入仲裁程序,使其与仲裁员、代理律师等仲裁参与者之间可能产生利益冲突。能否保证仲裁员公正、公平地对待各方当事人,出资者违反仲裁规则对于仲裁程序正当性的影响,特别是对仲裁裁决效力的潜在冲突,都是新机制给仲裁程序带来的新挑战。至于正当程序应适用哪一准据法进行认定,美国第二巡回上诉法庭认为,可以依据法院地国的标准。⑤ 尽管如此,仲裁程序的正当性无疑还需依据仲裁地法确认,除非当事人就仲裁程序的准据法作出了特别的认定。

---

① 参见林一飞:《仲裁裁决抗辩的法律与实务》,武汉大学出版社2008年版,第107～108页。

② 参见[英]艾伦·雷德芬、马丁·亨特等:《国际商事仲裁法律与实践》(第4版),林一飞、宋连斌译,北京大学出版社2005年版,第442页。

③ 参见欧洲《保障人权和根本自由公约》[于2010年6月生效的第14条议定书(CETS no. 194)的条文而修订的版本]。

④ See Frederick F. Shauer, *English Natural Justice and American Due Process: An Analytical Comparison*, 18 William & Mary Law Review 47, p. 48 (1976).

⑤ Papier and Bank of America v. Societe Generalede L'industrie Du Papier, 508 F. 2d 969 (2d Cir. 1974) 975.

1. 影响仲裁员的独立性和公正性

仲裁员的独立性与公正性是国际仲裁的基本原则。① 第三方出资对仲裁程序中的法律专业人士，即仲裁员和代理律师，均可能造成利益冲突。② 仅就仲裁员而言，其与出资者发生利益冲突的典型情况，如同一出资者在多宗不同仲裁案件中选任同一名仲裁员。这一事例实质上与仲裁员多次接受同一法律顾问或专业律师的指定并无区别，而此类情况被归为国际律师协会《国际仲裁利益冲突指引》的橙色清单之内，即可能引起当事人对仲裁员的公正性或独立性产生怀疑的情形。③

目前，对于仲裁员、出资者和当事人之间形成的三角关系在何等程度上影响仲裁员的独立性和公正性尚无定论。④ 但如同前述事例，仲裁员与出资者之间构成了一种长期依存的利益关系。仲裁员的独立性受到削弱，自然而然地，仲裁员的公正性也将受到质疑。因此，国际仲裁界普遍认为第三方出资的存在可能增加仲裁员的利益冲突风险，并建议在仲裁程序中应披露第三方出资者的身份。⑤ 尽管，有反对者认为，要求披露第三方出资的行为从法律、逻辑或公平上讲均没有依据。⑥ 实务界

---

① See Gary Born, *International Commercial Arbitration* (2nd edn), Kluwer Law International 2014, p. 1461 – 1462.

② 参见香港法律改革委员会第三方资助仲裁小组委员会:《第三方资助仲裁咨询文件》,2015 年 10 月，第 128 页。

③ 参见国际律师协会《国际仲裁利益冲突指引》(2014 年修订)，第二部分总则第 3 条、第 3 项橙色清单第 3.3.8 目。

④ See Jonas von Goeler, *Third – Party Funding in International Arbitration and its Impact on Procedure*, International Arbitration Law Library, Vol. 35 Kluwer Law International (2016), p. 253.

⑤ See International Council for Commercial Arbitration, *Report of The ICCA – Queen Mary Task Force on Third – Party Funding in International Arbitration*, Apr. 2018, p. 87.

⑥ See Christopher Bogart, *Third Party Funding in International Arbitration an Overview of Arbitration Finance*, Burford leaflet, https://www. burfordcapital. com/wp-content/uploads/2014/12/Burford-article – Third – Party-v1. 2internal-no-symbol. pdf.

对于是否需要附加披露义务的争论并不强烈。① 其原因不难推究，基于程序正当性，包括出资者在内的任何仲裁参与者均不应试图扰乱、破坏仲裁员的公正性，就此，适当的披露并不增加自身负担，反而更加保护仲裁程序的合法性，并可保障裁决的既判力。

为了防范第三方出资对仲裁员的潜在利益冲突影响，近年来订定的规制依据较多。其中，国际律师协会 2014 年颁布的《国际仲裁利益冲突指引》是第一份提及第三方出资的实务指引。② 如本书第二章所述，国际律师协会对“第三方资助人”作出简要的概念界定，并把出资者定性为“与仲裁裁决有直接经济利益关系”或者“根据仲裁裁决补偿一方当事人”的实体。在同一条款中，③国际律师协会描述了三种存在潜在利益冲突的情形：(1)对当事人具有控制影响力(controlling influence)；(2)与仲裁裁决有直接的经济利益；(3)负有按仲裁裁决补偿一方当事人的责任。国际律师协会的做法对国际仲裁界产生指导作用。2016 年，国际商会仲裁院颁布了当事人和仲裁庭利益冲突的指引通知。④ 2017 年，新加坡国际仲裁中心也发布实务通知，对涉及外部资金支持的仲裁案件设定仲裁员的特别披露义务。⑤

有关利益冲突披露义务的具体实施方法和规制建议，后文将进一步

① See International Council for Commercial Arbitration, *Report of The ICCA - Queen Mary Task Force on Third - Party Funding in International Arbitration*, Apr. 2018, p. 85, 86. The note 173 of the report discussed in details.

② See International Council for Commercial Arbitration, *Report of The ICCA - Queen Mary Task Force on Third - Party Funding in International Arbitration*, Apr. 2018, p. 63, 88.

③ 参见国际律师协会《国际仲裁利益冲突指引》(2014 年修订)，第一部分“对一般标准 6 的解释”第(b)款。

④ See ICC Note to Parties and Arbitral Tribunals on the Conduct of the Arbitration under the ICC Rules of Arbitration (Sep. 22, 2016).

⑤ See Singapore International Arbitration Centre Practice Note, PN - 01/17 (Mar. 31, 2017).

详述。不得不提的是,国际律师协会的利益冲突指引亦非尽善尽美。在其定义条款中,国际律师协会将可能对仲裁员产生影响的范围限定于"直接的经济利益"(economic interests),但没有详细解释这一定义。在出资实践中,专业出资机构可以采取设置组合投资(portfolio investment)或通过 SPV 出资的方式提供案件出资。在这两种情形下,受资助方的直接出资方是某一集合基金或特殊目的公司,而非真正的实际出资人。出资机构仍可采取这些做法绕过披露义务,隐匿其与仲裁员之间的秘密关系,进而对仲裁案件施加不当影响。

2. 违反仲裁规则的程序合法性

仲裁规则是调整双方当事人和仲裁庭组成人员在仲裁程序中行为操守的规范。一般而言,仲裁规则不属于法律规范,而是双方当事人在仲裁协议中明确约定遵守,或依其选定的仲裁机构而默示接受的程序性准则。《纽约公约》第 5 条第 1 款(丁)项规定,"公断机关之组成或公断程序与各造间之协议不符,或无协议而与公断地所在国法律不符者",仲裁裁决可予拒绝承认和执行。可见,当事人及其代理人以及仲裁员违反仲裁规则的规定可能导致仲裁程序违法,而使仲裁裁决被撤销或不予执行。

如本书第一章所述,伴随第三方出资的兴起,各仲裁机构在其最新修订的仲裁规则中亦增加了有关第三方出资的规定。除定义第三方出资者和出资协议之外,新规则亦要求接受出资的当事人履行相应的披露义务,与之对应,仲裁员的利益冲突披露范围也相应扩大。实践中,仍有较多出资机构认为披露义务是无依据亦无必要的。① 在其授意下,受资助方当事人有可能违反仲裁规则的规定,不如实履行披露义务。

随之而来,仲裁员也可能因为不知道第三方出资的存在,而未能及

---

① See International Council for Commercial Arbitration, *Report of The ICCA - Queen Mary Task Force on Third - Party Funding in International Arbitration*, Apr. 2018, p. 82 - 84.

时履行潜在利益冲突的披露义务。那么,不知情的仲裁员会否作出不公正的裁决呢?在美国,一些法院认为,仲裁员既然不知道存在利益冲突,就不会产生审理不公。[①] 甚至,只要仲裁员能够证明其已尽到合理调查义务,是未能发现存在利益冲突而进行裁判的,即便事后发现确实存在利害关系,也不构成不公正裁断。[②] 对此,商事仲裁国际理事会仍持保守态度,建议国际仲裁界仍应重视第三方出资可能使仲裁员的潜在利益冲突加剧,因而应当披露出资者身份。

暂不论信息披露义务,第三方出资使仲裁参与主体之间的关系更为复杂,相关主体在仲裁程序中的义务增多,违反仲裁规则的可能性增加。相应地,仲裁裁决的既判力和可执行力也将受到挑战。为了确保第三方出资者切实遵守或配合其出资的当事人共同遵守仲裁秩序,一些法域业已通过立法,直接规制出资者。[③]

(二)超越管辖权裁判

第三方出资者可能对仲裁程序正当性产生的负面影响,与其不是仲裁程序的当事主体有一定关系。出资者是资金的运作者,借助当事人的诉权,通过仲裁审理和裁判实现权益分享。但是,出资者并不是仲裁的当事方,既没有与受资助方或相对方当事人共同订立仲裁协议,也没有表达出接受仲裁庭管辖的意愿。[④] 即便出资者愿意参加仲裁审理,相对方当事人也不一定同意出资者的加入。

---

① GIlianelli Money Purchase Plan & Trust v. ADM Inv. Servs., Inc., 146 F. 3d 1309, 1313 (11th Cir. 1998).

② See Restatement (Third US Law of International Commercial Arbitration, § 4 – 13, Reporter's Note (2003) cited from the note 175 of *Report of The ICCA – Queen Mary Task Force on Third – Party Funding in International Arbitration*, Apr. 2018, p. 84.

③ See Lisa Bench Nieuwveld & Victoria Shannon Sahani, *Third – Party Funding in International Arbitration* (2nd edn), Kluwer Law International (2017), p. 66.

④ Mark Kentor, *Third – Party Funding in International Arbitration: An Essay About New Developments*, 4(1) ICSID Rev. (2009), p. 65.

1. 缺乏对出资者的管辖权

之所以考虑仲裁庭管辖权风险，是因为在第三方出资者参与的案件中，仲裁庭或将对受资助方当事人提出费用担保与不利费用令，以防范其滥用诉权给相对方的利益造成损害。由于受资助方并不实际出资，仲裁庭若向第三方出资者直接出具命令，则需具备充分的管辖权。仲裁庭对第三方出资者缺乏管辖权是目前国际仲裁界的普遍共识。① 由于仲裁管辖权的基础是当事人共同缔结的仲裁协议，基于合同相对性原则，非缔约主体难以纳入仲裁程序中。除非仲裁协议可得扩大解释，或者仲裁中的系争权益被出资者实际继受，否则仲裁庭并未当然地享有对出资者的仲裁管辖权。②

相较于仲裁程序，法院可以在诉讼案件中对第三方出资者行使管辖权。在英国司法实践中，如果出资者仅提供出资而不分享与裁决结果有关的任何权益，那么可被视作与案件没有利害关系，即没有以商业获利为目的而出资，故不受费用令约束。③ 然而，非营利性的第三方出资案件少之又少，大部分专业出资机构具有商业盈利的期待。那么出资者须以其出资额为限承担相关费用。④ 在英格兰上诉法院作出的判决中，在受资助方败诉的情况下，法院要求出资者向相对方承担补偿性赔偿。裁判理由是，出资者为其个人的财产利益而实质资助案件程序，使其成为诉讼案件的真正当事人之一，因而其在败诉时需承担费用也是公正

---

① See Felicia Cheng, *Third-Party Funding-the Answer to Access to Justice?*, HKIAC News Blog on Third Party Funding, https://www.hkiac.org/content/third-party-funding.

② See Maxi Scherer, *Out in the open? Third-Party Funding in Arbitration*, Commercial Dispute Resolution (June 6, 2012), https://www.cdr-news.com/categories/third-party-funding/out-in-the-open-third-party-funding-in-arbitration.

③ Hamilton v. Al Fayed, [2002] EWCA Civ 665.

④ Bailey v. GlaxoSmithKline UK Ltd., [2017] EWHC 3195 (QB).

的。[1] 法官杰克逊勋爵在其民事诉讼费用的报告中亦指出，出资者的潜在责任不只是其在案件中的投资，还应在败诉时承担胜诉一方的不利费用（adverse costs）。[2]

尽管在诉讼程序中法院扩大管辖权，将出资者纳入责任调整的对象已成为一种裁判趋势。但是，仲裁制度采用相同的管辖权扩大办法则尤为困难。[3] 根据英国《仲裁法》，仲裁庭有权对当事人承担法律或其他费用进行裁量，但费用承担主体限于当事人之间。[4] 受限于此，仲裁庭可得裁量费用分担的对象未包含出资者。那么，仲裁庭如何管辖出资者，是否有权在仲裁裁决中对出资者作出权益分配或费用承担的具体裁项，这些又是否超出仲裁请求范围而构成超裁风险呢？这不仅是第三方出资给仲裁程序带来的挑战，更是在新商业服务模式下，仲裁实务必须解决的困难。否则，仲裁裁判风险将受到第三方出资的巨大挑战。

2. 扩大仲裁庭的管辖范围

实际上，这些疑虑并非空穴来风，曾引起立法者的讨论。中国香港特别行政区在考虑就第三方出资一事进行仲裁立法改革时，[5]讨论过是否赋予仲裁庭对出资者的管辖权。商事仲裁理事会在其工作组报告中

---

① Excalibur Ventures LLC v. Texas Keystone Inc. & Ors, [2016] EWCA Civ 1144, para. 39.

② See Lord Justice Jackson, *Review of Civil Litigation Costs Final Report*, The Stationery Office, Dec. 2009, para. 4.7.

③ See Mary Jordan, Andrew Matheson & Emma Brown, *Why Third Party Funding is on the rise in England & Wales*, Global Arbitration News (Feb. 27, 2018), https://globalarbitrationnews.com/why-third-party-funding-is-on-the-rise-in-england-wales/#_ftnref5.

④ Sections 59(1)(c), 61(1) and 63(3) of the Arbitration Act 1996 [UK].

⑤ 参见中国香港特别行政区立法会司法及法律事务委员会，《对香港法律改革委员会〈第三方资助仲裁〉报告书的回应及对〈仲裁条例〉（第609章）和〈调解条例〉（第620章）的建议修订》及其附件A[立法会CB(4)150/16－17(06)号文件]，2016年11月28日讨论文件。

亦谈及此问题。[①] 一国法院对于第三方出资者的管辖权来源于其诉讼法和公权机关自身的审判权。相较而言，仲裁管辖权则需考虑制度基础，即仲裁双方当事人的自愿选择。对于仲裁管辖权而言，务须要求各方参与者已签订仲裁协议。[②] 而且，出资者即便有参与仲裁的行为，也不能将该等行为作为其接受仲裁庭管辖的默示同意。[③]

国际仲裁实践中，扩大仲裁庭管辖主体范围的方法有二：其一，作为独立于申请人和被申请人的第三人申请加入仲裁案件，但该方式受限于仲裁程序法和仲裁规则的准允；其二，第三人继受原案件当事人的权利，代替该当事人参与仲裁程序。此类替代方法实际是对系争标的的继受，国际仲裁活跃的法域均认可，仲裁协议也随着其所依附的主协议而被继受给新的当事人。[④] 然而，由于第三方出资者并不受让受资助方当事人的系争权益，仅是对未来或可取得的裁决确认权利进行分享，故无法采用替代当事人的方式进入仲裁。

如果将第三方出资者当作仲裁中的第三人对待，即认定出资者与双方当事人系争之间存在利害关系，第三人加入仲裁程序也需要满足一定

---

① International Council for Commercial Arbitration, *Report of The ICCA – Queen Mary Task Force on Third – Party Funding in International Arbitration*, Apr. 2018, p. 160 – 163.

② Dallah Real Estate and Tourism Holding Company v. The Ministry of Religious Affairs, Government of Pakistan, [2010] UKSC 46.

③ See Jonas von Goeler, *Third – Party Funding in International Arbitration and its Impact on Procedure*, International Arbitration Law Library, Vol. 35 Kluwer Law International (2016), p. 419 – 420.

④ See German Federal Court of Justice, Judgment of Oct. 2, 1997, Ⅲ ZR 2/96, 51 NJW (1998) 371; *Société Tourus Films v. Les Films du Jeudi*, French Cour de cassation (1re chamber civile), Judgment of Feb. 8, 2000, *Review Arbitration* (2000) 280; *West Tankers Inc. v. Ras Riunione Adriatica Di Sicurta SpA*, English High Court (Queen's Bench, Commercial Court), Judgment of Mar. 21, 2005, [2005] EXHC 454, cited from Jonas von Goeler, *Third – Party Funding in International Arbitration and its Impact on Procedure*, International Arbitration Law Library, Vol. 35 Kluwer Law International (2016), p. 221.

条件。国际仲裁实践中,第三人加入仲裁程序的审核标准有两种,一种是以贸易法委员会的仲裁示范法为代表,依单方申请,由仲裁庭决定;另一种是双方当事人与第三人共同订立书面仲裁协议,并在符合仲裁规则规定的审理时限内加入仲裁程序中来。

第一种标准被立法化的实例并不多见,但在一些机构仲裁规则中已得到适用。荷兰仲裁法规定,与仲裁结果有利益关系的第三人可以书面申请加入仲裁,或主张第三人承担赔偿责任的当事人也可发出加入案件的通知,但均由仲裁庭最终核准第三人能否加入案件。① 联合国贸易法委员会的仲裁示范规则和瑞士商会国际仲裁规则均采取相似办法,即交由仲裁庭综合参考各方当事人和第三人意见之后决定是否可得加入已进入审理程序的仲裁案件。②

第二种标准更加严格地遵循当事人意思自治,即只有当事双方同意,并经仲裁庭应允,具有参与仲裁审理意愿的出资者才可能加入仲裁。目前,中国香港特别行政区、日本等国家或地区的机构仲裁规则中有所体现,即加入仲裁程序的第三人应与案件各方当事人共同订立有书面的仲裁协议,并且三方均认可由同一仲裁庭审理案件,且能否加入仲裁的最终裁量权由仲裁庭决定。③

从扩大仲裁庭管辖权的途径方法,到仲裁程序中追加第三人的标准,以上实践表明,出资者能否进入仲裁程序,首先应根据仲裁程序适用的法律和仲裁规则确定;在明确具有法定依据进入仲裁,或依据仲裁规

---

① Netherlands Arbitration Act, Code of Civil Procedure (Dec. 1, 1986), Article 1045.

② See United Nations Commission on International Trade Law, *UNCITRAL Arbitration Rules* (as revised in 2010), Article 17. 5; the Swiss Chambers of Commerce Association for Arbitration and Mediation, *Swiss Rules of International Arbitration* (Jun. 2012), Article 4 (2).

③ See Japan Commercial Arbitration Association, *Commercial Arbitration Rules* 2019, Article 56; Hong Kong International Arbitration Centre, 2018 *HKIAC Administered Arbitration Rules*, Article 27.

则可得追加第三人的情形下仍应明确，仲裁庭对是否追加第三人享有最终的裁量权，但取决于审核标准的不同，出资者加入仲裁程序，仍应以当事人的双方或单方同意，且出资者与案件裁决结果建立直接的利益冲突为前提。在缺乏立法与仲裁规则规定的情形下，出资者以第三人之名加入仲裁，需具备加入仲裁程序的意愿，甚至可能需要其与案件双方当事人达成书面的仲裁协议，方得进入同一案件审理程序。然而，实现出资者与当事双方达成同一仲裁协议是非常困难的。一方面，出资者不愿暴露在风险敞口之下，出于风险控制和避免利益冲突的考虑，较少同意以案件当事人身份加入其所出资的仲裁案件；另一方面，仲裁相对方有可能排斥出资者直接参与案件审理流程，避免更大的应诉压力。

(三)违背保密与披露特权

区别于诉讼方式解决纠纷，保密性是当事人选择商事仲裁制度的一项优势。[①] 虽然近来有保密性原则给仲裁程序带来不便的争论，但保密性仍是仲裁机构和绝大部分仲裁实务者珍视的仲裁制度优势。[②] 披露特权(Privilege)[③]实质是英美法系对于律师等法律职业人士就特定证据持保密和不披露义务的一项特殊权利。在民法法系中，披露特权实质就是一项专业保密义务。[④] 第三方出资者的引入对仲裁保密和披露特权都可能带来挑战。

1. 出资者对保密性的冲击

关于保密义务的范围，各国法律规定的保密程度有所不同，有对庭

---

① See Queen Mary University of London, 2010 *International Arbitration Survey*, p. 30.

② See Fernando Estavillo, *Ethics in Arbitration*, in Miguel Angel Fernandez - Ballester, David Arias Lozano (editors), Liber Amicorum Bernardo Cremades, Wolters Kluwer Espanuña, p. 398 - 400.

③ 为与仲裁程序的保密性原则相区分，本书以“披露特权”泛指各法域中专业代理人基于职业操守所享有的专业保密特权。

④ See Jeffrey Waincymer, *Procedure and Evidence in International Arbitration*, Kluwer Law International 2012, p. 801 - 802.

审程序完全保密的,也有在广泛保密义务基础上列举排除适用情形的立法例——如当事人之间是否存在争议,是否进入仲裁程序等事宜也可纳入广义的保密事项。[①] 仲裁规则也存在明示规定保密义务的情形。以伦敦国际仲裁院为例,其在国际仲裁规则中规定,基于仲裁程序作出的所有仲裁裁决,为仲裁目的出具的材料和相对方提供的非公开资料,应当予以保密。[②] 此外,当事人也可以在其仲裁协议或系争合同项下约定保密义务。即便在没有法律、规则或合同依据的情况下,仲裁程序保密性原则仍应为各仲裁参与者恪守。[③]

第三方出资的引入与应用可能破坏仲裁保密性。第三方出资者为确保其投资安全及可期的回报率,需要对拟资助案件进行审核评估。[④] 无可避免地,受资助方当事人需要向出资者披露,其与相对方当事人之间的纠纷,并需将与潜在仲裁案件相关的全部资料完整地披露给出资者。如果确定出资,第三方在完成出资之后仍将持续关注纠纷案件的进展,并对可能的和解方案进行评估。最终,在仲裁裁决作出之后,出资者还将根据胜败情况完成资金利润回收,或承担相应的补偿义务。可见,第三方出资的完整流程均与仲裁程序及其保密内容密不可分。一般而言,出资者会了解受资助方当事人及其代理律师所掌握的全部案情信息。[⑤] 这也势必导致仲裁保密性原则与第三方出资者的知情权之间产生冲突。不止于此,随着纠纷情况的获知范围扩大到出资者,受资助方当事方个人以及仲裁案件的程序合法性都将面临风险。

---

① 参见《中华人民共和国仲裁法》第 30 条;German Code of Civil Procedure, sections 1025 - 1065; Swiss Private International Law Act, Articles 176 - 194.

② London Court of International Arbitration, *LCIA Arbitration Rules* (2014), Article 30.

③ See Gary Born, *International Commercial Arbitration* (2nd edn), Kluwer Law International 2014, p. 2791 - 2801.

④ 详见后文有关当事人的信息完整披露义务。

⑤ See Jonathan Molot, *A Market in Litigation Risk* (2009), 76 University of Chicago Law Review 367, p. 391 (2009).

其一,受资助方当事人违背保密义务或将导致其面临法律责任。如前文所述,仲裁中的保密义务或源于法律、仲裁规则的规定,或产生于当事人之间的约定。受资助方当事人为融资仲裁之目的而对第三方出资者作出信息披露一事,大多均不可能征求相对方或仲裁庭的意见。就此,受资助方可能违反其作出的保密承诺,进而存在违约风险。但是为确保当事人有能力实现法律救济,仲裁法与国际仲裁界也对保密义务的例外作出了规定。中国香港特别行政区《仲裁条例》第 18 条规定,当事人为保护或追索其法律权利或利益而公开、披露或交流与仲裁程序有关的信息,不属于禁止披露之列。① 并且,国际律师协会在其建议中倡议,当事人为寻求起诉或辩护与之相关的诉讼、仲裁案件,或追索其合法权益之目的,可在必要范围内披露保密信息。② 有学者认为,上述保密义务的例外情形虽然是由律师协会提出的,但出资者同样可以被视作向当事人提供专业服务的职业人士,因而可以参考这一例外。③

其二,披露潜在纠纷或将导致当事双方矛盾恶化。相较于造成滥诉的可能性,第三方出资更可能导致双方当事人的对抗性加剧并加大和解难度。④ 伴随第三方介入案件评估,受资助方与相对方之间的矛盾会更为凸显,对峙程度升高,致使为解决纠纷开展的协商工作逐步转为对案件进入司法仲裁程序的准备。即便第三方实际作出投资是进入案件审理程序之后,当事人之间的调解及和解程序也将在一定程度上受到出资协议约定或出资者意愿的干涉,进而增加和解解决纠纷的难度。

---

① Hong Kong Arbitration Ordinance, Article 18(2)(a)(i).

② International Bar Association, *Confidentiality in International Commercial Arbitration*, p. 21, model arbitration confidentiality clause [C](1).

③ See Jonas von Goeler, *Third – Party Funding in International Arbitration and its Impact on Procedure*, International Arbitration Law Library, Vol. 35 Kluwer Law International (2016), p. 300 – 301.

④ See Bernardo Cremades, *Third Party Litigation Funding: Investing in Arbitration*, (13) Spain Arbitration Review (2012) 155, p. 155 – 184.

其三，出资者可能滥用或扩散保密信息损害仲裁当事人利益。由于出资者并非仲裁程序的当事人，也未加入受资助方和相对方之间的仲裁协议或合同关系之中，除非出资协议有明确约定，出资者并不负担保守案件信息秘密的义务。在缺乏法定或约定责任约束的情况下，出资者可能对外曝光或滥用这些保密信息。出于受资助方利益，出资者可能为完成诉讼策略、营造有利舆论而公开或扭曲部分案件事实；①从出资者自身利益考虑，一些通过公开市场募集资金的上市公司型出资机构，需要接受公众对于其投资的监管，履行必要的出资义务。就此，主流国际实践和立法例认为，为满足法律或公共监管机构要求而进行的披露属于保密义务的例外情况。② 尽管出于金融监管而进行的披露不违反保密义务，但披露范围仍应受到一定限制，以免对仲裁当事人的商业机密造成损害，或导致受资助方受到不利影响。

2. 未享有保密特权的风险

保密义务不只是当事人对案件另一方负有的义务，也是己方的权利。由此延伸，英美法系中，受雇于当事人的法律专业人士也享有保密的特权，即有权对其所获知的案件信息予以保密。③ 然而，当事人对第三方出资者分享的案件信息，出资者能否享有保密特权、不对外披露并无明确的规定可循。甚至，有观点认为，当事人一旦向身为案外人的出资者披露有关信息，即视为当事人放弃了有关信息的保密性和法律专业

---

① Negative example, *EnroGas Inc. and Belmont Resources Inc. v. Slovak Republic*, ICSID Case No. ARB/14/14.

② See International Law Association, *Confidentiality in International Commercial Arbitration*, 21 model arbitration confidentiality clause [c](3); See also Jonas von Goeler, *Third - Party Funding in International Arbitration and its Impact on Procedure*, International Arbitration Law Library, Vol. 35 Kluwer Law International (2016), p. 307 - 308.

③ See United States Federal Rules of Civil Procedure, Rule 26(b)(5).

人士的信息披露特权。① 如是,当事人的权益将置于一种信息暴露的风险之中,而其后果可能直接危及其在仲裁程序中的实体权益。

如前所述,出资者进行案件评估时,需要了解和掌握案件的全部信息,其中既包括有利于当事人的事实材料和协议依据,也可能涉及不利于当事人主张的证明文件。其后,出资者通过自行调查或外聘专业咨询机构或律师事务所评估的方式,对案件基本情况作出独立于当事人的分析意见。最终,出资者与当事人之间达成出资安排并签订相关投融资文件。这三类文件都可能触及当事人就案件实体抗辩的软肋,并使裁判者和相对方了解其在一般仲裁程序中难以获知的案件情况。

目前,各国对于案件信息的披露特权及其弃权问题,并没有明确的法律规定。由于案件信息披露与特权问题是案件取证工作的一部分,因此,依据仲裁程序准据法或仲裁软法确定披露特权,是国际社会当前的主流做法。② 当事人及相关主体在确定其不予披露信息时只能遵从仲裁地法、当事人约定,以及仲裁庭的自由裁量。在理德技术公司诉脸书公司(Leader Techs., Inc. v. Facebook Inc.)一案中,法院不认可出资者可得享有如代理律师相近的披露特权,并要求出资者如实披露其从当事人或其代理人处获知的案件信息。③ 一些出资者不认可该案的法官意见,认为其没有考虑当事人与律师之间的共同利益(common interests)原

---

① See International Council for Commercial Arbitration, *Report of The ICCA – Queen Mary Task Force on Third – Party Funding in International Arbitration*, Apr. 2018, p. 117.

② See International Council for Commercial Arbitration, *Report of The ICCA – Queen Mary Task Force on Third – Party Funding in International Arbitration*, Apr. 2018, p. 123 – 124. See also, Jonas von Goeler, *Third – Party Funding in International Arbitration and its Impact on Procedure*, International Arbitration Law Library, Vol. 35 Kluwer Law International (2016), p. 164 – 167.

③ Leader Techs., Inc. v. Facebook, Inc., United States District Court for the District of Delaware, Memorandum Opinion of 2010, 719 F. Supp. 2d 373.

则,亦未考虑律师工作成果的保密原则(work-product doctrine)。[①]

可见,无论适用何等原则,出资者能否比照代理律师享有案件机密信息的披露特权尚不确定。在没有信息披露特权,即专业保密权利的法域,当事人如何保护其为争议解决费用融资之目的而披露给出资者的案件秘密,仍存在较大的风险敞口。

综上所述,本部分讨论了第三方出资对于仲裁制度特有程序、原则和特性的冲击和潜在的风险敞口。尽管这些风险并不必然发生,但从制度设计上讲,出资者的出现是导致该等风险显现的主要原因,而这些风险又都集中于仲裁制度相较于其他争端解决机制所独有的优势之上。比如,仲裁制度中,仲裁员的独立性与公正性、仲裁程序的高度意思自治和信息保密(及衍生的专业保密特权),都可能受到第三方出资者的冲击——参与主体的多元化以及各主体间相对关系的复杂化,使仲裁制度所需考虑和约束的利害关系显著增多,管理难度提高。此外,仲裁制度还需接受司法监督,仲裁裁决仍需跨境承认与执行。可见,第三方出资者亦可能成为"搅局者",使裁决的确定力和执行力下降。因此,仲裁程序对第三方出资的开放与包容仍应建立在成熟和完善的系统性监管制度基础之上。

三、滋生虚假枉法裁判

第三方出资可能产生的风险,不只包括其对社会公共利益的影响或者是对仲裁制度本身的冲击,还包括可能触及刑事犯罪的虚假诉讼、仲裁等潜在的刑事罪责。在分析第三方出资的潜在负面因素时,也应考虑虚假诉讼、仲裁等可能损害司法仲裁制度的行为。

1. 增加虚假诉讼仲裁

近年来,中国司法改革,鼓励和倡导替代性争议解决机制,解决平等商事主体之间的纠纷的应用。然而,由于仲裁制度本身的设计和架构,

---

① See Burford Capital LLC, *Litigation Finance and Attorney Work Product.*

是以当事人为主导，并由非政府性质的企事业单位组织，即仲裁机构进行管理的。同时仲裁程序中，证据的制作和披露举证义务均由当事人完成，仲裁庭负责审查核实相关事实的真伪。一旦仲裁员受到案外人的不良影响，就有可能导致虚假事实被认定为有效，还有可能导致仲裁程序枉法，进而损害案外其他主体的合法权益。

之所以要考虑第三方出资对于仲裁程序的影响，以及可能产生的滋生虚假仲裁的现象，是因为第三方出资者作为一个存在间接利害关系而又不是案件当事人的主体，其介入仲裁程序之后可能对仲裁员、仲裁代理人及当事人提交的证据真实性产生消极影响。这种不利体现在，若第三方建议和引导当事人伪造、编造、虚构与案件事实不符的证据，将有可能导致仲裁案件的事实查明不真，从而导致仲裁员对案件事实认定不清，造成错误裁判。更有甚者，虚构事实材料，或者受到第三方影响的仲裁员，可能枉法裁判，破坏仲裁制度，乃至损害司法诉讼制度。这种行为甚至可以严重到刑事犯罪的程度，需要法律予以制裁。

《中华人民共和国刑法》（以下简称《刑法》）第九修正案中增加了虚假诉讼罪这一罪名。《刑法》（2020 年修正）第 307 条之一规定，“以捏造的事实提起民事诉讼，妨害司法秩序或者严重侵害他人合法权益的”构成该罪，应当施以处罚。2016 年，最高人民法院颁布了有关虚假诉讼的司法解释。[①] 对于涉及伪造、虚构证据、行贿受贿的司法裁判，公职人员和代理律师将受到法律的制裁。2018 年 3 月，最高人民法院出台了《关于人民法院办理仲裁裁决执行案件若干问题的规定》。本次规定的第 9 条明确了案外人可以申请不予执行的三种条件，其中之一即“有证据证明仲裁案件当事人恶意申请仲裁或者虚假仲裁，损害其合法权益”的情

① 参见《最高人民法院关于防范和制裁虚假诉讼的指导意见》，法发〔2016〕13 号，2016 年 6 月 20 日。

况。[①] 尽管目前立法或司法解释没有明确，虚假仲裁的准确定性条件，相关制度尚未建立健全，有待进一步完善，但防范虚假仲裁或可比照虚假诉讼的认定标准，并应受到法律的规制。

在中国广州仲裁委员会进行的一次实证考察中，100 件取样案例中涉及 9 宗不予执行的案件。这 9 宗案件均存在当事人虚构伪造案件事实，虚假设立法律关系，伪造证据证明的情形，法院依法裁定不予执行该等仲裁裁决文书。[②] 从仲裁制度的角度讲，这些案例确立了中国仲裁制度中的第三人制度系与案件关系存在利害关系的案外人，可以依法申请不予执行仲裁裁决。从第三方出资的角度讲，出资者有可能使案件情况复杂化，尤其是利用出资者的优势地位控制仲裁、虚构法律关系、伪造案件事实、串通仲裁员或影响仲裁庭裁判，这将有可能导致虚假仲裁的发生。

可以这样说，第三方出资的出现有可能导致仲裁员本身对于案件审理的公正性受到影响。虽然并非第三方出资者有意为之，但出资者与仲裁员、代理律师的长期业务交集和潜在共存关系，有可能触发虚假仲裁案件的频繁发生。而其损害的并不止于个案涉及的纠纷当事主体，更有甚者，可能侵害仲裁制度公正审理裁判的权威。

2. 可能侵害他人权利

从中国《刑法》有关虚假诉讼罪的认定标准可见，[③]第三方出资或可造成的虚假仲裁事件损害的法益涉及两点：一是妨害司法裁判秩序，包括仲裁审判的公正秩序；二是损害他人的合法权益，也就是说，滋生虚假枉法裁判，所造成的损害不只是制度性的，也是实体性的。所谓的实体

① 参见《最高人民法院关于人民法院办理仲裁裁决执行案件若干问题的规定》法释〔2018〕5 号，2018 年 3 月 1 日起施行。

② 《案外人以虚假仲裁为由申请不予执行的实证分析——基于 100 份案例样本》，载微信公众号"广州仲裁委员会"2019 年 8 月 8 日，https://mp.weixin.qq.com/s/bDcMWq4mUSoAPBiXDOyuTQ。

③ 参见《中华人民共和国刑法》(2020 年修正)，第 307 条之一。

是指他人的合法权益,这里的“他人”包括两类主体:其一,仲裁案件的相对方,由于受资助方或其代理人及至仲裁庭的部分组成人员,有可能伪造、变造、虚构证据,或枉法裁判损害案件项下另一方当事人的合法权益;其二,仲裁程序之外的案外人,其虽未参加仲裁程序,却是与案件实体纠纷存在利害关系的自然人或法人。

虚假仲裁案的发生,其中一大部分是由不具有系争标的所有权的主体,利用伪造证据、虚构法律关系等方式,进而达成仲裁协议,排除真正的利害关系人(或实际权利人)参与仲裁程序,最终利用虚假仲裁的裁决所生效力来损害真正权利人的。由于权利人未与案件当事人缔结仲裁协议,而未能加入仲裁程序而造成己方合法权益被枉法裁判侵害。

仲裁程序具有制度构建的特殊性,体现在仲裁程序本身需要以存在合法有效的仲裁协议为前提,仲裁协议则是附于交易文件(合同)之内或独立约定的仲裁意思表示。也就是说,仲裁协议与生俱来地具有合同相对性的特点。仲裁案件当事人必须是缔结合同关系的当事人。可是,合同所调整的缔约人财产权益关系,不只是建立债权债务关系,还通常会指向债权所附着的标的物的物权权利关系。因而,当事人适用仲裁程序解决纠纷的同时,双方规避了与合同标的权属相关的案外人进入仲裁程序,仲裁庭也由此受制于仲裁协议所赋予的有限范围的管辖权,而不能审理案外人提出的程序或实体抗辩。虚假仲裁正是利用了仲裁制度的设计特点,①具有目的非法性、行为隐蔽性、救济局限性,且可能导致妨碍司法程序,利用仲裁高效性、一裁终局及便于调解等特点,在较短时间内造成他人权益的损害。

因此,第三方出资可能导致当事人利用虚假仲裁方式谋取不法利益的可能性增加。随之而来的是,案外人的合法权益应当如何保护,如何

---

① 参见贾珅:《“虚假仲裁”的罪与罚》,载商法(China Business Law Journal)网 2019 年 2 月 20 日,https://law.asia/zh-hans/%E8%99%9A%E5%81%87%E4%BB%B2%E8%A3%81/。

对仲裁程序中涉及案外人的自身利益进行追踪和监督，给予其合法异议和申诉的渠道？目前来看，这些问题的解决均存在一定困难。一旦出资者利用以上种种仲裁制度特点造就便利，即将案外人合法主张排除于仲裁庭的审理范畴之外，将会给仲裁事业带来巨大的挑战。

3. 提供金融犯罪渠道

对于消极隐患的全面认识有助于建立健全规管制度，并且更为成熟地开展新业务，将风险防患于未然。

关于出资机制可能提供金融犯罪渠道这一问题，其本质是利用第三方出资的新型金融交易模式，牟取非法利益，具体涉及两类问题：其一，利用案件融资实施高利贷，前文已在第三方出资对社会公共利益的潜在影响中进行分析，明确在何等限度下出资行为可能被认定为构成违法，属于高利贷行为；其二，则是洗黑钱行为，如中国香港特别行政区法律委员改革委员会的评价，"像其他涉及金钱或金融服务的活动一样，有被用作清洗犯罪活动金钱得益的风险"①。

中国内地和香港特别行政区的刑事法律规范均包括洗钱罪，②即任何人如果知道或有合理理由相信任何财产是犯罪所得的，而仍处理该财产，为其掩饰、隐瞒来源和性质，为其提供资金账户或协助转化财产的，这类掩饰、隐瞒犯罪所得的行为即可入罪。如前所述，第三方出资者的介入或可导致虚假仲裁的发生，即由并非权利所有人的两方主体通过虚构法律关系、编造事实的手段，将不属于这两方主体的权利通过仲裁程序实现流转。如果将借助仲裁程序流转的权利限定于违法权益，如犯罪所得，那么仲裁目的就转变为了违法的洗钱目的，两方当事人之间的财

---

① 参见香港法律改革委员会第三方资助仲裁小组委员会：《第三方资助仲裁咨询文件》，2015年10月，第130页。

② 参见《中华人民共和国刑法》（2020年修正）第191条；香港特别行政区《贩毒（追讨得益）条》（第405章）、《有组织及严重罪行条例》（第455章），以及《打击洗钱及恐怖分子资金筹集（金融机构）条例》。

产权益流转将使这些经过仲裁审理确认后的权益合法化。如是，通过虚构仲裁或虚假仲裁方式，实现当事人两方之间的权利义务的流转，在非法的情况下即构成洗黑钱。这已超出了对仲裁制度、公民个体权益的潜在影响，跨越为对社会秩序、金融秩序的挑战。

第三方出资本身是一种金融工具，其所投资的产品属于一种另类的金融衍生品。首先需要注意的是，第三方出资可能带来的挑战是对金融秩序的破坏，以及利用金融市场实施犯罪的风险。对于仲裁制度、当事人合法权益的挑战则是第三方出资这种金融工具对于其所投向的特定行业的一种挑战。本书所述及的利用虚假仲裁进而实现洗钱等扰乱金融秩序的行为，是第三方出资可能对金融市场带来的重大挑战，应当引起金融监管当局的重视，制定配套措施、构筑防范机制，避免原本为便利当事人救济而设计的金融创新制度，沦为不法分子利用杠杆工具，实现其不法目的的手段。

综上所述，第三方出资有可能产生的虚假仲裁、枉法裁判的情形可能触及三个层面的权利义务和法益：第一，涉及对仲裁审理裁判制度本身的冲击；第二，涉及对仲裁案件项下财产的真正权利人（可能为案外人）的合法权益影响；第三，涉及对金融市场稳定和犯罪所得合法化危及的社会秩序与法益的侵害。就此，本书将在后续章节中进一步讨论，如何通过对金融监管和仲裁制度设计进行改良，同时，对第三方出资者加以规范，防范这些虚假仲裁、枉法裁判事件的发生。

四、扰乱律师行业管理

第三方出资可以为法律职业群体带来许多裨益，包括促进案件代理质量的提升，促进当事人选择代理人的法律代理能力的提升，促进代理人本身职业水平的提升，以及仲裁庭审判水平的提升等。尽管如此，第三方出资可能产生的负面影响，或者其对既有制度的潜在挑战，也将不局限于社会公共秩序层面和司法仲裁制度领域。甚至，第三方出资的引入还可能更为深入地影响，乃至变革一个巨大的利害关系群体——律师的职业生态。

律师在第三方出资中承担的角色是多面的，不同的律师在同一融资案件中可能承担不同的职责。以一般案件的出资流程为例，当事人最先接洽的律师，有可能成为第三方出资的案源人和案件介绍人，进而促成第三方与其当事人之间达成案件融资安排。而出资者所委聘的律师，则更加注重其在专项案件中的法律能力，负责对案件进行整体评估和审核，以帮助出资者确定该案件是否具备投资价值。最终，如果出资者确认进行出资，由当事人最终聘请的案件代理律师，将负责整个仲裁程序的推进，以最终取得仲裁裁决，并实现裁决确认权益的执行和财产价值的回收。由上可见，具备法律职业资质的律师在第三方出资中分担着不同职能，其真正的委托人各异，或将产生的受托职责和执业纪律也将经受考验。就此，新机制可能增加律师的执业风险。

1. 增大利益冲突风险

律师群体不仅要保证其具备充分的法律知识、充足的代理经验，还需要恪守其对法律和社会所应担负的公正性。因而，律师行业本身对于律师个体的纪律约束要高于其他服务行业。最显见的例子便是，律师要恪守职业道德，避免双向代理等可能招致利益冲突的情况。

在第三方出资案件中，尽管律师只会代理一方当事人，但是，这一律师也可能同时受聘于资助该方当事人的出资者，这就构成了同时代理的委托关系，即律师同时代理了出资者和出资者资助的受资助方当事人。多数情况下，公众不认为，该等同时代理的行为会导致利益冲突。然而，实务操作中却常常出现，出资者与受资助方当事人在司法裁判结果的进一步利益分配中存在此消彼长的利害关系。这时，律师同时代理出资者和受资助方，将有可能产生利益冲突，即无论维护哪一方的利益，都将使另一受托人的利益蒙受损失。

英美法系中，对于律师的职业道德及利益冲突规范有着明确的规定。代理律师永远服务于其委托人。为了避免利益冲突，境外第三方出资市场大多要求出资者具有独立的法律顾问；而受资助方当事人也应当选聘单独的专业律师，为其提供接受案件融资安排的专项法律意见，评估其是否应当接受，以及接受资助后的潜在利益得失。与此对应，代理律师在接受当事人请托进入仲裁程序之后，只对其委托人暨案件当事人负责，而不受出资者控制。相应地，出资者也受到其自发组织的行业联盟的纪律约束，不得过度控制或干预当事人委聘律师的代理活动。

总体而言，第三方出资对于法律职业人士而言，是一项具有积极意义的活动。它增加了法律服务的品类，扩大了提供法律服务的对象范围。但仍应警觉的是，律师在借助第三方出资参与争议解决案件时，应当明晰其委托人的身份，始终恪守为其委托人提供独立法律服务的职责，始终恪守其执业纪律，并尽最大努力避免不当利益冲突。

2. 提高律师代理费用

伴随律师法律服务需求的增加，律师代理费用是否会升高，由此是否会增加另一方当事人的诉累，也成为第三方出资可能带来的潜在挑战。英美法系国家中，英国、新加坡、澳大利亚和中国香港特别行政区的商事仲裁代理律师的平均收费，中国香港特别行政区最高，新加坡次之，而英国和澳大利亚等则较低。中国香港特别行政区和新加坡，作为亚太最为核心和重要的国际仲裁地，法律服务供应的稀缺性与法律需求的广泛性，导致其代理费用水涨船高。第三方出资的介入也是同样。它不仅使同一案件所需要的专业法律人士大幅提高——因为出资者与受资助方及相对方均需要专业的法律人士，也正由于第三方出资的引入和刺激，进一步增加了仲裁案件的整体数量，使法律服务需求增长。因同一市场中的法律服务资源是有限的，法律服务价格势必存在上升的压力。

换言之，第三方出资到底是降低了当事人参与诉讼仲裁的门槛，还是增加了他们的费用成本呢？显而易见，对于接受了第三方出资的当事人而言，他们无须考虑仲裁的服务费用和额外产生的其他法律费用，因而，这些当事人得以趋近司法公正，维护其合法权益。与之相较，那些没有接受第三方出资的当事人，如案件项下的相对方当事人，以及其他运用自有资金进行仲裁的当事人,或将由于法律服务市场的费用升高,而导致自身维权成本升高。那么,第三方出资对于这些未采用案外人出资机制的当事人而言,实际可能产生消极影响。

回归仲裁制度本身,其本旨是一种当事人之间的替代性争议解决制度,定位于定分止争,化解商事经济交往中的误解和分歧。调解矛盾的社会功能定位应当优先于谋求经济价值的目的。对于第三方出资的介入,只有不断完善与普及,才能降低所有当事人的争议解决成本,最终实现当事人高效、低廉地解决纠纷。如果只能为一部分群体谋取个别利益,该机制将有可能扰乱正常的法律服务供应关系。就此,律师行业组织,如律师协会等,应当与仲裁机构、第三方出资机构协商合作,防范出资者对正常法律服务价格的扰动。

3. 扩大律所经营范围

根据我国法律,律师事务所不得从事律师代理服务以外的其他业务活动。① 第三方出资与以往的律师法律服务范围有一些区别,它是本身作用于法律服务市场的一种金融活动。当事人,包括自然人、法人和其他组织,并不一定可以轻易辨别从事第三方出资业务的律师与代理其纠纷案件的律师事务所之间的界限。但是,当事人与代理律师之间建立的是委托代理关系,与案件出资者之间则是一种共同投资关系——当事人将其持有的诉权与出资者提供的资金相结合,实现对未来裁决权益的一种共同投资。诚然,第三方出资并不属于律师的传统代理服务范畴,而是一种涉及专项融资的金融活动。在美国,个别律师事务所设立有专项资金池,用于从事第三方出资的经营活动,并且取得了明显的经济效益。但是,我国律师法已经明确规定,律师事务所为特殊的有限合伙制的法人组织,不能以律师事务所的名义经营其他业务类型。因此,中国内地的律师事务所不能作为出资者直接开展第三方出资业务。

---

① 《中华人民共和国律师法》第27条。

第五章 第三方出资的应用与二元监管

通过系统分析,本书前述章节阐述了第三方出资的准确概念界定、历史成因和局限,以及各国或地区立法实践和国际仲裁实务情况。同时,本书也分析探讨了第三方出资的积极法律价值,既包括宏观层面的社会效益,也包括微观层面对于仲裁案件中当事人的裨益;第三方出资可能存在的潜在法律风险,涉及社会公共政策、司法仲裁制度、各方当事人权益与律师执业道德等方面。基于利弊影响,本书进一步梳理了第三方出资需要遵守的特定义务,进而就第三方出资的规管办法进行了全面分析和阐释。本章就第三方出资在中国内地的应用可行性进行分析和探讨。

第一节 中国内地仲裁中的应用前景

毋庸置疑，中国内地商事仲裁事业的发展是高速的，仲裁程序的便捷性与事业开展的普遍性在全球各主要经济体中均属最为发达之一。民商事主体愿意选择仲裁方式解决纠纷的意愿，在世界各国之中也位居前列。中国内地商事仲裁，以机构仲裁为前提，因而较为系统、规范地发展为平行于司法诉讼程序的替代性民商事争议解决机制，具有处理案件金额标的较大，案件情况复杂度高，所需审理裁判的专业知识储备广，涉及的当事人主体的商事特性强等特点。① 同时，因仲裁程序的高度自治、保密、域外执行与审理效率高等优势，受到内地当事人以及在内地从事商业活动的境外公司、代表处的欢迎。无疑，巨大的仲裁市场为第三方出资在内地商事仲裁程序中的应用提供了更多发展潜力。但目前，内地民商事主体对第三方出资并不了解，也不熟悉争议解决案件的专项融资方案，虽存在解决纠纷的意愿与接收融资安排的可能性，但还需在制度和市场上加以规范和引导。本节将着重探讨中国内地商事仲裁的市场环境，以及开展第三方出资业务的市场潜力。

一、商事仲裁的迅猛发展

清晰而全面地认识中国内地仲裁行业，有助于分析第三方出资在中国内地引入的必要性，同时亦可辅助第三方出资者和从事第三方出资业务的实务者和投资机构了解内地仲裁市场环境及其未来的发展空间。一言概之，内地商事仲裁市场在经历良好的市场认知和培育后，仲裁公信力不断得到加强，仲裁作为争端解决的主要途径之一已得到境内、外

① 参见宋连斌、傅攀峰、陈希佳：《中国商事仲裁年度观察（2016）》，载林志炜主编：《中国商事争议解决年度观察2016》，中国法制出版社2016年版，第44页。

商事主体的逐步认可，具备引入第三方出资的基础。

（一）中国内地仲裁法治

商事仲裁活动需要以立法规范为指引，行政部门规范和司法系统监督作为保障。中国内地进行商事仲裁具有鲜明的特征，既是备受瞩目的仲裁流行地，又与国际仲裁存在区别。尽管中国内地仲裁人以国际仲裁实践为模板，努力学习和借鉴有关经验，但仍糅合民族文化特性，有着自成体系的若干特点。比如，虽然2023年中国海事仲裁委员会（以下简称中国海仲）依约作为指定机构为国内首起适用《海协临时仲裁规则》的临时仲裁案件提供了支持服务，但中国内地尚欠缺临时仲裁相关法律规定，仅接受由仲裁委员会（仲裁机构）管理的仲裁案件；内地商事仲裁与投资仲裁的审理制度相对分离，商事仲裁采一裁终局制；开展仲裁业务具有数量多、金额少的特点，其中，仲裁委员会数量多、从业人员大、管理案件金额相对全球主要仲裁机构的平均金额略低；仲裁活动受到行政管理部门的检查，仲裁案件则接受国家司法系统的监督等。

1. 中国内地立法、行政与司法

仲裁法治包括仲裁的立法法治、行政法治和司法监督。在立法层面上，中国内地1994年颁布《中华人民共和国仲裁法》（以下简称《仲裁法》），调整内地商事仲裁活动，并于1995年1月1日起实施。并且，中国于1987年缔结联合国《关于承认与执行外国仲裁裁决公约》，即《纽约公约》；①于1990年签署联合国《关于解决国家和他国国民之间投资争端公约》，即《华盛顿公约》；②于2019年签订联合国《关于调解所产生的

① See Jurisdictions of China on the official website of New York Convention, available at http://newyorkconvention1958.org/index.php?lvl=cmspage&pageid=11&menu=568&opac_view=-1.

② See ICSID official website for the Members of the ICSID Panel: China, available at https://icsid.worldbank.org/en/Pages/about/MembershipStateDetails.aspx?state=ST30.

国际和解协议公约》,即《新加坡公约》;①并且签署了《承认与执行外国民商事判决公约》的文本(未正式缔结该公约)。②

在行政管理方面,国务院办公厅、司法部对仲裁制度进行监督并给予支持。③ 2018 年 3 月,第十三届全国人民代表大会第一次会议第四次全体会议决定,将司法部和国务院法制办的职责整合,重新组建司法部,包括对仲裁行业的管理交由新组建的司法部负责。④ 根据司法部公布的《仲裁委员会登记管理办法(征求意见稿)》的规定,司法部及各省级政府司法部门将负责审核仲裁委员会的登记申请和备案,并对每一仲裁委员会的工作情况进行年度检查,切实担负对仲裁行业的行政监督和管理职责。⑤

在司法监督方面,最高人民法院颁布了《仲裁法》的司法解释,配套于仲裁立法进行司法监督的裁判指引,对仲裁活动中涉及的各种问题进行细化。此外,最高人民法院通过案件审判指导和复函的方式指导仲裁业务的开展。针对涉外仲裁案件,最高人民法院先后颁布《关于人民法院处理与涉外仲裁及外国仲裁事项有关问题的通知》(1995 年 8 月 28 日,法发〔1995〕18 号)和《关于认定仲裁协议无效和不执行涉外裁决须逐级上报的规定》,对于审理境外(含外国及港澳台地区)合同中仲裁条款效力认为无效、约定不明或无法执行的,以及外国仲裁机构所作仲裁裁决不符合我国缔结公约规定与互惠原则的,在作出否定性裁判之前,须报请本辖区高级人民法院同意,并报最高人民法院取得同意答复之

① 参见王丽丽:《中国签署〈新加坡调解公约〉》,载新华网 http://m.xinhuanet.com/2019-08/07/c_1124849699.htm。

② 参见中国驻荷兰王国大使馆:《海牙国际私法会议第 22 届外交大会通过〈承认与执行外国民商事判决公约〉》,载微信公众号“中国驻荷兰王国大使馆”2019 年 7 月 3 日,https://mp.weixin.qq.com/s/bjDYuZLc9yeCadB30uWQA。

③ 中共中央办公厅、国务院办公厅《关于完善仲裁制度提高仲裁公信力的若干意见》,2018 年 12 月 31 日印发。

④ 参见《机构改革方案:不再保留国务院法制办 重新组建司法部》,载《人民日报》2018 年 3 月 13 日。

⑤ 参见《仲裁委员会登记管理办法(征求意见稿)》第 7、27 条。

后，方可作出裁判。此举建立了人民法院对涉外仲裁协议效力与外国仲裁裁决的逐级审批制度，进一步贯彻和保障了《纽约公约》在中国内地的执行，也更加审慎地施行了否定仲裁条款效力、否决仲裁裁决执行的司法审查标准。

可见，中国目前已形成以立法指导、行政管理和司法监督三位一体的仲裁制度保障体系，规范和监管行业发展。同时，随着“一带一路”建设，中国与世界的合作加强，中国同“一带一路”共建国家经贸合作的深入、工程建设的增加和经济交往的繁茂，必然导致潜在争议解决案件的发生，而中国政府倡导以多元化争端解决机制为主的国际合作和国际纠纷解决方式，仲裁制度成为多元化争端解决机制的首选方案。

2. 中国内地商事仲裁实务现状

中国内地商事仲裁行业的正式确立与快速发展始于 1994 年《仲裁法》的颁布。自 1995 年 1 月 1 日该法律实施起，内地仲裁事业的发展速度迅猛，始终保持在年均增长率超 30% 的快速增长期。近年来，响应中共中央、国务院有关多元化争端解决机制建设的倡议，当事人对仲裁制度的认可程度进一步提高，仲裁机构的案件受理数量呈井喷式增长。

可以说，内地商事仲裁市场在仲裁委员会数量、案件受案数量、案件处理争议金额总量、涉及的仲裁从业人员数量等方面都已居于世界前列。作为替代性争端解决机制，内地仲裁行业分担商事司法审判工作职能，实现成熟商业主体快速解决争议的功能仍将进一步发展。随着最高人民法院对司法审级定位与各级别法院职责功能不断细化完善，商事主体将会越来越多地选择程序便捷、执行领域广袤的仲裁机制。第三方出资也将在中国内地仲裁市场中占有广泛的应用空间和前景。

3. 中国内地受理涉外仲裁情况

根据 1994 年颁布的《仲裁法》第七章有关涉外仲裁的规定，①内地

---

① 《中华人民共和国仲裁法》(1994 年)第 65 ~ 73 条。

进行的无涉外因素仲裁案件与涉外仲裁实行双轨制管理,对于具有涉外因素的仲裁案件,仲裁委员会和仲裁庭组成人员的选任、仲裁庭审与举证,及仲裁裁决的执行均有特别规定。1997年,最高人民法院在其颁布的《关于实施〈中华人民共和国仲裁法〉几个问题的通知》中继续使用了"涉外仲裁案件"的表述方式,①并明确了人民法院对申请执行仲裁裁决的涉外仲裁案件的司法审查标准,将不涉及对仲裁案件的实体问题进行审查。

对于涉外案件中"涉外民事关系"的界定,参考最高人民法院《关于贯彻执行〈中华人民共和国民法通则〉若干问题的意见》和《关于适用〈中华人民共和国涉外民事关系法律适用法〉若干问题的解释(一)》等有关规定,对于案件当事人国籍或经常居所、案涉标的物、案件法律关系的产生、变更或消灭等因素发生于中国领域之外的,可认定为涉外民事关系。② 按照最高人民法院《第二次全国涉外商事海事审判工作会议纪要》精神,这些涉外因素案件的仲裁协议效力、仲裁裁决审查按涉外仲裁案件规定进行。③ 以贸仲委为代表的内地仲裁委员会,所受理的涉外仲裁案件数量日渐增加,其绝对数量呈逐年上升的趋势,案件涉及的当事人也来自多达60个国家和地区,向国际化不断发展。④

此外,针对中国香港特别行政区、澳门特别行政区和台湾地区与中

① 《最高人民法院关于实施〈中华人民共和国仲裁法〉几个问题的通知》(1997年3月26日,法发〔1997〕4号),第2条。

② 《最高人民法院关于贯彻执行〈中华人民共和国民法通则〉若干问题的意见》[1988年4月2日,法(办)发〔1988〕6号],第178条;最高人民法院《关于适用〈中华人民共和国涉外民事关系法律适用法〉若干问题的解释(一)》(2012年12月10日,法释〔2012〕24号),第1条。

③ 最高人民法院《第二次全国涉外商事海事审判工作会议纪要》(2005年12月26日,法发〔2005〕26号),第58、79条。

④ 参见《中国国际经济贸易仲裁委员会2018年业务工作总结和2019年业务工作计划》,载 http://www. ccpit. org/Contents/Channel _ 3528/2019/0218/1127032/content_1127032. htm,2023年10月8日访问。

国内地(大陆)之间的商事仲裁案件,也比照涉外仲裁案件的标准进行管理和审查。① 对此,最高人民法院还分别与中国香港特别行政区、澳门特别行政区和台湾地区签订了有关仲裁的司法协助安排。② 甚至,对包括仲裁程序中的相互协助保全安排,中国内地业已与香港特别行政区达成了特别的约定。③ 内地(大陆)与中国香港、澳门特别行政区及台湾地区的仲裁活动交往频繁,尤其是在中国香港特别行政区审理的涉及内地当事人的仲裁案件占比高。以中国香港国际仲裁中心的年度统计数据为鉴,该中心所受理的仲裁案件中,超过 7 成的仲裁案件当事人来自中国内地,其仲裁活动与内地商业活动密不可分。④

除去上述涉外仲裁案件外,最高人民法院于 2016 年年底发布《关于为自由贸易试验区建设提供司法保障的意见》,支持在自贸区内建设多元化纠纷解决机制,对涉外仲裁协议效力的审查标准进行明确,对区内设立企业约定外国仲裁机构进行仲裁的条款效力予以认可。⑤ 近年来,伴随自贸区的改革创新,境外仲裁机构陆续在中国内地自贸区范围内成立办事处,负责在华业务拓展并提供部分案件的开庭场所。⑥ 但是,境外仲裁机构在自贸区内进行仲裁及所作仲裁裁决是否依据中国内地仲裁立法和行政规范管理,又是否适用中国内地就境外裁决的承认与执行

---

① 参见宋连斌:《两岸四地间相互执行仲裁裁决:过去、现在及将来》,载中国广州仲裁委员会主办:《仲裁研究》第 41 辑,法律出版社 2017 年版。

② 《最高人民法院关于内地与香港特别行政区法院就仲裁程序相互协助保全的安排》(法释〔2019〕14 号)。

③ 《最高人民法院关于香港仲裁裁决在内地执行的有关问题的通知》(法〔2009〕415 号)。

④ See HKIAC, 2018 *Statistic*, HKIAC, https://www.hkiac.org/about-us/statistics.

⑤ 《最高人民法院关于为自由贸易试验区建设提供司法保障的意见》(法发〔2016〕34 号)。

⑥ 2015 年 11 月 19 日,香港国际仲裁中心在上海自贸区设立自贸区代表处;2016 年 2 月 24 日,国际商会仲裁院在上海自贸区设立仲裁办公室;2016 年 3 月 3 日,新加坡国际仲裁中心在上海自贸区设立代表处。

审查标准，尚无定论。①

可以预见的是，伴随内地仲裁实践的国际化，以及司法机关、行政管理机关的监督越来越国际化，境外仲裁机构在中国内地进行仲裁活动，可得许可的可能性大幅增加。境外仲裁机构在中国内地管理案件并审理裁判的案件已经出现，随之而来的是，对于这些仲裁裁决的国籍，以及裁决的效力应根据哪一标准进行承认和执行的问题，也曾引起仲裁业界的广泛讨论。

目前，最高人民法院在“龙利得案”和“北仑利成案”中，分别认可了约定由国际商会仲裁院在上海、北京进行仲裁的仲裁协议效力。② 地方上，厦门市中级人民法院认可外国仲裁机构在内地进行仲裁的仲裁协议效力；③宁波市中级人民法院还执行了根据近似仲裁协议作出的仲裁裁决，其理由依据了《纽约公约》有关“非内国裁决”的规定。由于内地对于仲裁裁决的国籍采用“仲裁机构所在地”的标准进行认定，即裁决可以分为国内仲裁裁决、涉外仲裁裁决（含港澳台地区），以及符合《纽约公约》规定的外国仲裁裁决。对于不同类的仲裁裁决，需按照不同审查标准和执行理据进行认定。

而对于“非内国裁决”的态度，理论界和实务界存在较大争论。有学者将由外国仲裁机构在中国内地作出的仲裁裁决归为“非内国裁决”，并认为应当适用《纽约公约》予以承认和执行；④亦有学者认为，此类裁决不符合我国《中华人民共和国民事诉讼法》与《仲裁法》对内地裁决应由

---

① 宋连斌、王珺：《国际商会在中国内地仲裁：准入、裁决国籍及执行——由宁波中院的一份裁定谈起》，载《西北大学学报（哲学社会科学版）》2011 年第 3 期。

② 《最高人民法院关于申请人安徽省龙利得包装印刷有限公司与被申请人 BP Agnati S. R. L 申请确认仲裁协议效力案的请示的复函》，（2013）民四他字第 13 号；《最高人民法院关于宁波市北仑利成润滑油有限公司与法莫万驰公司买卖合同纠纷一案仲裁条款效力问题请示的复函》，（2013）民四他字第 74 号。

③ 福建省厦门市中级人民法院民事裁定书，（2004）厦民认字第 81 号。

④ 参见赵秀文：《从相关案例看 ICC 仲裁院裁决在我国的承认与执行》，载《法学》2010 年第 3 期。

仲裁委员会作出的规定,亦不符合我国缔结《纽约公约》时的保留声明,不应予以承认,地方人民法院作出的承认与执行裁判不可作为先例进行遵循。①

(二)仲裁发展趋势

国际仲裁制度的发展并非一帆风顺,而是在曲折中前进的。② 国际仲裁界,对于适用仲裁方式解决投资者与国家之间纠纷的批评声音越来越多,对国际投资仲裁制度进行改革的建议不绝于耳。同样,商事仲裁是"风华秋实"还是"凛冬将至",③业界领袖对于仲裁行业的发展前景也是众说纷纭。无疑,预言永远是困难的,尤其是针对未来仲裁实践的预测。④ 中国内地商事仲裁行业的发展具有中国特色,在追赶国际先进水平的同时,也在不断与本土国情相结合,发展贴合中国传统争议解决文化,反映现时纠纷处置水平,朝承担商事纠纷、跨境争议解决的职能方向发展。

2018 年,伴随《仲裁法》颁布实施接近 25 年,立法改革也已纳入全国人大常委会立法规划。⑤ 中国仲裁法学研究会等一批国内仲裁学术

---

① 参见李庆明:《境外仲裁机构在中国内地仲裁的法律问题研究》,载《环球法律评论》2016 年第 3 期。

② See Institute for Transnational Arbitration, *A Conversation with Professor William W. (Rusty) Park-as Interviewed by Professor Catherine A. Rogers*, 34 Arbitration International 2018, p. 508.

③ See William W. Park, *Arbitration in Autumn*, Vol. 2:2 Journal of International Dispute Settlement (2011), p. 287 – 315; see also Gary Born, *Winter is Coming*, speech on the 33rd Freshfields and Queen Mary arbitration lecture on Nov. 16, 2018, available at https://riskandcompliance. freshfields. com/post/102f5vi/freshfields-hosts – 33rd-annual-freshfields-and-queen-mary-university-arbitration – 1.

④ See Institute for Transnational Arbitration, *A Conversation with Professor William W. (Rusty) Park-as Interviewed by Professor Catherine A. Rogers*, 34 Arbitration International 2018, p. 507.

⑤ 参见《十三届全国人大常委会立法规划》,载中国人大网,www. npc. gov. cn/zgrdw/npc/xinwen/2018 – 09/10/content_2061041. htm。

组织和专家也在研讨中国仲裁法的修改事宜。[①] 中国仲裁事业将呈现以下发展趋势和特征。

第一,仲裁制度作为多元化争端解决机制中的重要一员,将进一步发挥商事纠纷解决职能,扩大其在国内商事纠纷审理中的功能作用。以仲裁方式解决商事主体之间的民商事纠纷将更加流行,[②]甚至呈现一种替代诉讼审判的常态化趋势。

作出这一预判的理据有二:其一,内地对民商事审判制度,特别是审级制度的调整与完善,使商事仲裁成为跨越内地地理限制与地域保护嫌疑的唯一途径,促进商事仲裁制度的进一步发展;其二,内地商事仲裁的良好、有序发展,使其在商事主体间已逐步获得认可,一裁终局与裁决跨境执行力将保障商事仲裁优越于其他争端解决机制,得到境内、外商事主体更多青睐和选择。

前一方面,契合中共中央在第十八届四中全会中提出的"完善审级制度"建议,人民法院司法审判级别将更加侧重于:一审重在事实认定和法律适用;二审侧重事实和法律正义;再审依法纠错,建立有效的四级二审制。[③] 为此,最高人民法院于 2019 年 5 月 1 日上调了法院审理级别标准,将 50 亿元人民币以下的案件争议交由中级人民法院管理,原则上最高人民法院不再受理二审。[④] 然而,该审级改革将使当事人向最高人民法院提起上诉的可能性大大降低,也使跨省进行诉讼、上诉的可能性大幅降低。对此,不同省份的当事人若发生争议,有可能产生因在对方属

① 参见中国仲裁法学研究会:《中国仲裁法修改首次专题研讨会在京成功举行》,2019 年 4 月 1 日。

② 参见罗嘉威:《仲裁与诉讼的分流机制研究——以司法文明建设为视角》,载《政法论坛》2019 年第 3 期。

③ 参见习近平:《关于〈中共中央关于全面推进依法治国若干重大问题的决定〉的说明》,载新华网,http://www.xinhuanet.com//politics/2014-10/28/c_1113015372.htm。

④ 《最高人民法院关于调整高级人民法院和中级人民法院管辖第一审民事案件标准的通知》(法发〔2019〕14 号),第 2 条。

地进行诉讼的不信赖,谋求在均非两方当事人所在地的第三地进行纠纷解决的诉求。

后一方面,国家从战略高度"支持'一带一路'国际商事纠纷通过调解、仲裁等方式解决,推动建立诉讼与调解、仲裁有效衔接的多元化纠纷解决机制"①。与之相应,司法部和最高人民法院均支持仲裁制度的全面建设与快速发展。② 民商事主体也对以商事仲裁制度为代表的多元化纠纷解决机制愈加青睐,自 2018 年以来,国内头部仲裁机构的仲裁申请接收数量与大标的额(超过 1 亿元)案件受理数目均印证了商事主体对于中国内地商事仲裁的认可。可以预见,中国仲裁市场在一段时间内将会呈现井喷式增长,以消解、分化并吸收司法诉讼管辖分流来的民商事争议解决需求,仲裁事业的发展也将更进一步提速。

第二,中国内地商事仲裁的程序规范已初步建立,仲裁受理、审理和裁判制度基本稳定化,仲裁委员会对仲裁案件的管理水平将会进一步提高,仲裁裁决被撤销或不予执行的概率将控制在可控范围内,仲裁审理向着更为专业、成熟、公正和高效的方向发展。内地头部仲裁委员会之间案件管理质量的差异将会缩小,当事人选择仲裁委员会的主要考察因素将会围绕便利性出发。

一直以来,中国内地商事仲裁制度的起步时间晚,各地发展成熟度差异化严重。截至 2023 年统计,中国内地依法登记设立的仲裁委员会有 277 家,③头部 5 家仲裁机构年度受理案件标的总数已占比

① 中共中央办公厅、国务院办公厅:《关于建立"一带一路"国际商事争端解决机制和机构的意见》。

② 参见陈磊:《提升社会治理能力将矛盾消弭于基层 多元化纠纷解决体系日臻完善》,载《法制日报》2019 年 9 月 2 日;罗东川:《完善仲裁司法审查制度》,载法制网 2019 年 4 月 16 日,http://cicc.court.gov.cn/html/1/218/149/156/1201.html。

③ 张维:《中国国际商事仲裁机构国际影响力正逐渐扩大》,载法治网,http://www.legaldaily.com.cn/Arbitration/content/2023-09/06/content_8915755.html。

过半,①当事人对仲裁机构的选择集中度极高。但可喜的是,北京、上海、深圳、广州、武汉等城市所在地仲裁机构的发展趋势良好,国际先进仲裁制度的引入和应用较快,如紧急仲裁员制度等,已逐步形成声誉高、专业度强、可执行力有保障的"头部"仲裁机构群,能够为内地商事主体提供多个优质的仲裁程序管理机构。而且,头部仲裁机构的管理水平与国际化程度已呈趋近态势,当事人将可出于审理便利的需求,在更大范围内遴选境内仲裁机构。譬如,涉外商事仲裁领域,原来仅有贸仲委能够胜任案件管理、准确把握域外送达、取证和裁决事宜,而目前,各主要地方仲裁委(包括更名为国际仲裁院/中心的机构)业已具备自己的涉外仲裁审理制度、外籍仲裁专家和涉外仲裁案件的管理经验。头部仲裁机构之间的差距正在缩小,当事人对其选择将更多基于案件审理便捷性的考虑出发。

第三,中国内地商事仲裁将成为中、外当事人处理境外纠纷的重要解决途径,也将成为中方当事人参与国际商事仲裁和投资仲裁的试验场。随着贸易摩擦加剧与反全球化思潮兴起,中国当事人对外经济交往所面临的风险敞口不断加大,而处理境外争议普遍是通过外国法院或境外管理的国际仲裁庭。对此,中国内地当事人对境外法律途径并不熟悉,力争将纠纷管辖锁定在内地。参与内地商事仲裁、了解仲裁制度,是

① 参见中国国际经济贸易仲裁委员会:《贸仲委 2022 年工作报告(图文版)》,载微信公众号"中国国际经济贸易仲裁委员会"2023 年 1 月 18 日,https://mp.weixin.qq.com/s/C_RTwxEXWo2RInBeXxrjDA;北京仲裁委员会:《2022 年度工作报告》,载微信公众号"北京仲裁委员会"2023 年 1 月 19 日,https://mp.weixin.qq.com/s/_6iaYsgeo-mpwml9obmPoQ;上海国际仲裁中心:《2022 年度仲裁业务报告》,载微信公众号"上海国际仲裁中心"2023 年 1 月 12 日,https://mp.weixin.qq.com/s/LYCume1fziJWw16bShbNtg;深圳国际仲裁院:《2022 深圳国际仲裁院高质量发展数据概览》,载微信公众号"深圳国际仲裁院"2023 年 1 月 29 日,https://mp.weixin.qq.com/s/2uFzq5GvGI1ILvSZHiIZKQ;香港国际仲裁中心(HKIAC):《HKIAC 发布 2022 年数据》,载微信公众号"香港国际仲裁中心 HKIAC"2023 年 1 月 30 日,https://mp.weixin.qq.com/s/OyGulh7ci2712UXpj3klgA。

中方参与境外仲裁程序的前提。为此,内地商事仲裁势必将加大对具有涉外因素案件的管理频次,加强对境外纠纷解决的参与力度。目前,为解决“一带一路”商事纠纷、投资纠纷,内地仲裁机构已经或着手订定投资仲裁规则,并在“一带一路”沿线国和热点投资区域成立办事处,或与当地仲裁机构建立战略合作关系,为内地仲裁委员会在域外提供仲裁服务做足准备。①

第四,中国内地仲裁裁决的执行力将得到进一步加强:在内地,仲裁裁决被撤销或不予执行的比例和绝对数量均呈下降趋势;在港澳台地区,与仲裁程序相关的司法协助业已得到空前强化;②在其他国家,内地商事仲裁依《纽约公约》得到承认与执行的案例虽不常见,但被外国法院拒绝的案例更为鲜见。伴随内地商事仲裁制度的不断完善,裁决的境外执行力将进一步强化。现阶段,司法判决、仲裁裁决和经调解的和解协议均可作为约束纠纷当事人的法律文件进行跨境执行,但各类文件的执行依据与执行力度不一。跨境执行仲裁裁决依托的《纽约公约》是缔结时间最早、参与国家最多的有关平等商事主体争议解决的国际公约,逾60年的时间积淀和历史发展仲裁制度已成为解决商事实体跨境争议最重要的手段,97%的受访者将其作为首要选择方式。③

第五,商事仲裁所包括的纠纷类型将进一步扩大和明确,专业知识

① 参见《中国仲裁“走进非洲”——深圳国际仲裁院访问非洲,促进中非仲裁和经贸合作》,载深圳国际仲裁院官网2017年11月30日,https://www.scia.com.cn/Home/Index/newsdetail/id/2629.html。

② 最高人民法院颁布实施了系列安排:《关于内地与香港特别行政区法院就仲裁程序相互协助保全的安排》(法释〔2019〕14号)、《关于内地与香港特别行政区相互执行仲裁裁决的安排》(法释〔2000〕3号)、《关于内地与澳门特别行政区相互认可和执行仲裁裁决的安排》(法释〔2007〕17号)、《关于内地与澳门特别行政区法院就民商事案件相互委托送达司法文书和调取证据的安排》(法释〔2001〕26号)和《关于认可和执行台湾地区仲裁裁决的规定》(法释〔2015〕14号)。

③ See Queen Mary University of London, 2018 *International Arbitration Survey: The Evolution of International Arbitration*, p. 5.

储备要求高、行业特征性明显的纠纷类别或将纳入商事仲裁的管辖范畴。根据我国《仲裁法》第 2 条的规定，平等主体之间发生的合同纠纷和其他财产权益纠纷可以仲裁。但我国立法没有明确规定，诸如反垄断纠纷、知识产权争议和涉及破产程序的财产权益纠纷能否通过仲裁方式解决。

以反垄断纠纷为例，理论界与实务界均存在广泛的讨论，从发展趋势上看，商事仲裁制度得到越来越多的仲裁实务人士、法官和当事人的认可，但一些固有的边界仍需遵守。在最高人民法院作出的一宗管辖权裁判案件中，法院认为，根据《中华人民共和国反垄断法》(2007 年)第 1 条、第 38 条和第 50 条的规定，行政执法和民事诉讼是认定和处理垄断的方式，而仲裁方式并未列明。因此，该案驳回了当事人申请通过双方存在的仲裁协议提交仲裁管辖的申请。① 与之相反，北京市高级人民法院则在稍早的一宗关联案件中，认可当事双方按其约定的仲裁协议交由仲裁庭审理涉及认定滥用市场支配地位的争议。② 两宗案件截然相反的观点也凸显了反垄断争议可仲裁性的争论。实际上，参考美国、英国、加拿大和法国的实践，越来越多的法域已逐步实践仲裁处理反垄断争议。③ 我国学者也支持，特定类别的反垄断争议具有可仲裁性。④

此外，对于知识产权纠纷中的专利权争议能否仲裁，航空仲裁的受

---

① 最高人民法院民事裁定书，(2019)最高法知民辖终 47 号。

② 北京市高级人民法院民事裁定书，(2019)京民辖终 44 号。

③ Mitsubishi v. Soler Chrysler – Plymouth, 473 U. S. 614 (1985); Societe Almirante Films v. Pierre's es qual, Paris Court of Appeal, 1989 – 02 – 16; Desputeaux v. Editions Chouette (1987) In., 2003 SCC 17; Fulham Football Club (1987) LTD v. Richards, [2011] EWCA Civ 856; *Justice Department Sues to Block Novelis's Acquisition of Aleris*, Department of Justice (Sep. 4, 2019), https://www. justice. gov/opa/pr/justice-department-sues-block-noveliss-acquisition-aleris – 1.

④ 参见杜新丽：《从比较法的角度论我国反垄断争议的可仲裁性》，载《比较法研究》2008 年第 5 期；林一飞：《仲裁裁决抗辩的法律与实务》，武汉大学出版社 2008 年版，第 226 页。

案范围,有关文娱、体育产业的行业仲裁等事项,均曾引起内地学者的议论。随着商事仲裁制度的不断发展,专业化程度将进一步深化,这些专项纠纷的解决需要更为专精的仲裁配套服务。

第六,商事仲裁的配套服务供应将不断完善,仲裁便利化趋势持续。近年来,内地商事仲裁市场引入科技应用、金融服务的成功案例增多,仲裁机构在接受仲裁申请的同时,也在不断研发便利当事人的案件审理方式,并努力尝试降低仲裁案件的办案成本。在科技应用方面,中国南方的仲裁委员会成为实践科技创新的先行者。中国广州仲裁委员会、深圳国际仲裁院和杭州仲裁委员会相继引入了"网络仲裁""智慧仲裁"等科技应用方式,实现案件的网上申请、送达和审理,期冀提高案件裁判效率和裁决质量。①

在金融服务方面,内地仲裁机构也出现与金融投资机构合作的事例,意图战略开发和建设仲裁案件管理的相关创新服务。② 仲裁费用改革破冰,凸显了当事人申请仲裁的案件收费过高及制度不透明的问题。在 2019 年 9 月 1 日北仲委颁布和实施的新仲裁规则下,仲裁收费方式发生了里程碑意义的改变,仲裁费用不再与案件争议金额挂钩,而可以采用国际通行的小时费率制计收。一直以来,内地仲裁委员会收取仲裁费,是按照国务院办公厅于 1995 年颁布的《仲裁委员会仲裁收费办法》的有关规定,③依申请人提出的仲裁请求金额分别收取受理费和处理费的。这两项费用均与案件争议标的金额相挂钩,按照阶梯计费。从仲裁

① 参见《杭州仲裁委员会智慧仲裁平台简易案件电子书面审理仲裁规则》(2018 年 11 月 23 日通过)。

② 参见张雪囡:《360 金融与哈尔滨仲裁委达成战略合作》,载证券时报网 2019 年 6 月 17 日,http://news.stcn.com/2019/0617/15188295.shtml;黄蕾:《中国平安与深国仲共建"智慧仲裁"平台》,载上海证券报·中国证券网 2019 年 2 月 28 日,http://news.cnstock.com/news,jg-201902-4342523.htm。

③ 《仲裁委员会仲裁收费办法》(1995 年 7 月 28 日,国办发〔1995〕44 号)第 4 条、第 8 条。

业界对北仲委的机构收费改革举措高度认可来看,内地仲裁收费办法将更加依赖市场决定,费用改革向国际化接轨。与之相称,案件费用的融资需求也将趋近国际实践,案件费用的专项融资、律师代理的费用垫资等专项金融服务指日可待。

二、当事人的融资需求

对于当事人的融资需求分析,要从当事人的身份作为切入点入手,同时考虑到当事人在仲裁程序中所需耗费的费用成本、列项支出,以及当事人对于接纳案件融资方式的态度,逐一予以讨论。

(一)当事人选择仲裁意向

中国内地仲裁机构对当事人的身份划分主要依据其所属法域不同,分为中国内地、涉港澳台地区以及其他国籍的当事人。对参与仲裁的主体是否为自然人或商事实体,及商事实体的企业类型与所有权性质没有进一步的细分。参考最高人民法院的年度工作报告、司法部就全国仲裁工作的年度会议报告,以及贸仲委组织撰写的中国国际商事仲裁报告,从统计角度看,参与内地商事仲裁当事人具有这些特点:

首先,从当事人选择仲裁或诉讼作为其争议解决途径的比例看,商事主体选择仲裁作为争议解决方式占比尚处于低位(不足5%),但当事人选择仲裁的意愿正快速加强。以2018年度为例,全国255家仲裁委员会共处理案件数量54万多件,①全国法院系统受理案件2803.5万件(含最高人民法院34,794件和地方各级人民法院受理案件2800万件)。② 考虑到人民法院四级两审制,且有部分再审案件,对全国人民法院2013~2017年的5年审结民商事一审案件受案数量4378.5万件占比

① 参见魏其濛:《2018年全国仲裁机构处理案件54万余件 标的总额近7000亿元》,载中青在线2019年3月28日,http://shareapp.cyol.com/cmsfile/News/201903/28/toutiao200589.html? tt_group_id=6673369629068362248。

② 参见韩丹东:《国内外投资争议纠纷呈逐年递增趋势专家建议首选非诉讼方式解决争议》,载中国新闻网,https://m.chinanews.com/wap/detail/zw/gn/2019/05-23/8844646.shtml。

总量 55.6% 进行折算,①并考虑剔除其中约有 20% 的执行程序案件,②推算全国各级人民法院于 2018 年受理的一审民商事案件数量约 1246 万件。在不考虑民商事纠纷案件中部分纠纷类型不能适用仲裁方式的前提下,当事人就民商事纠纷选择仲裁的比例约为 4.3% 。可见,当事人对选择商事仲裁的意愿正在快速提高。

其次,从当事人来源地域和国家看,内地商事仲裁中的当事人正呈现国际化、跨地域趋势,但内地审理的涉外案件比例仍较低。以贸仲委统计来看,贸仲委 2018 年共受理案件 2962 件,其中涉外案件 522 件,36 件的当事人双方均为境外当事人,案件当事人来自 60 个国家和地区,包含"一带一路"沿线 23 个国家的 79 宗案件。③ 贸仲委是中国内地第一家处理涉外纠纷的商事仲裁委员会,涉外(包括涉中国港澳台地区)案件的占比为 17.9% ,为全国各地仲裁机构占比之最。与此同时,国内头部仲裁机构审理非本地(不属于仲裁机构所在地辖区)当事人纠纷的比例正在增加。以北仲委的统计来看,2018 年度其受理的一方或双方当事人源于非北京本地的仲裁案件数量占比 61.5% ,增幅超过 40% ,④这说明内地优质仲裁资源正得到各地域当事人的青睐和选择。

此外,从当事人提交仲裁的纠纷类型和案件标的额看,传统商业纠纷仍是仲裁处理的主要对象,但当事人提交案件大小向两极化方向发展。从内地各仲裁委员会公布的统计数据来看,合同纠纷是仲裁审理的

---

① 参见《人民法院在经济社会发展中发挥重要作用》,载《人民法院报》2018 年 12 月 26 日,第 5 版。

② 参见朱斌律师团队:《2018 年最高院民商事案件大数据报告:一巡法庭》,载搜狐网 2019 年 3 月 7 日,http://www.sohu.com/a/299595693_170807。

③ 参见王承杰:《贸仲委 2018 年度工作进展》,载商法(China Business Law Journal)网,https://law.asia/zh-hans/%e8%b4%b8%e4%bb%b2%e5%a7%942018%e5%b9%b4%e5%ba%a6%e5%b7%a5%e4%bd%9c%e8%bf%9b%e5%b1%95/。

④ 参见《2018 年工作总结》,载北京仲裁委员会官网 2019 年 2 月 18 日,https://www.bjac.org.cn/news/view?id=3375。

绝对主流争议类型，细分中，买卖、建设工程、借款、租赁、委托合同纠纷的占比可达 7 成以上，金融、投资、服务与知识产权纠纷占比近 2 成，其余主要涉及交通运输、承揽、担保及其他类别。① 此外，从贸仲委和北仲委来看，案件数量的增长率略低于同期案件标的额的增长比率，但剔除标的金额过亿元的大标的案件后，案件平均标的金额下降，这表明当事人提交的大标的额案件与小额争议案件均呈现增长，仲裁审理案件向大、小标的金额两极分化趋势显现。

（二）潜在第三方出资需求

仲裁当事人的范畴既包括所属地登记注册于中国内地的商事主体与中国公民，也包含参与内地商事仲裁案件的当事人，其中包含内地仲裁机构审理的涉外案件中的外国商事实体与自然人。对于当事人是否存在第三方出资需求，首先应明确第三方出资在客观上可以满足当事人哪些需要。如本书第三章所述，第三方出资不仅为当事人提供了争议解决案件的费用融资，也为当事人实现了争议风险的部分移转，即转嫁给出资者承担一部分败诉的不利后果，从而减轻当事人自身败诉的法律责任。基于此，内地对于第三方出资的潜在需求可从费用融资需求与风险移转需要两个方面进行考究。

1. 当事人对仲裁案件的融资需求

对于个案融资需要与整体融资规模的分析，应从当事人参与商事仲裁案件所需列支的法律费用入手，并按当事人的财务能力与上述费用之间的差值评判案件融资需求是否已经显现。

当事人仲裁案件的支出集中于向仲裁机构和仲裁员支付的仲裁费、聘请代理律师支付的律师费，以及办理仲裁案件可能发生的其他必要费用，包括用于搜集调查证据所需费用，聘请专家鉴定、审计、评估的费用，

---

① 参见《中国国际商事仲裁年度报告 2017》，载中国国际经济贸易仲裁委员会官网，http://cietac.org.cn/Uploads/201810/5bd6d2e9b333e.pdf。

办理公证、翻译和其他文件制作的费用，为仲裁程序相关的保全、执行而支出的保函、保险费用等。比照英国标准仲裁员协会就国际仲裁程序所列支各项费用的统计可知，若按当事人分别和共同负担的仲裁案件费用支出划分，当事人需要列支的各项支出占比大致如图 5－1、图 5－2 所示。①

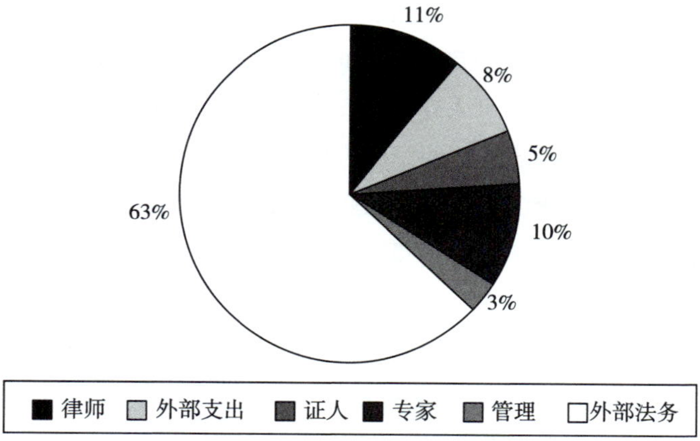

图 5－1　案件项下各类法律费用的占比

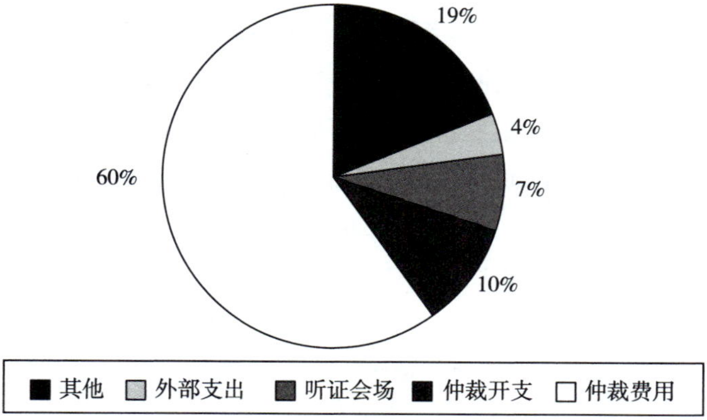

图 5－2　仲裁庭审中各项费用的占比

① Cited from Chartered Institute of Arbitrators: *CIArb Costs of International Arbitration Survey* 2011, p. 10－11.

目前,中国内地商事仲裁所需费用缺乏权威的统计数据。将全部法律费用拆分,当事人需要向仲裁委员会支付的仲裁费可参考各机构的收费标准,对照争议标的金额估算;为办理仲裁案件所需的律师费,则需比照律师收费办法确定。对于其他可能由当事人单独或共同负担的必要费用,可按照图5-1、图5-2中的比例,进行预估。一方当事人在中国内地进行仲裁可能发生的费用概算如表5-1所示。

由表5-1可见,当事人在内地商事仲裁程序及裁决执行中所需支付的全部费用大致是其争议纠纷标的额的5%~8%,其中律师费采用相对经济的固定费用标准计算,没有适用国内律师界广泛采用的风险代理制。若将未能计入的其他可能费用加总,当事人在内地通过仲裁方式取得纠纷权益的总成本大致在争议标的额的10%左右,该比例会随争议标的金额的上升而有所下降,但即便对于10亿元以上的仲裁案件而言,当事人的总计法律费用成本也将在5000万元上下。这一费用(已包含融资成本)虽然不需要在提起仲裁申请时一次性缴纳完毕,但对一般商事企业而言仍然是一笔不菲的项目开支,所需预算受财务审批约束通常不尽理想。这在费用层面上使当事人从事内地商事仲裁的压力增加。

中国内地参与商事仲裁的当事人亦包括住所地于中国境内的境外投资和商事交易主体,这些当事人有可能在中国香港特别行政区和其他流行的国际仲裁地启动境外仲裁,因而,也可能在费用上产生融资需求。当然,一般而言,能够赴外投资的商事主体原则上应该并不"差钱",其所希冀规避的败诉风险和法律责任将在下文详述。对赴外仲裁的中国当事人可能产生的费用开支,主要针对各仲裁机构收费、仲裁员报酬和外国法律师的相关费用成本进行预估。

表 5－1　中国内地仲裁费用概算

（币种：人民币）

争议标的额	仲裁收费[1]	律师费	执行费用	预估工作量	小时费率	专家费用	融资利率	机动费占比	全部费用	费用占比
1000万元	92, 550元	424, 000元	77, 400元	60小时	2200元	132, 000元	12%	1%	826, 950元	8.26%
5000万元	287, 550元	800, 000元	49, 998元	100小时	2500元	250, 000元	12%	1.50%	2, 137, 548元	4.28%
1 亿元	487, 550元	1, 800, 000元	99, 998元	150小时	2800元	420, 000元	12%	1.50%	4, 307, 548元	4.31%
5 亿元	2, 087, 550元	9, 800, 000元	499, 998元	450小时	3000元	1, 350, 000元	12%	3%	28, 737, 548元	5.75%
10 亿元	4, 087, 550元	19, 800, 000元	999, 998元	500小时	3000元	1, 500, 000元	12%	3%	56, 387, 548元	5.64%

〔1〕仲裁收费依中国国际经济贸易仲裁委员会官方网站“仲裁费用快算”计算；律师费依北京市律师收费指导办法计算；专家费用依惯常小时费率结合各标的案件复杂程度推算的工作小时数折算。

国际仲裁界普遍认可的流行仲裁机构包括国际商会仲裁院(ICC International Court of Arbitration, ICC)、伦敦国际仲裁院(London Court of International Arbitration, LCIA)、斯德哥尔摩商会仲裁院(Arbitration Institute of the Stockholm Chamber of Commerce, SCC)、新加坡国际仲裁中心(Singapore International Arbitration Center, SIAC)与中国香港特别行政区的香港国际仲裁中心(Hong Kong International Arbitration Centre, HKIAC),①这也是中方当事人赴境外进行商事仲裁的主要机构。以上述机构为对象,将内地处理涉外仲裁的贸仲委设为对照组,截至 2018 年年末,按各机构规则规定,结合实务统计的案件审理时限、平均审理时长与平均费用金额统计如表 5-2 所示。

表 5-2 国际仲裁机构审理时限规定和实际办案时长中位数

项目	ICC	LCIA	SCC	SIAC	HKIAC	CIETAC
规则版本	2016 年	2014 年	2017 年	2016 年	2013 年	2015 年
审理时限[1]	6 个月	未规定	6 个月	6 个月	6 个月	6 个月
时长中位数	未披露	16 个月	13.5 个月	11.7 个月	14.3 个月	未披露

资料来源:张振安:《四大国际仲裁机构仲裁费用和时长比较优势》,载信达立律师事务所官网,http://www.xindalilaw.com/newsitem/278093590。

〔1〕为比较之便,该审理时限为普通程序(3 人仲裁庭)的审理期限,各机构规定可以延期。

为了更为直观地考察当事人赴境外机构进行仲裁的仲裁机构及仲裁员费用支出,表 5-3 对各主要机构的费用负担按争议标的大小进行了统计。

① See Gary Born & Dharshini Prasad, *International Arbitration* 2019, Chambers and Partners.

表 5－3　各国际仲裁机构有关仲裁员费用的最高和最低费用预估

单位：美元

争议金额	ICC（含最低仲裁员费用）	ICC（含最高仲裁员费用）	ICC 速裁程序平均费用（最高和最低仲裁员费用取平均值）	SCC（含最低仲裁员费用和其他费用预估，不含税）	SCC（含最高仲裁员费用和其他费用预估，不含税）	SIAC（含平均仲裁员费用和其他费用预估）	SIAC（含最高仲裁员费用和其他费用预估）	HKIAC（含仲裁员最高收费）	CIETAC
100, 000	10, 090	21, 559	13, 813	15, 930	28, 794	12, 953	16, 781	14, 689	5481
500, 000	25, 092	59, 225	36, 774	35, 569	56, 095	34, 217	45, 132	39, 984	17, 685
1, 000, 000	37, 962	87, 465	54, 838	48, 813	79, 339	51, 290	67, 897	61, 798	—
5, 000, 000	77, 782	186, 915	—	94, 793	172, 863	96, 974	128, 809	120, 274	—
10, 000, 000	96, 682	244, 915	—	119, 421	218, 423	119, 257	159, 500	148, 452	—
50, 000, 000	159, 282	376, 715	—	170, 386	331, 932	219, 136	291, 691	270, 685	—
100, 000, 000	178, 842	452, 275	—	210, 681	407, 861	256, 967	342, 132	314, 949	—
500, 000, 000	271, 867	733, 300	—	超过 1 亿欧元（约 1.2 亿美元）争议的费用由机构决定		427, 206	569, 118	491, 389	—

资料来源：《国际商事仲裁机构比较》，载君泽君律师事务所官网 2018 年 10 月 30 日，http://www.junzejun.com/Publications/163358adec6b58－5.html。

在国际仲裁中，当事人向其外部律师支付的费用，以及聘请专家、开庭所需物流成本等都是一笔不菲的开支。同样参考标准仲裁协会整理的数据，①对于不同标的金额的案件，当事人除支付仲裁机构（含仲裁员）外还需负担的法律费用如表 5－4 所示。

表 5－4　国际商会仲裁院仲裁案件的总体开支计算器

争议金额	1,000,000 美元
仲裁员数量	3
仲裁程序种类	普通
争议的复杂性（所需的法律工作时长）	2000
律师平均每小时的工作费率（美元/小时）	500
申报费用	5000 美元
国际商会仲裁院行政开支	23,335 美元
每位仲裁员的最低收费	14,627 美元
每位仲裁员的平均收费	39,379 美元
每位仲裁员的最高收费	64,130 美元
国际商会仲裁院的行政开支及仲裁院对双方的平均收费	141,471 美元
每方的预计法律费用总额	1,000,000 美元
每方的预计专家费用	0
每方的预计证人费用、管理费用和其他外部费用	203,870 美元
每方的预计国际商会仲裁总费用	1,274,606 美元

就境外仲裁案件的具体开销构成，运用国际商会仲裁院提供的全部

① Cited from Chartered Institute of Arbitrators, *CIArb Costs of International Arbitration Survey* 2011, p. 10.

仲裁费用计算器估算,如图 5 – 3 所示,标的金额为 1000 万英镑的普通程序仲裁案件,以 2000 小时的中低等工作量,500 英镑/小时的平均律师工作小时费率计算,每一当事人平均花销为 127.46 万英镑,其中聘请律师费用为 100 万英镑。① 也就是说,上述对仲裁机构收费(含仲裁员费用)的统计,在当事人在境外仲裁案件开销的占比尚不足 20%。中国内地当事人赴境外参与国际仲裁案件的支出可见一斑。

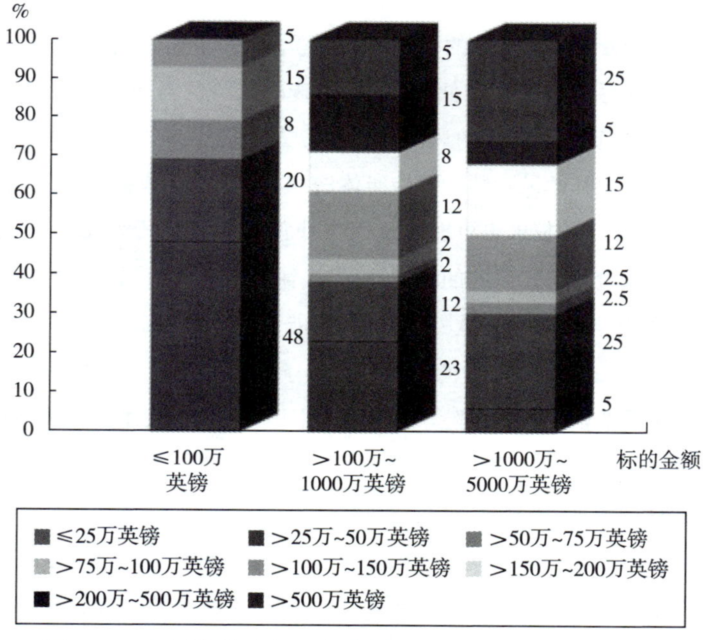

图 5 – 3　不同标的金额案件聘请律师可能发生费用的占比

结合上述统计,中国内地当事人赴境外进行仲裁的时间成本和资金成本均高于其在内地进行仲裁程序。境外仲裁程序的一般审理时长均在 1 年以上,将裁决的执行程序考虑其中,一宗境外仲裁案件真正实现

① See Full ICC Arbitration Cost Calculator, https://www.international-arbitration-attorney.com/icc-arbitration-cost-calculator/, last browsed on 08 October 2023.

财产权益救济的耗时可能超过1年半到2年的时间。而且,在境外仲裁中,仲裁机构收费整体略高或与内地仲裁委员会的收费相近,但外聘律师、出庭律师、专家等开支远远高于内地。然而,出于仲裁机构受认可度,以及境外执行仲裁裁决的需要,内地当事人仍无法避免地需要参加境外仲裁程序。这些因素综合叠加,使当事人对仲裁案件的融资需求逐渐显现。

2. 当事人就败诉风险转移的需要

同银行业对不良贷款的处置需求一样,一些当事人对于诉讼仲裁争议的风险厌恶使其存在降低风险,甚至转嫁风险的需求。① 但是,与银行不同,不良贷款所产生的风险属于债务人的信用违约风险,而争议解决当事人所面临的风险则是案涉实体法律权益消灭(或减少)的法律责任风险。当然,债权人也可能通过商事仲裁方式追索其债权权利,这既属于信用风险与法律风险的叠加,也是法律风险包含信用风险的一种状态。但是,以银行不良贷款处置为例,凭借合同依据与事实证明,债权人蒙受法律责任(败诉)风险的可能性远小于其因债务人不具备债务偿还能力而蒙受的信用违约风险。可见,信用违约风险与法律责任风险是相互独立又相互关联的两类不同性质的风险,相应地,当事人对法律责任风险的移转需求也需要倚靠新的机制解决。

在明确独立存在法律责任风险移转需求的前提下,内地商事仲裁当事人对于该需求的来源与多少须进一步通过风险来源与移转需求着手分析。就风险来源而言,不同性质的商事实体可能对法律责任风险产生不同的预期,重视程度也不同。比如,公开上市发行企业因须将可能影响本公司重大财产权益的诉讼、仲裁案件在年报及必要披露事项中予以公告,相应地,上市公司更为关注争议解决的处理结果及其对企业在公开市场中价值波动的影响,对法律责任的风险厌恶度极高。与之相较,

---

① Burford Capital, *Legal Finance* 101, 2018.

专门为项目设立的项目公司或于海外设立的“抽屉”公司因并不享有自身所属的财产权益,不在意自身是否需要承担败诉后果——甚至,在仲裁裁令承担不利结果时,有可能通过申请企业破产等合法程序保护和规避所应承担的责任。由此推知,厌恶争议解决风险的商业实体主要涉及两类:其一,受认定承担法律责任的事件影响,可能导致企业自身财产权益价值大幅波动的有产公司;其二,若承担法律责任,则使企业经营方、高级管理人员承担重大渎职责任或刑事责任的商业实体。对于第一种情况的典型事例,除上市公司外,还包括正在接受尽职调查的拟融资企业;对于第二类,则主要包括国有企业、基金管理公司和信托管理人等依法依约管理他人资产的管理者。

由于受仲裁保密制度的限制,内地仲裁机构对于当事人身份信息的披露有限。为明确当事人对于法律责任风险的转嫁需求,此处以中资企业赴境外从事经贸活动为样本,试探究中国当事人在商事仲裁活动中的败诉风险转移需求。

从法律责任风险发生趋势上看,中国商业实体在跨境经贸交往中的风险呈持续扩大趋势。从交易行为前后的交易标的价值来看,中国商业实体实施的84%的交易(交易额占比89%),交易后的资产净值没有达到期初投资额,平均出现10%的亏损。① 在境外绿地投资方面,36%的中方投资者遭遇“本地化”要求,16.8%的企业表示遭遇群体性劳动纠纷,31%的企业受到行政处罚或面临民事诉讼或仲裁。② 以上经贸、投资活动中的资产价值减损及各种处境均表明商事实体面临涉诉风险,即法律责任风险的概率较大。

从商事实体企业类型上看,中国商事实体参与“一带一路”“走出

① 参见麦肯锡中国:《中企跨境并购袖珍指南》(2017年4月),第10页。

② 参见唐功远、谭洁:《2016-2017年度中国企业“走出去”调研报告》,载微信公众号“君泽君律师”2017年7月13日,https://mp.weixin.qq.com/s/FIGNYfeouLC8PnUlnj3TRw。

去”经贸活动的企业类型为国有央企与地方国企占资金主导(27%),民营企业参与数量占主流(55%),适度包括外资与中外合资企业参与。这与国内商事仲裁的主要参与情况基本相符。此外,企业资产规模上,超过人民币百亿资产规模的企业占29%,另有1亿元以上的大型企业占比35%,过半数企业人员达到1000人以上。① 在跨境投资方面,民营企业交易数量一直占据高位,以2017年为例,数量占比已达83%。② 各类投资管理公司在跨境并购中的占比上升,2016年、2017年在金融行业的总比重分别达到65%和26%。③ 以上情况表明,赴境外投资企业的资产规模大、资金量充裕,但企业资产安全受监督,对法律责任的风险厌恶度较高。

综上所述,将中国商事实体具有法律风险发生概率较大与风险厌恶程度较高等多重因素合而为一,中国内地商事主体参与争议解决的败诉风险转移需求已不言自明。

(三)对第三方出资态度

通过系列分析,商事实体在中国内地或境外通过仲裁方式解决纠纷的需求已较为明确,同时,出于案件融资或转移风险的目的,当事人也存在引入第三方出资者的可能性。但是,中国内地的当事人,或者参与内地商事仲裁程序的外国商事实体、实务界人士、法学学者对第三方出资所持态度,在一定程度上决定着该机制在中国内地商事仲裁与境外涉及中国主体的国际仲裁实践中的发展趋势。

1. 仲裁委员会引入第三方出资

第三方出资在中国内地仲裁中的出现始于贸仲委。2017年10月1

---

① 主要数据通过调查访问形式采集,参见唐功远、谭洁:《2016－2017年度中国企业“走出去”调研报告》,载微信公众号“君泽君律师”2017年7月13日,https://mp.weixin.qq.com/s/FIGNYfeouL C8PnUlnj3TRw。

② 参见胡润百富、易界:《2017中国企业跨境并购特别报告》,载胡润百富网2019年9月10日,https://www.hurun.net/zh－CN/Reports/Detail? num＝66BA05325641。

③ 参见申万宏源研究:《2017年中国企业跨境并购报告》,第17页。

日，贸仲委颁布实施的《中国国际经济贸易仲裁委员会投资争端仲裁规则》是中国内地第一部规定第三方出资（该规则规定为“第三方资助”）的仲裁规则。① 尽管该机制仅明确载于投资仲裁规则之中，但无可置疑的是，该举措使第三方出资进入中国内地仲裁业务成为可能。贸仲委参考了国际商事仲裁理事会的具体研究数据，即由国际投资争端解决中心受理的投资仲裁案件中有 60% 的案件涉及第三方出资；因而认为，第三方“将不可避免地对仲裁结果具有利益”，故在规则中作出信息披露和与费用承担相关的规定。② 贸仲委秘书长王承杰指明，贸仲委在仲裁规则中规定第三方出资，并专门订定并颁布第三方出资相关指引的做法在“理论和实践上居于国际领先地位”③。确实如此，在贸仲委颁布施行投资仲裁规则和发布第三方出资的指引之前，国际仲裁机构尚未采取同类措施规范和明确第三方出资在其仲裁程序中应用的合法性，并提供具体的实践指南。2023 年 9 月，贸仲委发布了新版《中国国际经济贸易仲裁委员会仲裁规则》（2024 年 1 月 1 日起施行），其中第 48 条对普通商事仲裁程序中第三方出资的披露事项及当事人遵守相关义务的费用承担作出了明确规定，但并未对第三方出资的概念和范围作出界定。

北仲委为引入第三方出资进行了更多事前准备。2015 年，北仲委工作人员率先在其机构刊物《北京仲裁》发表并探讨了商事仲裁业务中的新机制，即第三方出资业务。④ 2017 年，北仲委利用科研资金资助了有

---

① 参见律头条：《企业解决国际投资争端可在国内实现　贸仲委 10 月 1 日起受理国际投资案件》，载搜狐网 2017 年 9 月 22 日，http://www.sohu.com/a/193854636_656728。

② 参见范丽敏：《国内首部〈投资仲裁规则〉10 月 1 日起施行》，载《中国贸易报》2019 年 9 月 19 日，第 1 版。

③ 参见《中国国际经济贸易仲裁委员会王承杰秘书长在对外经济贸易大学法学学科创建 40 周年传承发展大会上的主旨演讲》，载对外经济贸易大学法学院官网 2018 年 10 月 25 日，https://law.uibe.edu.cn/xwzx/xyxw/84968.htm。

④ 参见章曦：《论国际仲裁中的第三方融资及投资人的自我监管》，载陈福勇主编：《北京仲裁》第 93 辑，中国法制出版社 2016 年版。

关第三方出资引入与规制的学术课题,成为国内首家提供学术资助用以探讨第三方出资可行性的仲裁机构。① 直至2019年9月,北仲委正式发布《国际投资仲裁规则》,将第三方出资正式纳入其规则体系范围中。②

2022年6月,上仲委发布2022年新版《上海仲裁委员会仲裁规则》,其中第34条第8款规定了第三方出资的披露要求。

此外,深圳国际仲裁院也在不断探索引入第三方出资的可行机制,其专家委员会主任郭晓文提出了与境外概念不同的"第三方资(智)助",即将智力贡献也作为出资方向当事人提供的一种帮助。③ 实际上,智力支持更多是对案件走向和争议解决策略的建议,可能影响当事人的意愿,进而干预案件审理。在境外,第三方的智力支持为绝大多数受执业纪律约束的律师所反对,也为大部分英美法系的出资机构所防范。

无论对待第三方出资的态度是否有变,上述仲裁机构的各类举措和创新均昭示,中国内地仲裁机构对第三方出资的态度逐渐从不反对转化为肯定与支持。

2. 中国学者对第三方出资认识

从商事仲裁国际理事会正式筹建有关第三方出资问题的研究先遣组开始,④国内学者陆续对这一机制在中国内地的应用展开探讨。2014年最早述及第三方出资时,学者从国际投资仲裁视角分析第三方出资的

---

① 参见孙屿:《关于公布2017年度北京仲裁委员会科研基金立项资助项目的通知》,载北京仲裁委员会官网2018年1月16日,http://www.bjac.org.cn/news/view?id=3131。

② 参见章曦:《〈北京仲裁委员会/北京国际仲裁中心国际投资仲裁规则〉制定说明》,载北京仲裁委员会网2019年9月13日,https://www.bjac.org.cn/news/view?id=3543。

③ 参见郭晓文:《涉外仲裁中第三方资助的意义》,载搜狐网,http://www.sohu.com/a/211527146_708255,2023年10月8日访问。

④ See International Council for Commercial Arbitration, the task force of third-party funding in international arbitration, https://www.arbitration-icca.org/projects.html.

滥诉风险，对其持谨慎态度。[①] 逐步地，以硕士、博士和青年学者为主的内地学者对国际商事仲裁、海事仲裁中的第三方出资进行评述，并转向更为细分的费用分摊、信息披露与特权等方面扩展讨论。[②] 从学术文献中的观点可见，学者普遍认同与第三方出资在国际投资仲裁中的应用不同，第三方出资对商事仲裁不存在滥诉的风险，但就信息披露、费用担保等事宜需要具体约束和规制。总体而言，中国内地学者是从谨慎逐步转为接受并规制第三方出资在内地应用的态度。

3. 实务律师和出资者的态度

因律师和出资者都是第三方出资的直接受益者，故其态度与仲裁机构和法学学者的乐观、谨慎存在不同。尽管有部分观点混淆了律师风险代理与第三方出资，认为律师与出资机构之间构成了直接的利益冲突。但在大部分受访中国律师来看，由于风险代理并不会垫付当事人高昂的仲裁费，因而，资金支持将有利于当事人以较低门槛条件启动仲裁，从而产生法律服务机会。因此，律师对出资机构的友好和欢迎程度较高。中国投资者的态度则与西方同行热捧另类投资截然相反。他们一方面表达出对商业模式本身的认可，另一方面又认为这类投资的风险敞口过大，不能用普世的价值投资规律进行交易风险的判定，因而期待行业先行者为第三方出资业务开创先河，同时表达出愿意在投资先例印证下参与第三方出资机构的融资。不无意外的是，中国内地的律师实务者却表达出空前的投资热情，一改律师谨慎、刻板的形象，对驾轻就熟的争议解决案件，许多业界成功律师表示出对第三方出资业务的认可和投资意愿。

---

① 参见郭华春：《第三方资助国际投资仲裁之滥诉风险与防治》，载陈安主编：《国际经济法学刊》第21卷第2期，北京大学出版社2014年版。

② 参见丁汉韬：《论第三方出资下商事仲裁披露义务规则之完善》，载《武大国际法评论》2016年第2期；宋锡祥、吴瑶芬：《国际商事仲裁第三方资助利益冲突的合理规制及其借鉴意义》，载《海峡法学》2018年第2期。

简言之，中国内地非官方的仲裁机构、学者、律师和投资界人士对第三方出资的应用持一种谨慎、乐观的态度，认可该机制在内地商事仲裁领域的应用，也观望其在相应金融市场中的发展趋势。

第二节　第三方出资的法律环境

为了论证第三方出资引入的可行性，首先要分析和判断第三方出资本身的业务活动，是否能够在中国内地现存的立法环境中根植。考虑到中国香港特别行政区、新加坡等英美法系法域的立法过程，即在本地原有立法中存在强制性禁止性法律规范，制约第三方出资介入诉讼、仲裁活动，则第三方出资的引入和本土化，需先行立法改革，从法律层面准允出资机制的合法性，方能使其在当地从事商业活动。

本节将分析，在中国内地现有的立法环境下是否存在针对第三方出资的禁止性法律规定，对中国内地立法与司法改良进行探讨。同时，中国内地具有大陆法系特点，兼糅英美法系的司法裁判先例制度，使最高人民法院的司法解释、案件裁判指导等司法审判实践经验对诉讼、仲裁案件产生指引效用。那么，在仲裁和司法诉讼程序中，第三方机制通过借助司法解释或最高人民法院有关工作会议纪要等形式，在中国司法仲裁审判体系中得到认可，也将是本节探讨的内容之一。

一、当前中国内地立法约束

民商事经济活动，只要法无禁止即可为。目前，中国内地现有立法并没有对第三方出资的禁止性规定。也就是说，第三方出资者，在中国内地法律的司法仲裁、破产重整、清算等相关的审判程序和特别法律程序中均可使用出资方式，为当事人提供出资，资助其参与审判程序，并在取得司法裁判确认的裁决结果之后，分享其裁决结果项下的有关权益。尽管没有禁止性的规定限制，排除第三方出资在中国内地市场的应用，但是,第三方出资本身作用于司法仲裁审理裁判制度,也作用于金融市场之中,因此应当受到这两方面的法律规范、部门规章和实施细则的双重监督和制约。①

1. 仲裁收费与费用分担规定

中国内地立法对民商事诉讼、仲裁案件的收费办法与费用分担方法的规定主要集中于诉讼法、仲裁法、国务院办法、各省市物价部门的规定与仲裁机构的仲裁规则中。其中,《民事诉讼法》(2023 年)第 121 条规定,当事人进行民事诉讼需要交纳案件受理费,财务确有困难时,可以申请减免。国务院《诉讼费用缴纳办法》第 29 条规定,除当事人自愿外,诉讼费用由败诉方承担。《仲裁法》第 76 条规定,由当事人缴纳仲裁费用。此外,根据国务院《仲裁委员会仲裁收费办法》第 9 条规定,仲裁费用原则上由败诉方承担,也可由仲裁庭裁定或由当事人协商确定。按照上述立法,当事人启动民事诉讼或仲裁程序应当缴纳案件受理费用,但现有立法没有就案外人为当事人垫付费用或实际出资作出规定,也就是说既未肯定,也未禁止。

《律师法》第 25 条规定,律师承办业务可以收取费用。按照《律师服务收费管理办法》第 13 条的规定,律师可以与委托人约定以风险责任确定收费数额或比例,但比例不得高于约定标的额的 30%,也就是通常所说的风险代理。近年来,根据《国家发展改革委关于放开部分服务价格意见的通知》(发改价格〔2014〕2755 号)意见,律师服务价格放开,实行市场调节价,不再受上述 30% 的限制。一些地市物价部门也相应作出了调整,律师风险代理收费的限额逐步提高至 50%。中国内地律师服务收费可按风险代理方式收取。这使内地部分法律实务工作者与商业投资机构对第三方出资产生了错误认识,误以为第三方出资不过是律师风险

---

① See Litigation Capital Management, *LCM-IPO on the ASX Management Presentation*, Nov. 2016.

代理的扩大。然而，两者具有本质的区别，核心之一即律师受到严格的法律禁止，不得以提供法律服务的便利牟取当事人争议的权益。①

第三方出资的商业逻辑在于，以出资者对当事人提供的仲裁费、律师费和其他必要法律支出作为投入，换取当事人裁决确认的权益。这种权益是广义概念，既可以是裁决确定的现金给付中的一部分，也可以裁决确定的一份有价值的财产，如股权、产权、收益权或知识产权中的部分可分割权益。显然，律师风险报酬仅只是将标的货币化后的一定比例份额，而且这一比例份额以价格方式所体现，而非以争议财产价值方式反馈。律师服务报酬的该等制度性限制，就是为了避免律师与其委托人之间产生利益冲突，进而减损委托人的实际利益。此外，无论以多高比例的风险代理作为报酬，律师为其委托人垫付诉讼费、仲裁费的性质，实质都是一笔垫款，即律师就专项案件向委托人提供的一笔借贷，为债权债务关系。与之相较，出资者则是向当事人提供一笔无须返还的投资款，只是在案件胜诉并取得执行回款时，当事人有义务按约定向出资者反馈投资回报。从这一方面看，风险代理也不同于第三方出资，两者的联系和纽带在于，均是当事人为案件进行融资的方式而已。

以上可以看出，中国内地立法对于第三方承担仲裁费、律师费没有明确的规定，在没有限制的情况下，第三方出资者可以为当事人支付办案所需缴纳的费用。但是，需要注意的是，由于仲裁立法与收费办法的制定时间较早，当时并不存在第三方出资的社会实践，甚至仲裁实践也尚处培育阶段，对于办理案件的合理费用如何界定、仲裁费用的承担主体及各当事人之间的连带关系等问题均没有作出细致的规定。比如，当事人在取得裁决后需要支付给第三方出资者的报酬是否属于合理费用？第三方出资者介入案件之后为办理案件所列支的各项开支能否等同视为当事人为办理案件而列支的合理费用？申请人与被申请人之间是否

---

① 《中华人民共和国律师法》第40条。

需要就仲裁费用承担连带责任？第三方出资者是否有法律义务对其资助的案件提供费用担保或分担部分案件费用？上述问题均是中国内地立法和司法实践尚没有涉及，更没有解决的问题。就此，本章第三节将尝试提供初步的解决方案。

2. 商事仲裁制度的间接限制

如本书第二章分析，中国内地司法体系中并不存在对助讼分利的禁止性规定。除去涉及仲裁费用支付和分担的问题外，第三方介入仲裁程序还可能对仲裁员中立性、仲裁庭管辖范围、仲裁保密性、当事人在仲裁程序中的意思自治及仲裁裁决的执行产生潜在影响。尽管没有直接的限制性条件，第三方出资行为对上述仲裁程序所能产生的间接影响，也需要进一步予以检视。

首先，需要明确的是，第三方出资者不是仲裁协议的当事人，也不是针对涉案法律关系存在直接权利主张的第三人，而是基于其与一方当事人订立的出资协议而受到仲裁裁决结果影响的第三方，类似于民事诉讼法学无独立请求权的第三人。但与后者不完全相同的是，第三方出资者受仲裁裁决调整的范围和限度影响，可基于其在资助协议下的自由意志作出决定。举例而言，第三方出资者可以在出资协议中明确排除替受资助方当事人承担其在败诉仲裁裁决中应当作出的财产给付；与之相较，无独立请求权的第三人则更为被动，无法通过与当事人订立协议的方式免除自身应当承担的裁决确认责任。了解第三方出资者在仲裁案件中的身份和地位，对于仲裁庭、相对方当事人及案外人判断向出资者提出要求或法律诉求的合法性至关重要。

在无明确法律约束的当前立法制度下，第三方出资者不受案涉仲裁协议指定的仲裁庭管辖，仲裁庭在仲裁规则和仲裁协议均未特别授权的前提下，不得直接向第三方出资者提出要求或决定。同时，出资者也不可作为被执行主体，在受资助的当事人败诉时，没有义务与其共同承担裁决项下的法律责任。反之亦然，若第三方出资者希望替代受资助当事方向败诉方提出执行申请，则需进一步按照出资协议的约定安排，将当事人取得的裁决确认权利让渡至出资者名下，方有权以自身名义申请执行仲裁裁决。

其次，第三方出资者虽然不是仲裁案件的当事人，但基于出资协议需遵守一定的附随义务，包括维护仲裁程序的保密性，避免对仲裁员独立性的干涉，以及减少对当事人在仲裁程序中的控制。出资协议是出资者与一方仲裁案件当事人订立的合同，约定由出资者提供资金支持，用以通过仲裁方式实现受资助的当事人的诉权，进而在取得胜诉时，按特定比例分配裁决确认的权利。可见，出资者在协议项下的主义务是提供资金支持，从义务按两者的约定可包括提供法律建议、分享案件分析成果、推荐专业法律人士、配合财产与证据保全等。但是，公众往往忽视出资协议项下的默示附随义务，即出资者应当保障当事人参与的仲裁程序合法有序进行——这也是第三方出资具备合法性的前提。

最后，回归到中国内地立法与司法解释，现阶段应用于内地的第三方出资行为应当以仲裁立法及有关司法指导意见中对撤销或不予执行仲裁裁决的相关规定作为其检视标准，以避免在没有明示法律规制的情况下对仲裁制度产生负面冲击。就此，根据《仲裁法》第 58 条、第 63 条和《民事诉讼法》(2023 年修正)第 248 条、第 291 条的规定，涉及第三方出资介入的仲裁案件，从仲裁庭管辖权、仲裁中的证据、仲裁程序合法性及仲裁员的中立性等方面考量内地立法对于第三方出资的约束和限制。对于仲裁庭而言，仲裁员应严格符合组庭方式并确保充分的潜在利益披露，避免仲裁员独立性受到非当事人的第三方出资者影响；仲裁庭亦应恪守仲裁协议赋予仲裁庭的管辖权，不可超出仲裁协议及仲裁委员会的机构规则约束，行使管辖权，特别是注意避免对出资者的直接裁量。对于当事人而言，确保证据开示的合法性，杜绝虚假、隐瞒证据或者其他可能受到第三方或其他案外因素介入影响的消极因素，确保仲裁程序的合法。对于第三方出资者，虽然内地仲裁立法不会直接禁止其资助当事人从事仲裁活动，但违反仲裁程序规定的行为将可能使其出资的预期利益灭失。此外，出资者若提供、教唆、协助当事人提起虚假仲裁或制作虚假证据，其行为亦可落于虚假仲裁的范畴，除可按照最高人民法院《关于人民法院办理仲裁裁决执行案件若干问题的规定》第9条的规定不予执行该等裁决外，还可能根据《刑法》第307条之一的规定，依虚假诉讼罪的刑名予以刑事处罚。

3. 中国内地律师职业道德的要求

律师在第三方出资业务中可以担任受资助方当事人的仲裁代理人，也可单独受雇于出资者，作为其法律顾问为案件融资相关的法律评估、出资协议等交易文件的制作提供法律服务。对于前者，律师在有第三方出资者介入的案件中，仍是当事人的代理人，应当忠于其委托人，甚至，就有关是否接受出资、如何吸纳出资等问题，应当为拟受资助的当事人提供专业、独立的法律意见，避免当事人的权益受出资者侵害；对于后者，律师服务于第三方出资者的内容，与传统非诉交易律师提供的尽职调查、法律风险分析并无二致，只是基于出资者的投资业务领域而定向于法律权益资产——诉权的评估和尽调。可见，律师在第三方出资行为中的身份是多元的，对当事人的代理律师而言，其所承担的职业责任甚至是竞合的，应首要满足委托人的合法诉求，但在一定程度上也会受到第三方出资者的监督，乃至干预。

目前，中国内地有关律师执业规范的渊源主要以《律师法》、司法部颁布实施的《律师事务所管理办法》《律师执业管理办法》和各省市律师协会制定的执业规范为主，①没有专门统一的纪律性规定约束律师在涉及第三方出资案件中的执业道德。对于现有相关约束的考察，主要侧重于律师事务所能否从事第三方出资业务，以及律师参与第三方出资业务

① 参见李本森主编、中华全国律师协会编：《律师职业道德与执业基本规范》（第3版），北京大学出版社2013年版，第14～15页。

仍需恪守的职业纪律两个方面。

一方面,内地禁止律师事务所直接作为第三方出资者从事案件融资业务。根据《律师法》第 27 条、第 40 条的规定,律师事务所不得从事法律服务以外的经营活动,否则将受到司法行政部门处罚,乃至停业整顿。《律师事务所管理办法》(2018 年修订)第 44 条进一步明确,律师事务所不得以独资、合资或者委托持股的方式从事与法律服务无关的其他经营性活动。现有法律法规没有对“法律服务”进行界定,[①]其内涵可以包括由律师代理的诉讼服务,和律师作为法律顾问的非诉服务。显然,以出资者身份提供出资并通过分配裁决确认权益实现盈利的商业经营模式并不符合法律服务的内涵,因而,律师事务所依法不得从事,也不能以出资入股方式间接介入。可以说,内地法律规范将律师事务所限定于律师法律服务业务的本职,对其服务之外的其他经营持消极态度。

另一方面,中国内地律师可以代理有第三方出资参与的仲裁案件,但须以当事人为其委托主体,并对当事人负责。根据《律师法》第 39 条和《律师执业管理办法》(2016 年修订)第 28 条的规定,律师不得双方代理并应避免利益冲突。对于利益冲突,全国律协认为,其是指律师与当前客户客观上存在潜在的相反利益取向,即使律师提供最大限度的有利于客户的服务,仍不能消除的利益上的冲突和紧张关系。[②] 进一步而言,律师的利益冲突可以分为直接冲突与间接冲突,上海市律师协会将涉及自身利益的归为直接,涉及同一事务所的不同律师利益的归为间

---

① 追溯至恢复律师制度之初,法律服务即作为一种直观的事务进行描述,没有对法律服务的内涵做进一步的解释和定义。参见《国务院办公厅转发司法部关于加强法律服务机构统一管理的请示的通知》(国办发〔1985〕82 号),1985 年 12 月 10 日。

② See Rober H. Aronson, James R. Devine, William B. Fisch, *Problems, Cases and Materials in Professional Responsibility*, West Publishing Company, 1985, p. 314. 转引自李本森主编、中华全国律师协会编:《律师职业道德与执业基本规范》(第 3 版),北京大学出版社 2013 年版,第 53 页。

接。① 对于前者,以禁止为原则,豁免为例外。对于后者,则反之。在第三方出资业务中,律师既担任当事人的仲裁代理人,又担任出资者法律顾问的情形,即构成在出资协议法律关系下的双方代理,同时,如果律师基于出资协议而对仲裁裁决结果享有分配利益,将可能导致在仲裁代理法律关系下出现直接的利益冲突。就此,只有该律师取得当事人与出资者的双项豁免,才能同时担任这两个角色。否则,律师仍应以其委托人为唯一的服务对象,为保障委托人的权利义务而勤勉尽职地提供法律服务。

此外,律师作为出资者从事第三方出资业务没有禁止性规定,但是,应当避免与委托人之间的利益冲突。根据《律师法》(2017 年修订)第 40 条、第 48 条的规定,律师不得利用为当事人提供法律服务的便利,牟取当事人争议的权益,律师更不可与第三人恶意串通,以此侵害委托人的权益。尽管第三方出资行为具有合法性与正当性,但从其客观表现上看,出资者是将当事人争议权益的一部分作为其出资回报,如果律师以代理人和出资者的双重身份参与到同一案件的代理与融资中去,即构成上述律师执业禁止的情形。《律师执业管理办法》(2016 年修订)第 34 条也作出了相近限制。也就是说,律师作为具备专业法律服务技能的自然人,具有双重属性,担任委托人的代理人时,受执业纪律约束,不可以从当事人的争议权益中牟利;作为独立享有民事权利能力的个体,又享有自由处分财产、从事投资经营的权能。所以,内地法律没有禁止律师从事第三方出资业务,但限制其在自身代理案件中经营牟利。

二、境外立法例的状况

在成文法中规定第三方出资事宜的立法并不多见。大多数法域对于第三方在诉讼、仲裁案件中为当事人提供资金支持并以取得的裁决确定权益作为其出资回报的做法,没有任何规定。通常而言,司法实践者

① 《上海市律师协会律师执业利益冲突认定和处理规则》(2019 年修订)第 4 条。

会将该机制与其国内合同法下就无名合同的相关规定进行比较，以确定资助活动的合法性。但是，英美法系承继古罗马法的助讼分利禁止原则而存在传统的法律禁止性规定，因而，晚近对第三方出资的立法也多集中于传统英美法域。此外，境外立法实践对第三方出资活动的定性不尽相同，有的将其归纳为民商实体法范畴，有的则将其归入民事诉讼或商事仲裁相关立法篇章中。

1. 中国香港特别行政区立法改革与实务守则

中国香港特别行政区作为中国领土内特别行政辖区，享有立法权和独立的司法权。中国香港特别行政区也将助讼分利定性为民事侵权行为。但是，出于保持世界流行仲裁地的考虑，中国香港特别行政区自2013年开始筹备对第三方出资仲裁的立法改革，先后通过咨询文件、报告书，[①]确定香港仲裁例律的改革事宜，并经立法会二读后通过《仲裁条例》及《调解条例》的法律改革，[②]实现第三方出资仲裁的合法化。此后，中国香港特别行政区律政司又通过颁布《第三方资助仲裁实务守则》的形式进一步细化和规范第三方出资在香港仲裁程序中的应用。中国香港特别行政区立法改革的过程可以为内地同行所借鉴。其广泛征求社会各界的意见，并将治理态度与新机制从无到有的客观发展规律相结合，同时，以定期回顾、检视和修订的方式确保增订的改革与客观相适宜，均是值得其他法域学习的。在此，本部分着重以中国香港特别行政区立法改革的形式、内容为主要切入点，就其法律改革的精华予以分析。

其一，以法典化方式确认第三方出资仲裁的制度合法性。中国香港特别行政区受到英美法传统的影响，一直对诉讼融资、钟爱融资持含混

---

① 参见中国香港法律改革委员会第三方资助仲裁小组委员会：《第三方资助仲裁咨询文件》，2015年10月；中国香港法律改革委员会：《第三方资助仲裁报告书》，2016年10月。

② 参见中国香港特区《2016年仲裁及调解法例（第三者资助）（修订）条例草案》（档号：CB4/BC/2/16）。

态度。尽管法官杰克逊勋爵已于2009～2011年通过专项咨询报告的方式陈述并明确了司法系统对费用改革的意见，并已在判例中允许案外人为案件当事人提供资金支持的实践。中国香港特别行政区一直至2017年6月正式颁行新修订的《仲裁条例》之前，均未明确第三方出资机制的合法性，并在一些判例中存在先后冲突。将第三方出资纳入成文法示明合法性，对当事人采用案件融资、投资者于当地仲裁市场中服务，以及仲裁裁决的稳定性均有显著益处。尽管内地本就没有禁止性的法律原则，但若能在立法中认可第三方出资方式的合法性，必将对产业发展产生更为积极的正向引导作用，也将为进一步明确法与非法的边界留有充足的空间。

其二，以硬法与软法相结合的形式确保法律施行的灵活性。中国内地一直不乏硬法与软法相互结合的制度机制，但中国香港特别行政区在其《仲裁条例》中明确订定《第三者资助仲裁实务守则》的权力机关、订定办法与修改办法，同时就软法主要内容加以勾勒、描绘，更有利于为软法寻找法律依据，使其具有法律的“牙齿”，也可通过实务守则实现更为灵活、细化的行业管制。在此方面，如果内地通过立法改革确立第三方出资的合法性，从法律篇章体例的精确性、稳定性与浓缩特性入手，加入软法指引或授权立法、授权执法的规定将可以更为有效地对第三方出资产业做出指导。目前，从中国香港特别行政区就第三方出资的实务守则实施情况来看，确实已经起到了针对性的规制作用。

其三，以轻监管模式为始，将惩罚机制留待观察期后确定。事物发展的客观规律都是从无到有、从小到大的。如同内地引入、确立商事仲裁初始，立法是相对宽泛和具有原则性的，在仲裁市场没有发展到足够发达和充分竞争的程度时，过于细化和明确的禁止性规定，以及繁重的罚责有可能对产业发展起反作用，甚至抑制相关产业的兴起。就此，中国香港特别行政区在处理第三方出资时也充分权衡了制度规范与产业发展之间的平衡问题。通过咨询报告与公开征求意见，中国香港特别行政区立法改革委员会很早便已明确应当构筑“不利费用令”的法则制度,[①]允许仲裁庭将第三方出资者加入仲裁当事人的一方,与该当事人在败诉时共同承担相对方须应对答辩产生的额外费用。然而,中国香港特别行政区的立法者又是睿智的,这一不利律令无疑将加重第三方出资者提供出资的负担,使其掣肘于仲裁程序而阻碍第三方出资产业的发展,因此,并未将该制度直接列入立法,而是选择了初始期(前3年)的轻力度监管模式,待观察期满后视评价报告再行决定是否将“不利费用令”纳入规制机制当中。与中国香港特别行政区相较,第三方出资在内地起步更晚,需要的市场普及与市场教育成本更高,推广该制度以造福当事人寻求法律正义之路,更需要呵护、扶持,进而规制。中国香港特别行政区的上述做法可以作为主要的参考依据与借鉴样本。

其四,兼顾仲裁程序正当性与金融秩序稳定的双重治理。从中国香港特别行政区立法内容来看,第三方出资在法律改革中的主要规定是较为全面的,《仲裁条例》的修订侧重于对第三方出资者的主体资格界定及其在仲裁程序中所必需的披露义务的规定。《第三者资助仲裁实务守则》则从出资者为当事人提供案件融资的资本充足率、入资条件等方面,更多考虑出资者的金融机构属性。两者相互映照、叠加,即可完整地规范出资者对仲裁程序与金融市场的潜在影响。

2. 新加坡在民法典中的调整

新加坡是第一个以成文法方式确定在仲裁程序中适用第三方出资合法的法域。虽然中国香港特别行政区的立法改革调研在前,但新加坡以其高效、直截的目的性后来者先行,率先在亚太区域引入第三方出资,进一步巩固了其作为世界流行仲裁地的声誉。2017年3月1日起施行

---

① 参见中国香港法律改革委员会:《第三方资助仲裁报告书》,2016年10月,第70页。

的新加坡《2017 年民法(第三方出资)规定》①篇幅并不长宏,仅就第三方出资、出资适用的法律程序以及出资者资质作出了规定。

新加坡的立法改革较为简单明了,没有对第三方出资介入司法、仲裁程序之后需要加以规制的事项进行细致规定,而是对第三方出资的合法性予以明确,并就其合同的主要内容和相关主体的救济条件作出规范,并授权司法部长对第三方出资可得应用的法律程序、第三方出资者的主体资格条件进行细化。②

新加坡在立法时并没有将第三方出资行为作为诉讼或仲裁程序中的特别活动进行规范,而是将其纳入民法典的调整范围内。这也与英美法系助讼分利的禁止性原则属于侵权责任法律关系的定性相符。基于民法典的篇章衔接,新加坡立法者并没有在民法典中突出强调出资行为对于仲裁程序的潜在影响及其规制方法,而是从民事法律行为的角度解构。

值得肯定的是,新加坡证实了第三方出资行为的本质是一项民商事活动,而非仲裁或诉讼程序的副产品。这使第三方出资的规制可以从民事法律行为着手,同时兼顾金融监管秩序与仲裁程序正义。但是,也应当注意到,新加坡立法体例与中国内地的迥异差别,一方面,是传统英美法的侵权责任禁止,使其有必要在民法典中认可第三方出资的合法性;另一方面,是其民法典的既有订定习惯,使"打补丁"式的立法改革可得实施,这与内地或大陆法系成文法典的修纂习惯存在较大差异。总体而言,新加坡立法改革的内容值得其他法域借鉴,即第三方出资行为需要规制的对象,包括出资协议、出资者主体、出资行为应用的对象。

---

① See Section 5A & 5B, Civil Law Act (Chapter 43), Singapore, available at https://sso.agc.gov.sg/Act/CLA1909.

② See Civil Law (Third-Party Funding) Regulations 2017, available at https://sso.agc.gov.sg/SL-Supp/S68-2017/Published/20170224? DocDate=20170224.

3. 苏格兰混合法系的状况

苏格兰作为独立法域,其法律规定与英格兰并不完全相同,且兼糅了大陆法系与普通法系的混合背景。[①] 与传统英美法系的法域不同,根据《塞德伦特法案》(the Act of Sederunt)的规定,苏格兰律师可以提供具有投机性的法律服务收费方式。并且,2018 年 3 月,苏格兰议会通过了《民事诉讼(费用和集体程序)(苏格兰)法》,[②]其第 10 条规定了民事诉讼中的第三方出资,但明确排除其在家事法律程序中的应用。按照该条规定,当事人有义务向法院披露收到财务资助的事实,并且在出资人对裁判事项存在潜在权利时,法院有权裁决出资者承担费用。

尽管苏格兰对第三方出资的立法仅有 1 条及其 7 款具体规定,但在英国法中以铭文方式规范出资活动,并许可其在部分民事诉讼程序中应用,仍是对出资机制合法性的肯定。同时,苏格兰立法方式和内容对大陆法系国家的立法改革更具示范价值。在同样具备风险代理制度且不禁止助讼分利的情形下,苏格兰通过立法确定第三方是与案件当事人不存在直接关系的出资者,并且在出资者对裁决享有权益的情形下,赋予法院对该出资者的裁判权(承担费用)。

4. 国际商事仲裁理事会建议

国际商事仲裁理事会(ICCA)作为商事及投资仲裁领域最具权威性的国际非政府组织,在其专项研究先遣组历时 5 年调研完成的《国际仲裁中第三方出资报告》中对第三方出资提供了最佳实务建议。[③] 尽管这些建议是对第三方出资业务的基本原则和具体操作办法的建议,不同于

---

① See Lisa Bench Nieuwveld and Victoria Shannon Sahani, *Third-Party Funding in International Arbitration* (Second Edition), Kluwer Law International 2017, p. 230.

② Section 10, Civil Litigation (Expenses and Group Proceedings) (Scotland) Act 2018.

③ See the ICCA-Queen Mary Task Force, I*CCA Reports No.* 4: *Report of the ICCA-Queen Mary Task Force on Third-Party Funding in International Arbitration*, ICCA Reports Series, Volume 4, International Council for Commercial Arbitration 2018, p. 187 – 197.

联合国贸易法委员会颁布的示范法具有引导各国或地区立法的效用,但其在仲裁业内对仲裁机构、仲裁员和仲裁实务人士的指引作用依然显著,也在内国立法过程中发挥着重要作用。

ICCA 所作贡献在于,将仲裁参与主体在第三方出资介入情形下应当遵循的基本准则与最佳实务指引进行了区分,就案外出资方式给仲裁程序带来的挑战,提出了原则性的规制方法,对第三方出资业务的具体实施办法加以具象化,使当事人、仲裁员、代理人和出资者均能得到更具可操作性的指引。

在原则层面,①专项报告就信息披露与利益冲突、特权与职业保密、仲裁费用分担,以及仲裁费用担保四个方面提出了明确的立场,并且在不违背仲裁程序准据法与当事人特别约定的情形下,报告建议:(1)当事人及其代理人应当披露第三方出资协议的存在和出资者的身份,仲裁员和仲裁机构亦有权明示要求他们披露,以便衡量仲裁员与出资者之间是否存在潜在利益冲突;(2)存在出资的事实和出资者身份并不享有任何法律保密的特权,但在准据法确有认可的前提下,仲裁庭亦不得强迫当事人放弃其保密特权;(3)仲裁裁决不应驳回当事人为寻求资金而引入第三方出资所产生的费用,仲裁庭支持的费用补偿应以“已发生”或“直接产生”为限,但出资者约定在胜诉裁决中分配的权益也符合仲裁庭可予费用补偿的范畴;(4)费用担保仍应以符合需要提供担保的条件为前提,而不应仅因第三方出资的介入而责令当事人提供保证。

从上述原则不难发现,ICCA 对第三方出资参与国际仲裁程序的态度是非常开明和包容的,在保障仲裁员中立性与仲裁程序合法的前提基础上,专项报告明确限制了出资者较为忌惮的费用担保一事,也支持当事人将其需向第三方出资返还的裁决权益作为费用请求。

---

① See the ICCA-Queen Mary Task Force, *ICCA Reports No. 4*: *Report of the ICCA-Queen Mary Task Force on Third-Party Funding in International Arbitration*, ICCA Reports Series, Volume 4, International Council for Commercial Arbitration 2018, p. 188 – 190.

在实践层面，[①]专项报告从出资协议的起草与出资案件的管理两个层面提出了实务建议，侧重于对受资助方当事人的权益保护，尤其是意思自治方面的保护。与原则建议合并考虑，ICCA 的报告意见可以作为立法者订定第三方出资立法的法理原则依据，并可供仲裁机构和行业协会拟定具体实务指引时参考。

第三节　中国内地引入、应用与规制

通过本章对中国内地仲裁市场中当事人潜在案件融资需求的分析以及内地实务界对第三方出资的态度认知，中国内地具备引入第三方出资的土壤。从当前立法、行政和司法环境上看，第三方出资行为在内地民商事诉讼和商事仲裁中的应用均无法律障碍，不受禁止。参考境外立法的示范，结合本书第四章就其对司法仲裁制度产生的潜在消极影响的讨论，第三方出资应用于内地之后可能对程序正当性以及当事人、案外人的合法权益产生影响。就此，本节以内地引入该机制的必要性为出发点，探讨其应用场域，以及规制的途径、步骤和内容。

一、引入第三方出资的必要性

是否有必要明确引入该机制？就同一问题，中国香港特别行政区法律改革委员会经过征集公众意见作出了肯定意见。[②] 中国香港特别行政区第三方出资仲裁小组在其发布的《第三方资助仲裁咨询文件》中对开展立法改革的原因进行了解释：第一，第三方出资在其他法域已有实

① See the ICCA-Queen Mary Task Force, *ICCA Reports No. 4: Report of the ICCA-Queen Mary Task Force on Third-Party Funding in International Arbitration*, ICCA Reports Series, Volume 4, International Council for Commercial Arbitration 2018, p. 192 – 195.

② 参见中国香港法律改革委员会：《第三方资助仲裁报告书》，2016 年 10 月，第 18 页。

践,且这些践行法域包含了既往将助讼分利视作侵权行为和刑事罪行的英美法系法域(如澳大利亚、英格兰和威尔士);第二,中国香港特别行政区保有仲裁中心的地位,第三方出资不断发展已涉足仲裁案件的资助活动;第三,中国香港特别行政区受既有法律制度的限制,尚未就第三方出资的合法性作出评价,而第三方出资仲裁将有助于促进仲裁市场的活跃。① 其实,内地对第三方出资的引入也有迫在眉睫的现实需要。

1. 经济转型对仲裁服务的新要求

中国内地与香港特别行政区对于仲裁法律服务市场的定位和需求相近。中国香港特别行政区立法改革固然有对于当事人实现公义的需求考量,但深层原因则是与中国香港特别行政区作为仲裁法律服务中心及迎合当事人选择在港进行仲裁的动机有关。通过法律改革,更多的当事人(无论其是否具有充足资金实力进行法律权利的追索和维护)均可选择在中国香港特别行政区仲裁,进而通过第三方出资者的帮助推进其仲裁程序。中国香港特别行政区立法改革的背景,与其倡导和鼓励仲裁作为争议解决模式并为仲裁法律服务提供市场的夙愿相关;同时,也是受限于法律既往规定(助讼罪和包揽诉讼罪)的限制,与金融市场经济活动(专业第三方出资者的出现与更多的投资实践)的发展需要之间的矛盾所致。

在2017年召开的全国金融工作会议上,习近平总书记强调,"服务实体经济、防控金融风险、深化金融改革","促进经济和金融良性循环、健康发展";要"主动防范化解系统性金融风险","要把国有企业降杠杆作为重中之重,抓好处置'僵尸企业'工作";他还强调,"要完善现代金融企业制度,完善公司法人治理结构",加快建立有利于防范金融风险的

① 参见中国香港法律改革委员会第三方资助仲裁小组委员会:《第三方资助仲裁咨询文件》,2015年10月,第1.1~1.8段(第8~9页)。

机制。[1] 与之呼应,2017 年 10 月 1 日起生效实施的《中华人民共和国民法总则》与之后于 2021 年 1 月 1 日起生效实施的《中华人民共和国民法典》均对企业法人终止及清算的相关条款作出规定,并对法人解散后的清算义务及清算责任等事项作出进一步明确。这些新生效的法律规定不仅扩大了破产申请的主体范围,[2]也势必刺激当事人,尤其是破产债务人,增强争议解决融资需求。尽管破产案件由法院专属管辖,但与破产企业订立有仲裁协议的债权人或债务人仍应将争议提交仲裁解决。以笔者亲自处理的破产案件来看,[3]破产企业不乏对外的优质债权,却苦于自身财务困境而无力追索。甚至,一些企业的破产原因亦非经营不善,而是由于大量对外债权难以回收而使企业现金流枯竭所致。及时的权利救济与资金支持或可挽救这些企业。

2. 仲裁市场带来融资需求

持续活跃的仲裁市场与宏观经济对于争议解决的需求密不可分。在此前提之下,由仲裁需求衍生而出的仲裁融资需求也具有巨大的市场潜力。从国内主要仲裁机构近年来的收案数量、受案争议标的总额和个

---

① 参见《习近平在全国金融工作会议上强调　服务实体经济防控金融风险深化金融改革 促进经济和金融良性循环健康发展》,载《人民日报》2017 年 7 月 16 日,第 1 版。

② 参见霍雨:《民法总则对强制清算及破产清算案件受理的影响》,载广东法院网,http://www.gdcourts.gov.cn/web/content/37933 -? lmdm =1041,2023 年 10 月 8 日访问。

③ 2014~2016 年,笔者作为破产重整与破产清算管理人参与了大连 STX 造船有限公司在内的 6 家企业的破产重整与破产清算案件,并处理了 100 余件破产企业未决诉讼与仲裁案件。

案平均争议来看,①中国仲裁机构的仲裁案件收案数量、案件标的总额均呈现高速增长态势,但是个案平均争议金额在 2015 年达到 300 万元的顶峰之后开始出现下降。这表明,当事人对仲裁作为争议解决方式的认可度提升,以仲裁方式解决争议的意愿增强。同时,当事人就小额争议申请仲裁的数量增多,体现出当事人对于小额商事争议的救济意识增强。这也侧面反映出当事人的财务状况和资金周转能力可能趋于紧张,第三方出资仲裁的潜在需求有所增加。值得补充的是,据 2024 年 2 月 8 日北仲委发布的数据,仲裁委员会于 2023 年度受理案件标的金额超过 1 亿元的案件数量为 170 件,亿元以上案件的平均标的金额达 4.3 亿余元,累计达 735.74 亿元,占全年收案标的总金额的 58.94%。也就是说,仲裁案件管辖呈两极化的差异明显:平均案件标的金额基本持平且略有下降,而亿元以上特大标的案件的数量仅占 1.39%(全部收案数量为 12,222 件),大标的案件更为集中。这也进一步凸显了当事人争议解决的法律预算与其所需实际列支费用之间的矛盾,在案件平均标的额下降 5.66% 的情况下,大标的案件的争议金额呈现两极分化。②

而且,伴随"一带一路"倡议和"走出去"战略的实施,中国企业海外

① "2016 年,全国 251 家仲裁委员会共受理案件 208,545 件,比 2015 年增加 71,621 件,增长率为 52%;案件标的总额 4695 亿元,比 2015 年增加 583 亿元,增长率为 14%。全国各仲裁委员会平均受案数 831 件,比 2015 年增加 270 件,增长率为 48%;平均受案标的额为 19 亿元,比 2015 年增加 2 亿元,增长率为 12%。"参见中国国际经济贸易仲裁委员会:《中国国际商事仲裁年度报告(2016)》,第 8 页;"根据国务院法制办 2015 年全国仲裁工作有关情况报告显示,全国 244 家仲裁委员会共受案 136,924 件,比 2014 年增加 23,264 件,增长率为 20%;案件标的总额 4112 亿元,比 2014 年增加 1456 亿元,增长率为 55%。"参见中国国际经济贸易仲裁委员会:《中国国际商事仲裁年度报告(2015)》,第 8 页;2014 年,全国 235 家仲裁委员会共受理国内、涉外及涉港澳台案件共计 113,660 件,比 2013 年增加 9403 件,增长率为 9%;案件标的总额 2656 亿元人民币,比 2013 年增加 1010 亿元,增长率为 61%。参见中国国际经济贸易仲裁委员会:《中国国际商事仲裁年度报告(2014)》,2015 年版。

② 参见北京仲裁委员会/北京国际仲裁中心:《2023 年度工作报告》,载北京仲裁委员会网 2024 年 2 月 8 日,https://www.bjac.org.cn/news/view?id=4714。

投资增长,国际经贸往来与商事纠纷的概率增多。适时引入第三方出资,邀请第三方出资者辅助推进仲裁程序,也不失为中方当事人提升争议解决处理能力和法律技术水平的有益方法。

3. 提高仲裁业务水平的反向助推

对照中国香港特别行政区第三方出资仲裁小组调研的利弊分析,第三方出资仲裁既有益于争议解决领域的整体发展,也可切实帮助有资金需求和法律技能欠佳的当事人实现个案公义。就此,中国内地仲裁市场与香港特别行政区仲裁市场相近,也可受惠于第三方出资的引入与适用。

首先,第三方出资仲裁在国内推广的过程也将使国内当事人更为清晰地了解和接纳仲裁制度,从而引导那些专业要求高、复杂程度深的商事纠纷当事人选择通过仲裁方式解决争议,合理节约司法资源,实现多元化争议解决模式在国内的发展。按照最高人民法院和国务院原法制办(现已合并至司法部)的统计,仲裁涉案金额与全国司法系统受案总额及全国经济增长额(GDP)的比例呈逐年升高的趋势。这亦表明,仲裁作为可替代性争端解决机制的补位作用已初步显现。

其次,第三方出资可以为当事人提供复合的争议解决法律服务,其附随的法律分析、战略架构、风险评估、财产保全等一系列综合的争议解决法律服务将显著提高当事人的争议解决效率和案件裁决水平,真正实现仲裁水平的全面提升。这对于仲裁行业保持其在争端解决途径中的制度优势和竞争力具有有益的帮助。

最后,第三方出资有利于以仲裁途径实现社会财富的增长。如前所述,第三方出资仲裁可有效运用高端服务型资源,调集法律、财务和金融人员的广泛参与,拉动第三产业增长。最为重要的是,第三方出资对于困境企业的资金支持和上市企业的财务报表优化均有着潜在的积极意义。此外,通过恰当运用债权让与手段,受资助方当事人将仲裁权利作为对外投资权益注入特殊目的公司,并由出资者代为推进仲裁程序,则可能扭转当事人的资产债务性质，改善企业财务情况。

二、第三方出资在内地的应用前景

围绕我国的国情特点，第三方出资除了在常规商事争议解决领域实践的诉讼融资安排，还可在破产程序、海外权益保护与仲裁费用保险等新兴领域拓展，应用前景广阔。

1. 涉及重整、破产企业的案件

第三方出资的显著特点是减轻当事人就争议解决费用支出的财务负担，这一点恰恰满足破产企业（包括正在重整程序中）的资金需求，借助外部资金盘活其对外债权追索。实践中，破产债务人不乏对外的优质债权，却缺乏资金支持其对外追索。其中即包括一些约定为仲裁方式处理的争议纠纷。第三方出资在企业清算领域的应用，不仅可以帮助困境企业实现法律公义，还能够增强其应诉能力，弥补企业困顿期因法律专业人才流失造成的缺陷。《中华人民共和国民法总则》及之后的《中华人民共和国民法典》均对企业法人终止后的清算义务和清算责任作出了明确规定，扩大了破产申请的主体范围。这将提高破产及清算案件申请数量，进而刺激破产债务人的仲裁融资需求。

2. 海外权益保护相关投资仲裁

目前，中国企业赴海外投资规模已逾万亿元。潜在跨境争议解决需要有了解中资企业文化和境外当地法律环境的专家，并且富于对国际资深仲裁员裁判风格的理解。当事人面临如何选择境内、境外两地律师，如何在多法域背景下制定争议解决策略等难以判断的问题。第三方出资的又一隐性优势在于谙熟仲裁文化并了解法律职业共同体。针对个案而言，第三方出资者不仅可以精准选任有能力的仲裁代理人，也可以就相关法域的法学专家、仲裁员候选人提供建议。作为投资案件的期待利益者，出资者与当事人的利益诉求亦高度一致。在此情况下，第三方出资者可能邀请并由出资者提供资金与法律技术的双轨支持，以提升中方当事人在国际、国内经贸纠纷中的争议解决能力，增强其海外投资权益的保护力度。

3. 商事仲裁领域保险险种开发

伴随第三方出资的出现与应用,国内保险制度将可效仿英美保险公司的成功经验,开拓与争议解决业务相关的新型险种并拓展险资应用领域。新型险种包括"仲裁费用保险"(Arbitration Fee Insurance)和"仲裁裁决违约险"。前者是指投保人(多为申请人或第三方出资者)购买该保险,并在仲裁相对方败诉且无力承担仲裁费用时,由保险公司代为补偿投保人的保险产品。后者则是在败诉方拒不履行或不能如期履行仲裁裁决时,由保险公司向胜诉方全额支付裁项金额的保险产品。虽然两险种产品的保费金额较高(一般达到投保金额的50%),但该等险种可以有效降低当事人或第三方出资者在取得胜诉情形下难以回收资金的风险。此外,保险公司所募集的险资亦可作为第三方出资者的资金池,用以投资具有可预期性的争议解决案件。因保险公司的融资成本较低且投资周期长,险资应用于第三方出资的利润前景可观。

三、分步规管与二元监管办法

第三方出资发源于法律服务市场中当事人对于法律服务资源的需求,而其牵动的远不只于司法诉讼或商事仲裁程序本身,还牵涉金融融资市场。在引入该机制的同时,应当考虑多元、分步管理的方式,确保第三方出资的应用形成良性、有益的发展形态。

(一)多元主体的分步监管

根据中国法律,第三方出资活动的合法性应予确认。但是,考虑到该制度可能对仲裁事业产生的消极影响和其高风险逐利的固有资金风险,应当建立有效、完善的监管机制,在鼓励第三方出资发展的同时,对其进行监管。

1. 明确出资活动的监管主体

参考境外监管经验,英国、美国和澳大利亚主要由律师行业协会与第三方出资者联盟分别对执业律师与专业第三方出资者进行规管。其中,律师受其所属执业协会的纪律限制,需遵守信息披露义务和避免利益冲突的强制性规则;第三方出资者则是自愿加入与自身具有相同价值趋向的出资者联盟,①并将其所属联盟的软性行为准则作为自律性守则。新加坡和中国香港特别行政区均于2017年通过成文立法改革,确认第三方出资在其域内仲裁案件中的应用。监管由当地司法行政部门(司法部或律政司)负责,并联合仲裁界人士制定第三方出资的实务指引。

就中国内地监管而言,第三方出资涉及金融产品与法律服务两个层面的监管。就金融产品而言,第三方出资所投资的标的是仲裁胜诉权,并不属于常规的金融衍生产品,缺乏与之对应的金融监管规定。就此,涉及未决债权作价转让和追诉清偿的商业银行不良资产处置业务与之近似。目前,内地对于不良资产处置的监管主要由中国人民银行、国家金融监督管理总局和外管局负责,侧重于对银行业资产的监管和保护。就法律服务而言,第三方出资与律师风险代理的收费制度有某些相近之处,即出资者需负担法律费用,并以案件胜诉及执行结果为资本回收的前提。以律师风险代理为例,《律师法》并未在立法中明确律师收费的具体办法,只是赋权司法行政主管部门予以确定。② 事实上,风险代理的收费方式系由国家发改委与司法部制定,并限定代理费用不得超过所涉标的金额的30%。③ 对比东亚其他国家或地区的立法改革,中国内地并没有帮讼或助讼分利等禁止性原则,且没有就争议解决费用的承担方式予以立法明确的先例。因此,中国内地运用第三方出资相对简单,无须以立法方式进行明确,但应接受司法行政部门的指导和监管。

在财务投资方面的监管,由于第三方出资的本质偏向于财务投资,其投资标的也属于实物期权(real options)。尽管英国、美国、澳大利亚

---

① 美国存在多个第三方出资者联盟,其准入标准不尽相同。

② 《中华人民共和国律师法》第59条。

③ 《律师服务收费管理办法》(发改价格〔2006〕611号)第13条。

等第三方出资活跃市场没有针对性的金融监管,但因其符合一般金融衍生品的投资特性,第三方出资者的运营仍应满足资本持续性等基本要求。以目前的资管产品分类来看,第三方出资的投资领域尚未被纳入金融机构资产管理范围,不能由金融机构以资产管理计划的名义直接募资。然后,第三方出资具有的投资资本属性需要管理者具备"募集—投资—回报"的能力。就此,从长期发展来看,第三方出资活动应从金融产品与法律服务两方面同步规管。

2. 分步建立自我规管的准则

对于第三方出资的规管应当因时制宜。以中国香港特别行政区为例,根据中国香港特别行政区立法改革委员会的建议,设置 3 年初始期(Initial period)实行"轻力度"规管模式(light-touch approach),即通过立法授权方式由依据《仲裁条例》获得授权的机构制定《第三者资助仲裁实务守则》,并由第三方出资者参照该等《第三者资助仲裁实务守则》自行规管。3 年期满后,由仲裁推广咨询委员会作为咨询机构发表对《第三者资助仲裁实务守则》事实情况的报告书,就本次《仲裁条例》修改订定的专业操守标准及财务标准作出更新建议。届时,中国香港特别行政区当局将考虑赋予仲裁庭命令第三方出资者提供费用保障的权力。不同于行政与司法监督,自我规管更多是通过自律性的行业协会、机构联盟方式进行自我规管,以达成统一的行业运营标准。

第三方出资产业的培育和成型是由其市场需求决定的。对于中国内地而言,分步监管的第一步应以第三方出资活动不影响仲裁程序合法性为原则,树立第三方出资者、受资助方当事人、仲裁代理人与仲裁员的行为规则边界。下一步则应视行业发展情况以及衍生问题,由监管主体联通第三方出资行业的从业者编制行为细则,并建立罚责机制。由于内地仲裁事业的起步相对较晚,涉案数量大且情况复杂,需更长的"观察期"。因而,以 3 ~ 5 年的时间期限作为中国内地培育发展第三方出资市场的缓冲期更为妥当。

（二）金融与仲裁的二元监管

第三方出资的产生与兴旺印证了当事人对仲裁费用融资需求的市场需求。在没有禁止性法律规定的中国内地，第三方出资产业的萌生和发展符合市场经济规律，甚至该产业的繁荣亦是可以预见的未来。就此，中国内地商事仲裁事业施用该机制的同时，应当在仲裁法律服务与金融市场监管的双重领域同步建立二元监管体制——把第三方出资对仲裁造成的潜在影响和问题交由仲裁监管部门与仲裁执业群体处理，把第三方出资者自身的融、投资金融市场秩序问题交由金融监管部门予以监督和规范。就此，中国内地应当构建针对第三方出资的“二元监管模式”（见图 5－4）。①

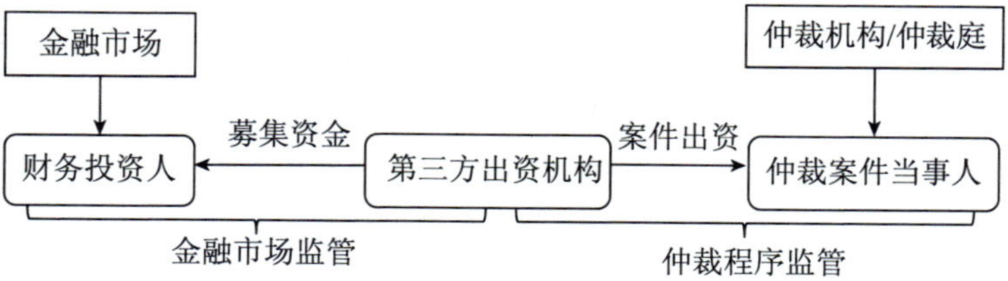

图 5－4　第三方出资结构及其二元监管模式

所谓二元监管模式，旨在将仲裁监督作为其中一元，将金融监管作为另一元，对第三方出资进行双轨考量：分析该机制的潜在影响有哪些、应当如何监管等问题，明确划分仲裁制度与金融市场的双轨监管，分步建立权力监督和自我规制的双项治理模式，最终建立并实现对第三方出资仲裁机制的二元监管，以保障仲裁事业与金融市场有序、正向发展。长期来看，第三方出资活动应适用二元监管模式，将其视作融合了法律服务的金融产品，从金融市场与仲裁程序两个层面采取平行监管。

1. 现行金融规管的间接限制

尽管出资活动具备法理基础，但是设立专门从事仲裁出资业务的法

① 参见侯鹏：《第三方出资机制的二元监管模式》，载《法学评论》2019 年第 3 期。

人,并以出资业务为主要经营范围进行商业活动,还需要取得工商行政管理部门的许可。进一步而言,由于仲裁出资业务本身的投资属性,其为典型的技术集中与资本集中型产业。对待技术集中,出资机构尚可通过内部公司治理与外部行业规范予以调整;而处理资本集中,则势必面临资金募集的问题。这就涉及金融市场监管秩序是否接纳和允许第三方出资企业在资本市场进行募资的问题。

在设立层面上,成立企业专门从事仲裁出资业务,应以取得合法法人资格为前提。国际上,第三方出资机构包含有上市公司、私募基金与从事专项业务的律师事务所,对应的企业性质分别为股份有限公司、有限合伙企业与特殊的有限合伙。以较为活跃的英国投资机构佰福德资本为例,①其主要从事的经营业务内容是"诉讼融资、风险管理、资产复权(recovery),以及较为宽泛的法律融资咨询服务"。当前国内监管中,第三方出资仲裁业务尚未被纳入工商行政管理部门与国家统计局依法核定的国民经济行业分类序列。② 虽然未纳入上述序列的企业经营活动并不必然违法,但是缺乏法律法规对合法经营地位的认可,无疑将抑制和阻碍第三方出资行业的发展。

在经营层面上,第三方出资机构的资本募集与案件投资均不能脱离金融市场监管。由于第三方出资的本质偏向于财务投资,其投资标的也属于实物期权或金融衍生品。根据我国《关于规范金融机构资产管理业务的指导意见》的规定,③第三方出资所投资的仲裁胜诉权,并不属于常规的金融衍生产品,缺乏与之对应的资本投资与资产管理的规定。也就是说,第三方出资机构并不属于金融机构范畴,暂时无法以其所从事的

---

① See Burford Capital, *Burford Capital Reports First Half and Second Quarter* 2023 *Financial Results*, https://www.burfordcapital.com/asia/insights-news-events/news-press-releases/burford-capital-reports-first-half-and-second-quarter-2023-financial-results/.

② 参见国家质量监督检疫总局、中国国家标准化管理委员会:《国民经济行业分类》,GB/T 4754－2017,第 66～68 项。

③ 《关于规范金融机构资产管理业务的指导意见》(2018 年)第 3、30 条。

案件投资业务及其所出资的争议案件作为募资对象，而仅能以出资机构自身的公司股权或企业份额（合伙制企业）为限，接受融资。

由上可见，虽然国内立法没有作出对第三方出资仲裁业务的禁止性规定，但是从其实际开业、经营角度观察，当前国内金融监管体制并未畅通第三方出资的融资、投资渠道，客观上制约并抑制了第三方出资仲裁产业的发展。

2. 认可仲裁请求权可投资性

第三方出资活跃的法域，如美国、英国、澳大利亚、法国等，均是资本市场发达的区域，其对资本投资的审查与约束机制相对宽泛，因而，国际仲裁界并未将仲裁权益的可投资性纳入监管内容的考察对象。① 金融监管部门对于可投资资产的严格限定可能阻碍第三方出资活动，金融市场只有先“放开”对第三方出资者的资金募集限制，才能使该产业得以发展，进而对其施以监管。

引入和发展第三方出资产业，应首先解决当事人在仲裁程序中享有的财产权益可否作为投资标的的问题。第三方出资机构通过与受资助方当事人达成协议、支付仲裁费用的方式，所取得的是仲裁裁决确定后的部分债权权利，而非仲裁请求权。因此，第三方出资者的投资对象本质上是一类可于将来兑现的债权权利。当前，第三方出资的投资标的尚未被列为法定的金融衍生品范畴，不能通过金融市场进行直接融资。若将第三方出资所投目标视为一种“另类投资资产”，则经营该资产投资项目的公司即第三方出资机构，将受限于中国证券业协会等自律性组织规则，②无法进行项目融资，即不能实质经营第三方出资业务。

---

① See James Rogers, Alison G. FitzGerald & Cara Dowling, Emerging Approaches to the Regulation of Third-party Funding, Norton Rose Fulbright (Oct., 2017), http://www.nortonrosefulbright.com/knowledge/publications/157164/emerging-approaches-to-the-regulation-of-third-party-funding.

② 《证券公司另类投资子公司管理规范》第16条；中国证券业协会《关于进一步加强证券公司场外期权业务自律管理的通知》第2项。

在二元监管模式下，对第三方出资仲裁机制的金融监管需要“先改革”“后监管”。在不违反法律规定和侵害其他个体权益的情形下，第三方出资者对于仲裁案件的投资行为应当得到金融监管部门的认可，以此引导资金进入争议解决领域，帮助真正有资金需求的当事人实现仲裁纠纷的高效解决。结合第三方出资的产业特性，金融监管部门的工作重点应围绕保障金融市场投资人权益，以及仲裁程序当事人的双重视角进行。具体就保障投资人权益而言，金融市场的变通与改革，不能以放弃其自身的稳定和有序为代价，应当确保卷入争议解决融资市场的公众权益免受减损或危害。第三方出资所投资的标的是仲裁胜诉权，并不属于我国金融监管部门认定的金融衍生产品，缺乏与之对应的金融监管规定。以目前的资管产品分类来看，第三方出资的投资领域尚未被纳入金融机构资产管理范围，不能由金融机构以资产管理计划的名义直接募资。与之近似的是，商业银行不良资产处置业务——涉及未决债权作价转让和追诉清偿。内地对于不良资产处置的监管主要由中国人民银行、国家金融监督管理总局和外管局负责，侧重于对银行业资产的监管和保护。对于第三方出资者而言，出资者同样需要具备“募集—投资—回报”的能力，不仅涉及上述金融监管部门，甚至需要由证监会监督的基金业协会参与产业扶持和政策监管。

3. 构建出资风险防范的机制

金融监管的主要职责在于维护正常的金融市场秩序，侧重于保护投资人权益。对于第三方出资产业而言，金融监管部门不仅应当对第三方出资机构的资金募集进行监管，而且应兼顾第三方出资的投资对象——仲裁当事人的利益保护。与第三方出资可能引发的仲裁伦理风险（ethical risks）不同，金融市场主体对其投资标的的潜在财务风险应归于金融投资安全的监管范畴。比如，作为争议解决费用提供方，第三方出资者有可能因自身资本充足率的问题导致受资助方当事人的法律权利遭受贬损。此外，由滥诉导致的相对方当事人财产损失，包括应诉案件的必要费用支出以及经营利润损失，均需由案件的启动方及资金支持方予以赔偿。就此，金融监管部门亦应考虑设置财务门槛与费用担保等要求，以减少第三方出资者过度投资、恶意提起滥诉，进而危害金融秩序。

第六章　跨境仲裁中的适用和展望

与此同时，构建中国引领的、全新的“一带一路争端解决中心”业已成为中国实务工作者和法学理论家的重大命题，①但仍任重道远。为保障数以万亿计的跨境贸易交易和海外投资资产安全，如何利用现存机制解决现实困境是本章讨论的核心。第三方出资为解决当事人资金困窘，快速突破境外律师代理服务障碍，为中国企业和个人实现在争议纠纷所在地或标的财产所在地径直启动法律程序，定分止争并保护自身合法权益提供了可能。就此，中国内地应尽快引导、建立海外投资争端解决的援助机制，利用第三方出资的特有结构性优势，集中法律服务优势资源，强化中资企业和个人在海外投资资产所在地通过法律手段解决商事、投资纠纷的能

① 参见王贵国：《“一带一路”战略争端解决机制》，载《中国法律评论》2016年第2期。

力,迅速而有效地保障中国海外投资权益及资产安全。

第一节　境外仲裁保护的瓶颈

中国内地十分重视对海外权益的保护,并不断探索有利于保障当事人权益的机制。为便于平等、高效、公平地解决跨境纠纷,最高人民法院专门成立了审理国际商事纠纷的第一和第二国际商事法庭。① 为实现投资者与国家间争端的解决,中国内地仲裁机构也陆续引入投资仲裁制度,明确管辖和处理各国投资者与投资东道国之间的投资争议。② 虽然这些举措为保障当事人在跨境纠纷中的合法权益提供了可行的救济途径,但不得不承认,内地司法机关与仲裁机构对中国海外经济利益与投资权益保护起到实效尚需一段时间,内地机构得到国际投资者和东道国信赖并接受管辖还需更多耕耘和努力。在裁判文书的执行方面,内地所作司法判决与仲裁裁决在域外的承认和执行,从程序设计和实践操作来看,还需要解决部分实务难题。

简言之,中资企业在境外难以实现权利救济,而中国内地司法仲裁裁判又难以实现跨境执行,使中国境外权益保护的渠道不畅,部分当事人的合法权益无法得到有效救济。

---

① 参见《国际商事法庭简介》,载最高人民法院国际商事法庭官网2018年6月28日,http://cicc.court.gov.cn/html/1/218/19/141/index.html。

② 参见申铖、韩洁:《我国首个国际投资争端仲裁规则将于10月1日起施行》,载新华网2017年9月19日,http://www.xinhuanet.com//politics/2017-09/19/c_1121690749.htm;深圳国际仲裁院:《中国首开东道国政府与他国投资者之间的投资纠纷仲裁受理渠道——深圳国际仲裁院发布新规则》,载深圳国际仲裁院官网,http://scietac.org/web/news/detail/1652.html,2023年10月8日访问;章曦:《〈北京仲裁委员会/北京国际仲裁中心国际投资仲裁规则〉制定说明》,载北京仲裁委员会官网2019年9月13日,http://www.bjac.org.cn/news/view?id=3543。

一、中资企业境外参加仲裁

纠纷,又称争端或争议,通常是指各方当事人在国际经济活动中就其相互之间享有的权利与义务的不同主张所生分歧意见。国际经济关系包括国际投资、国际货物买卖及服务和技术交易、国际融资等国际经济活动所形成的关系,①涉及的主体包括自然人、跨国公司、国际组织等,可能产生的争议涉及企业与企业、企业与政府,和政府与政府之间的商业、投资、贸易争端。② 中资企业在境外交往中或可面临的经济纠纷大致包括两类:与平等商事主体之间产生的商事纠纷,或与主权国家之间产生的投资纠纷。对于商事纠纷,包括基于合同而产生的违约纠纷,以及侵犯当事人权利而生的侵权纠纷,解决途径包括特定法域内的司法诉讼,以及受管辖地影响不大的替代性争端解决机制,包括仲裁、调解与自行和解。对于投资纠纷的解决途径,在投资东道国领域之内,主要以行政救济和司法救济为主;在国际法治框架下,主要包括国际公法的既有争端解决方式和国际公约所赋予的特殊争端解决机制,③即调停、斡旋、外交保护,以及国际投资仲裁。④

中资企业在"一带一路"建设及海外经贸合作中可能产生的争议,大体源于商事纠纷、贸易(含技术与服务贸易)摩擦和投资争端。它们所对应的争议解决途径既包括内国法院的司法诉讼,也包括依据国际公约、多边协定或当事人约定,由国际组织管理的贸易争端申诉和上诉机制,及仲裁机构受理的仲裁程序。本节以商事纠纷和投资争端为主要研究对象,探讨中方当事人境外争议解决。

① 参见余劲松、吴志攀主编:《国际经济法》(第3版),北京大学出版社2009年版,第4页。

② 参见王贵国:《"一带一路"争端解决制度研究》,载《中国法学》2017年第6期。

③ 即联合国《关于解决国家和他国国民之间投资争端公约》。

④ 参见漆彤:《论"一带一路"国际投资争议的预防机制》,载《法学评论》2018年第3期。

（一）中资企业海外投资规模与纠纷概率

中方当事人赴海外投资、从事商业贸易活动的经济规模越发庞大，已逐渐成为世界投资的中流砥柱，①其所伴生的潜在争议规模亦甚为可观。据商务部统计，2022 年，中国货物进出口总额达 42.1 万亿元，同比增长 7.7%，连续 6 年保持货物贸易第一大国地位。② 2023 年 1 ~ 8 月，中国全行业对外直接投资 7019.9 亿元人民币，同比增长 12.9%，③其中对"一带一路"共建国家的非金融类直接投资 1403.7 亿元人民币，新签对外承包工程合同额 7253.5 亿元人民币。④ 中国当事人面临的潜在海外纠纷数量和单体争议标的金额均不容小觑。以中国交通建设公司承建的马来西亚东海岸衔接铁道计划（"东铁计划"）为例，2017 年 6 月，中方与马方签署设计施工总承包商务合同，一期造价折合人民币 728 亿元，二期造价 142 亿元，连同贷款融资利息等总金额接近 1070 亿元。⑤ 2018 年 7 月，在中方已完成 15% 工程的情形下，马方新政府以债务规模过于巨大为由，单方暂停项目。经双方多轮磋商，2019 年 4 月，中马双方再度签署补充协议重启东铁计划，但总造价缩减了 32.8%，降为 711 亿

---

① See United Nations Conference on Trade and Development（UNCTAD），*Global FDI Flows Continue Their Slide in* 2018，Investment Trends Monitor Issue 31，Jan. 2019，available at https://unctad.org/en/PublicationsLibrary/diaeiainf2019d1_en.pdf.

② 参见商务部国际贸易经济合作研究院：《中国对外贸易形势报告（2023 年春季）》，第 4 页，https://caitec.org.cn/upfiles/file/2023/5/20230621091049654.pdf。

③ 参见商务部对外投资和经济合作司：《2023 年 1—8 月我国全行业对外直接投资简明统计》，载商务部官网 2023 年 9 月 28 日，http://hzs.mofcom.gov.cn/article/date/202309/20230903443843.shtml。

④ 参见商务部对外投资和经济合作司：《2023 年 1—8 月我对"一带一路"共建国家投资合作情况》，载商务部官网 2023 年 9 月 28 日，http://hzs.mofcom.gov.cn/article/date/202309/20230903443846.shtml。

⑤ 参见《中国交通建设股份有限公司重大合同公告》，载中国交建官网 2017 年 6 月 14 日，http://www.cccltd.cn/tzzgx/ggth/ag/202209/P020220907589778645693.pdf。

元,[①]规划长度由688公里降低至640公里。[②] 在承建之初,中资企业对于合同履行风险,评价为“不可抗力因素”可能对合同产生影响。尽管国家政策变化属于政治风险,在大多数国家也符合不可抗力的认定标准之一,但中方当事人对于此类合同履约风险的防范能力较为有限。东铁计划最后恢复施工,是两国政治斡旋、外交磋商以及企业协商共同努力的结果。

这一潜在纠纷具有代表性,不仅反映出中方当事人对待海外争议的处置态度,[③]也印证了在逆全球化思潮和政治不稳定国别从事投资活动,中方当事人将面临越来越多的商事交易与投资风险。[④] 在对外贸易方面,近年来,由于美国单边提起的关税壁垒与贸易战,及其引发的中国和世界其他主要贸易国的反制措施,使中国外贸进出口总额的增速放慢,贸易顺差收窄,[⑤]对外商贸压力也正不断加大。

伴随经济环境影响,跨境纠纷也呈现上升趋势,但中方当事人采取法律手段解决境外纠纷的比例偏低。在国际商事仲裁(包括境内的涉外案件)中,[⑥]亚太主要仲裁机构受理的包含中外两方当事人的案件总量

---

① 参见陶涛:《马来西亚东海岸铁路项目补充协议签署》,载中国交建官网2019年4月16日,http://www.ccccltd.cn/news/gsyw/202209/t20220909_194821.html。

② 参见余佩桦、谢雯雯、张艺欧:《详解马来西亚东海岸铁路谈判始末》,载《财新网·世界说》2019年4月14日,https://baike.baidu.com/reference/22450597/ec0ecnZhRT9IyrersuDyd4XyUs9ec41YxXZqesuFjOYqP-28Wzb_2i4rloJ6hmK7cKflIQfGQrv9YqXH5qRdAh4CIsZPeUvJeKHrn0FtbRCM0DfBfxw,最后浏览时间2023年10月8日。

③ 详见本节第(三)部分。

④ 参见商务部:《中国对外投资合作发展报告2022》。

⑤ 参见商务部新闻办公室:《商务部外贸司负责人谈2018年1—10月我国外贸运行情况》,载商务部官网2018年11月13日,http://www.mofcom.gov.cn/article/ae/sjjd/201811/20181102806072.shtml。

⑥ 因各机构公开披露数据的可追溯年限及对中国当事人的统计信息等原因,主要统计的仲裁机构包括:中国国际经济贸易仲裁委员会、北京仲裁委员会、香港国际仲裁中心和新加坡国际仲裁中心,统计期间为2010~2018年。

呈逐年上升态势，见图6－1。但是，各机构受理的中国当事人参与案件的数量占比呈波动状，且有小幅下降。这亦反映出，中方当事人采取国际仲裁方式解决纠纷的积极性不及其他国家的商事主体。一言概之，中国在全球经济中的地位越来越高，而寻求法律途径保障自身权益的步伐略显滞后，有待转变思想、强化能力，加快融入并参与到国际争端解决机制中来。

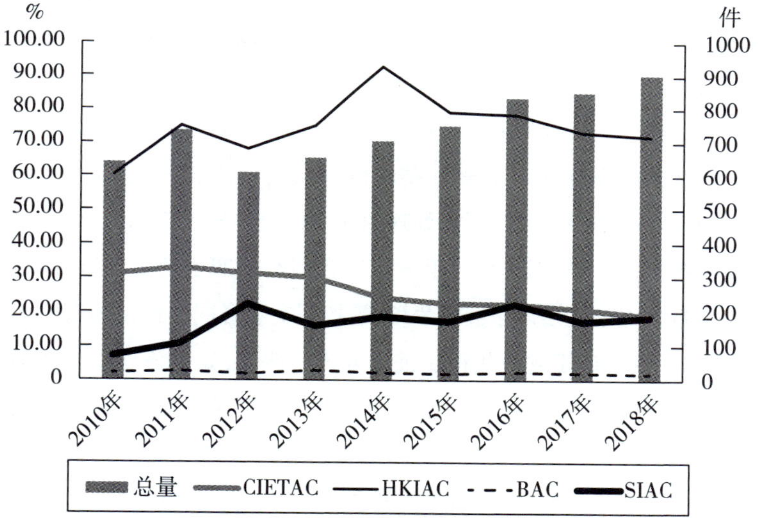

图6－1　亚太主要仲裁机构受理案件数量(2010～2018年)

在投资争端方面，中国内地签署的双边投资协定约为148件，①占全球双边贸易协定总量(约2912份)的5.1%。② 然而，中方投资者主动提

① See UNCTAD, *Investment Dispute Settlement Navigator categorized by China*, available at https://investmentpolicy.unctad.org/international-investment-agreements/countries/42/china.

② 包括双边投资协定(2912份)和含有投资条款的协定(388份)，共3300份。See UNCTAD, *Investment Dispute Settlement Navigator categorized by Most recent IIAs*, available at https://investmentpolicy.unctad.org/international-investment-agreements, last browsed on 08 October 2023.

起的投资仲裁案件数量较少，包括中国香港特别行政区和澳门特别行政区投资者在内的投资仲裁申请数量仅有 7 件（其中 2 件为关联案件），与有统计的国际投资仲裁案件总数 1068 件相较，占比只有 0.66％。① 而且，这 7 宗案件中，中方投资者最终取得有利裁决的仅有 1 件，其余 3 件败诉、1 件和解、2 件关联案件尚未审结。② 以上数据更加凸显了中国作为全球第二大对外直接投资母国，但中方投资者消极或不善于利用国际投资争端解决机制维护自身合法权益的现状。客观而深刻地反映出，中国当事人于境外运用国际仲裁等法律手段解决纠纷的比例较低。

（二）境外纠纷风险来源与主要救济途径

中方当事人从事跨境交易和境外投资可能面临的风险，既源于商事交往所固有的商业风险，也源于传统政治风险和新型法律风险。③ 商业主体对于不同来源的风险所需处理的纠纷性质各异。比如，在同一宗境外直接投资交易中，因交易对手方违反合同约定产生的合同履约风险，可能导致的纠纷大多属于商事争议，需按照交易合同中约定的商事争议解决方式，通过诉讼或仲裁程序进行处理。然而，如果该项投资活动出现履行不能的原因是投资东道国的政策变化、法律改革，甚至于系政府行为导致的合同无法继续履行等情形，那么投资者很可能无法向其交易对手方主张违约赔偿，而需依据东道国与母国之间的双边协定，通过投资争端处理机制解决争议。这就有可能使投资者需要用尽当地救济，而在仍未取得合理结果的情况下，通过国际投资仲裁解决。

---

① See itslaw, *Claimant State case list*, available at https://www.italaw.com/browse/claimant-state.

② See UNCTAD, *Cases as Home State of Claimant of China*, https://investmentpolicy.unctad.org/investment-dispute-settlement/country/42/china/investor, https://investmentpolicy.unctad.org/investment-dispute-settlement/country/93/hong-kong-china-sar/investor, https://investmentpolicy.unctad.org/investment-dispute-settlement/country/123/macao-china-sar/investor, last browsed on 08 October 2023.

③ 参见漆彤主编：《中国海外投资法律指南》，法律出版社 2019 年版，第 21～36 页。

1. 境外纠纷风险来源

(1)商业风险

海外经贸合作与投资交往中所面临的主要商业风险,是指投资者或交易当事方在履行有关商业合同过程中所面临的经营性风险。这些风险有可能源于当事方自身、交易相对方或相关竞争对手,也有可能是市场经济、自然环境、国家关税与外汇管理政策等客观因素变化所引发的风险。进一步而言,商业风险大致包括以下四类主要情形:

其一,经营风险是最主要的商业风险,而其主要来源即市场原因与主体原因。在市场方面,受供需关系影响导致的市场价格发生波动,而该波动与当事方就合同履行期间的预见不吻合,致使合同相对方之间的权利义务出现失衡,进而使一方或双方产生履约不能或不再继续履约的风险。市场原因所致经营风险的事例不胜枚举,比较典型的案例如长期铁矿石供销合同中,受到铁矿石市场价格的影响,买卖双方对于国际市场中物料价格的短期波动,与其缔结合同时所作预判出现严重偏离,且缺乏有效的价格调整机制,导致缔结合同的一方提出履行困难,这就属于典型的市场价格波动对跨境贸易合同履行的影响。决定风险是否会爆发的主观因素则在于当事人在面对这类风险时,对信用价值和经济利益的取舍。例如尊重契约,企业仍会在蒙受商业损失的情形下恪守义务。

其二,任一当事方的履约能力或者交易目的在商事活动进行中发生了改变,即由于主体丧失履行能力或履行意愿,使交易难以为继而引发风险。当事方履约能力受到自身资产债务水平的影响。在全球经济海啸时,一些当事方因受短期经济巨幅波动的影响,而资金流断裂,发生债务违约而进入破产重整或清算。如是,该当事方订立的合同将被中止,甚至终结。一方主体民事权利能力的消灭,最终导致商事交易无法继续,还可能引发一连串上下游产业交易的中断。此外,就经营主体风险而言,容易被人忽视的是,当事人关于合同缔结目的、商业交易目标的变化。相当一部分跨境争议产生的原因，并非来自市场、政策等客观原因，也不存在主体履约能力变化的影响，而是当事主体真实意图发生了改变，这可能是合同履行过程中最主要的风险。道理不言自明，双方当事人在缔结合同时对于双方履行各自合同义务以换取相应权益价值存在一种期待，若该期待发生变化，如期待取得的利益更大或希冀交易的成本更低，则当事人在合同履行中的期待利益既已发生了改变。商业主体将在合同履行过程中不断进行比较，比较其可得期待利益与合同履行(或违约)成本之间的差值，一旦违约成本低于违约可得利益时，合同持续履行的风险将会高涨。与其他风险来源相较，商业交易目的更为容易改变，当事人有很大可能对原有意思表示反悔，进而作出拒绝履约的行为。

其三，对外投资和国际贸易过程所涉国家的关税或外汇政策发生变化，亦可能对缔约双方产生商业风险。国际贸易的进、出口国，或者跨境投资的东道国与投资者母国有权对关税及外汇管制实施行政管理，所产生的结果将直接影响双方当事人对合同的履行。其最大的问题和挑战在于，关税调整与外汇管制必然影响交易标的物的成本或投资资本的回收。因受海关进出口限制或外汇管制限制而导致合同履行出现困难的，双方当事人还将面临违约风险。虽然这些调整变化是国家意志的体现，不属于合同当事方能控制的范畴，但除非将其明确约定为交易项下的不可抗力因素，否则将会被归咎于商业主体应当预见或有能力预见的合理商业风险，进而由当事人直接承担和消化由此蒙受的经济损失。需要注意的是，如果是针对一国关税与外汇管制政策是否违背公平公正待遇，或该国应当遵守的国际条约义务的，则属于针对一国政府行为的挑战，有可能落于投资纠纷的范畴。

其四，自然灾害，如地震、海啸、瘟疫等不可抗力事件虽发生概率较低，却仍是跨境商事活动中无法避免的阻却合同履行因素。即便大部分国家立法规定不可抗力属于合同免责的法定事由，但其对商事交易本身的影响深远,甚至对当地金融市场产生重大的扰动。① 这些不能归咎于合同缔约方及其他第三人的因素,仍然属于传统的商业风险范畴之内。

(2)政治风险

政治风险,是指与东道国政治社会法律有关的人为风险,而非投资者所能够影响和控制的其他因素。② 政治风险主要体现在国际投资活动中,当然也可以反映在正常的商事、贸易交往中。有学者将政治风险归于商业风险的对立面及非商业风险,认为政治风险可以包罗商业因素以外的全部风险类别。就此,笔者建议将非商业风险细分为政治风险与法律风险。这两者的主要区别在于,政治风险反映的是国家意志、政府行为等政权外在表现;而法律风险则是在主权国家法治体系下,通过立法明确、行政监管、司法保障的法律义务与责任等,可能给交易当事方、投资者等主体带来的合规性风险。具体而言,政治风险包括以下几类事项:

其一,资本转移与汇兑风险。前文已经述及有关外汇管制可能给当事人造成的商业风险,而从东道国国家责任的角度,发生资本转移与汇兑风险的实质原因是东道国利用行政手段实施的,禁止或限制外汇兑换,进而使投资者、外国交易方无法从东道国收回其投资资本、利润和合法收入,造成投资者财产权益减损、财产支配权利被剥夺的风险。不同于一国正常行使外汇管理权,资本转移与汇兑风险的主要来源是主权国家违反其在双、多边投资协定项下,对外国投资者作出的承诺,相应地,投资东道国将面临违背公平、公正对待外国投资者的国际投资法律责任。

其二,国有化和征收补偿不匹配的风险。这是指将本属于投资者自身的资产权益,或者其他可转化成财产价值的权利,以国家名义或社会

---

① See Cambridge Centre for Risk Studies, *Impacts of Severe Natural Catastrophes on Financial Markets*, Mar. 2018, p. 53.

② 参见姚梅镇:《国际投资法》(第3版),武汉大学出版社2011年版,第200页。

公共利益需要的名义，进行征收，实现投资东道国的国有化，而相对应的补偿机制和补偿金额与投资人被征收的资产价值并不匹配，从而产生的一种权益被剥夺的情形。比如，我国内地某公司对西非某国进行矿业投资，在取得矿产开采权证并开始建设开采设施的过程中，该国政府无端收回了开采权，导致项目建设中止，最终，所有投资兴建的设施被该国企业以零对价方式接管。这就是典型的国有化征收且未予补偿的情形之一。

其三，战争和内乱及政权更迭与政府继承风险。战争、内乱和暴动均是境外投资保险机构对战争险的主要承保事项，[①]也是可能导致投资者海外投资发生重大价值减损的事件。即便这些情况没有直接破坏投资者在东道国的资产，但其往往伴随政权更迭，从而导致投资合作受阻。以河北中兴汽车在埃及投资建厂为例，中资企业于2008年以CKD整车零配件加工方式在埃及投资建厂。

其四，政府违约风险。投资东道国政府发生违约并不鲜见。若将政府主体人格化，政府违约的主要成因，既包括主观上的政府意志变化，也包含客观上的政府履约能力不足。而造成政府意志改变的诱因，大多是政府首脑的更换与执政政权的更迭。近年来，中国企业从事的海外投资与经贸合作大多涉及时间周期较长、资金量巨大的长期履约合同。政治违约风险对于这些国际合同的履行和结算构成较大挑战。在境外投资者参与到政府与社会资本的项目（含PPP）中时，双方商业合作有赖于当地政府能够信守承诺，并积极履行其在合同项下的义务，一旦政府违约，这些通过长期经营方能实现盈利的半公利性经营将难以实现资本回收。

其五，法治不健全与司法不独立的救济风险。法治不健全，既包括发展中国家法律制度的不完整，也包括法律实施的不稳定，即朝令夕改，减弱法律责任的可预见性；司法不独立是缺乏法治传统的国家存在的普

---

① 参见车丕照：《国际经济法概要》，清华大学出版社2003年版，第355页。

遍现象，主要表现为司法机关无法进行公正、公开、公平的司法审判，并且可能受到当地政府或本地财团等案外势力对于裁判施加的影响，导致纠纷当事人难以通过司法途径解决矛盾，使投资者在东道国本地的司法救济被架空。

2. 主要争议解决途径

上述种种风险来源所产生的争端将会通过不同的争议解决途径加以疏解。谈及纠纷解决的主要方式，就商事、贸易案件而言，主要途径不外乎于和解、调解、仲裁和诉讼，涉及主权国家的投资纠纷还可能通过外交途径或政治协商解决。[①] 其实，由交易双方自行或通过第三方进行的和解、调解、协商与斡旋等非诉讼程序的本旨，都是通过友好方式达成新的商业共识，实现化解分歧的目的。与之相较，无论是一个法域之内的诉讼程序（包括商事诉讼和涉及政府的行政诉讼），还是国际商事仲裁与投资仲裁，都是由具有裁判权的机关对纠纷进行裁断，这将不再以双方当事人的意志为转移，而是依据法律和原有约定进行权利义务的再分配。

如果将商事纠纷限定于平等民事主体之间因经济活动而引发的纠纷，而投资争端是资本输出国或输入国政府与另一国国民（含公民、企业和社会组织）之间的纠纷，那么在现行世界经济格局与国际争议解决体系下，当事方可得寻求纠纷救济的途径包括以下几种主要途径：

(1)磋商、调停、调解与外交斡旋

这四种方式既是国际法治下和平解决国家争端的主要手段，[②]也可应用于涉及民商事主体的商事与投资纠纷中。磋商应当包括争端一方向另一方了解有关信息的征询（consultation），以及双方就纠纷进行的协

---

① 参见余劲松、吴志攀主编：《国际经济法》（第3版），北京大学出版社2009年版，第389～414页。

② 参见王铁崖主编：《国际法》，法律出版社1995年版，第417～420页；余劲松：《国际投资法》（第5版），法律出版社2018年版，第308～319页。

商(negotiation)。[①] 由于国际争端所涉地域性和主体身份复杂性,纠纷产生的起始可能源自相互误解而产生的信任质疑。通过征询与协商,许多潜在纠纷可以在互通信息及辨明是非之后得到处理和平息。

调停(mediation)则是应用于投资者与国家间争端解决的一种替代性争议解决方式。[②] 少数双边贸易协定规定,调停机制是双方启动国际投资仲裁的前置条件。[③] 在国际法中,调停和斡旋,是指争端当事方之间不能直接谈判或协商解决争端时,由第三方居中沟通,促成各方的进一步协商。但是,该方式在经济纠纷中的应用较少。[④]

调解(coordination)是由调解委员会作为第三方,参与当事双方的争议解决,并在调解员的主持下,促使当事方对纠纷达成和解协议。调解委员会不能直接对当事人作出裁决,但和解协议的性质为契约,即双方当事人之间具有合同约束力的文件。联合国《关于调解所产生的国际和解协议公约》,即《新加坡公约》,是由联合国贸易法委员会经过4年研讨拟定的,于2019年8月7日开放签署,当日即有46个国家缔约。[⑤] 该公约促进调解成为替代性争端解决机制,并赋予当事人依公约规定和缔约国国内法律规定,在各缔约国之间便利执行调解协议。

(2)相关国家法院司法救济

一国法院的司法诉讼是处理商事纠纷的主要途径,也是进行国际投资仲裁的前提。对于民商事纠纷,一国法院当然地享有民商事案件的司法管辖权和裁判权,有权依法或依据当事人约定审理涉外民商事案件。

---

① See J. G. Merrills, *International Dispute Settlement* (5th edn.), Cambridge University Press (2011), p. 1 – 2.

② See International Bar Association Sub-Committee, *IBA Rules for Investors- State Mediation*, Oct. 2012.

③ See Canada-EU Comprehensive Economic and Trade Agreement, the Annex on Mediation.

④ 参见韩立余主编:《国际投资法》,中国人民大学出版社2018年版,第195页。

⑤ 联合国《关于调解所产生的国际和解协议公约》(2018年12月20日,联合国大会会议审议通过)。

对于投资纠纷,根据联合国大会通过的《各国经济权利义务和宪章》,国家享有充分的永久主权,对外国人财产实行国有化,并就相应赔偿问题引起的争端进行处理。根据用尽当地救济规则,外国人提起本国外交保护,或将纠纷交由国际(仲裁)程序的前提是,该外国人已经在东道国国内穷尽一切可能的救济程序和手段,且仍不能得到满意的结果。[①] 根据联合国《关于解决国家和他国国民之间投资争端公约》第26条的规定,缔约国可以将投资者须用尽本国行政或司法救济,作为该国同意将投资争议提交国际仲裁的前置条件。

(3)商事仲裁与投资仲裁

无疑,商事仲裁与投资仲裁是当前解决跨境经济纠纷最为有效的跨境争议解决方式。这归功于联合国大会在1958年通过《承认及执行外国仲裁裁决公约》,即《纽约公约》,赋予当事人广泛的仲裁裁决执行能力。[②] 按照《纽约公约》的规定,当事人在缔约国取得的仲裁裁决可以在其他缔约国申请承认和执行。商事仲裁突破司法判决受国家主权影响而形成的域外执行瓶颈,一经作出即可在全球主要法域予以执行。同时,《华盛顿公约》又赋予缔约国国民将其与另一缔约国之间的投资纠纷交由国际仲裁的权利。这两项公约相结合,成就了当今国际仲裁得到世界广泛认可和流行的基础,也保障着商事实体跨境交易与投资安全。

(三)中资企业处理跨境纠纷面临的挑战及相关建议

由前文可见,中资企业通过法律途径解决纠纷的案件数量与中资资本在海外投资、跨境贸易中的经济规模并不相称。更有甚者,中资企业在境外法律程序中的胜诉率以及财产权益的追偿清收率并不理想。这与中方当事人的传统文化思想、企业现代化水平以及法律救济的管理水

---

① 参见姚梅镇:《国际投资法》,武汉大学出版社1987年版,第350~355页。

② See *Convention on the Recognition and Enforcement of Foreign Arbitral Awards*, United Nations Treaty Collection, https://treaties. un. org/pages/ViewDetails. aspx? src = TREATY&mtdsg_no = XXII-1&chapter = 22&clang = _en.

平存在紧密联系；也与中资企业不熟悉域外法律救济途径，缺乏对法律成本和法律风险的成熟管理模式等弱势存在一定关系。

中方当事人在国际仲裁实践中的潜在困难或可从实例略见一斑。

事例之一，即前文所述东铁计划纠纷。该事例是中国企业在跨境投资过程中遇到的利用协商、调解等新型多元方式解决纠纷的典型。但从其项目投前评估，到项目履行中所遇潜在纠纷及其应对办法来看，均反映出中资企业在境外纠纷处置中"惜讼"的特点。在承建之初，中资企业对合同履行风险的评价是"不可抗力因素"可能对合同产生影响。事后看来，尽管国家政策变化一般应属于投资争议中的政治风险，在大多数国家也符合不可抗力的认定标准之一，但中方当事人对于此类合同履约风险的防范能力较为有限。综观中方对于潜在纠纷的处理办法，折射出中方当事人"以和为贵""和气生财"的传统文化思想，趋向于厌诉、息讼，也体现出企业管理的先进程度与其争议救济的技术水平存在紧密联系。

另一事例与中国企业于未建立外交关系的境外国家进行投资相关，即中机新能源于危地马拉投资失败及其巨额赔偿责任。中国企业利用在美设立的子公司于中美洲危地马拉投资建设火力发电厂。2010 年，中机公司与危国合作方签订合同金额近 5 亿美元的 EPC 总包合同。就在项目即将完成时，中方派驻员工遭到危国武装分子的武力攻击和暴力驱逐，项目被迫延期。危国合作方借故提出索赔主张近 3 亿美元，在新加坡提起国际仲裁并取得胜诉裁决。[①] 虽然中方向新加坡法院申请撤销该仲裁裁决，但并未获得支持。[②]

---

① 参见鸿观视界：《未与中国建交就敢去投资，项目结束当即被扫地出门，损失超过 30 亿》，载新浪网 2019 月 3 月 27 日，http://k. sina. com. cn/article_6388119490_17cc2f7c200100dc0a. html? from = news。

② 参见潘辉文：《4.5 亿美元合同纠纷暴露中企应对国际仲裁短板》，载中国贸易报网，https://www. chinatradenews. com. cn/epaper/content/2018 – 06/07/content _53298. htm。

本事例对中资企业境外投资更具典型意义，该项目纠纷已进入国际仲裁程序并取得裁决结果。中方作为投资者在与中国没有建立邦交关系的国家进行跨国投资所面临的商业和政治风险只能通过法律途径解决。

上述两宗事例可以看出中方当事人应对海外纠纷的特点和劣势在于：

1. 争议解决文化差异的影响

中方当事人对待争议的态度和所持文化理念是其采取法律救济的障碍。一直以来，中华民族秉持“以和为贵”的思想。这在商贸往来中更为凸显，即所谓的“和气生财”，①这使商事主体间不愿产生纠纷，更不愿将矛盾、纠纷扩大化，乃至上升为诉讼、仲裁等“打官司”的层次。有学者将其归纳为“中庸”的境界。② 从积极方面看，中华传统文化思想为我国商事主体开展调解等替代性争端解决机制打下了良好的基础；但从另一面也反映出，中方当事人对境外纠纷采取法律行动的意愿不强，遇到纠纷更倾向于息事宁人。③ 这在很大程度上影响了当今国际投资争端解决机制的参与当事方格局——中国作为签署国际双、多边投资协议最多的主权国家之一，在国际投资争端仲裁中的案件数量不高，甚至由中方当事人提起的国际投资仲裁案件屈指可数。④

2. 境外法律裁判预见力不足

中方当事人对境外争议解决程序的管理能力和处置结果的可预见

---

① 参见央视财经：《独家专访李成钢：〈新加坡调解公约〉对我国跨境商事争议解决影响几何?》，载央视网，http://m.news.cctv.com/2019/08/08/ARTIQAznb1o6vV1HdsvW2c1J190808.shtml。

② 参见王贵国：《“一带一路”争端解决制度研究》，载《中国法学》2017年第6期。

③ 参见唐厚志：《调解在中国昌盛发展》，载中国国际贸易促进委员会调解中心官网2019年3月5日，http://adr.ccpit.org/articles/103。

④ 参见漆彤主编：《中国海外投资法律指南》，法律出版社2019年版，第15页。

力较低。首先,对中国当事人而言,并非每一主体都有能力了解并积极有效地参与到外国法院的诉讼流程或国际仲裁程序中。对于跨境诉讼或仲裁程序而言,送达、管辖、代理和答辩(或申述)均有着较为标准化的流程和较为严格的时间期限。如果当事人不能很好地驾驭这些程序,将可能蒙受由此导致的不利后果。为保障将来权利救济的高效便捷,中方当事人还应对处理争议的场所、规则、法域、文化、费用,以及裁判的可执行性等诸多方面予以审慎考虑。①

其次,一旦将脱离中国实体法之外的外国法或国际法律规范作为审理纠纷的准据法,中国当事人对于案件结果的预判力将大幅下降。这与中国当事人缺乏对外国准据法的查明能力有着密切关系。而且,中国法律实务人士对冲突法理论的学习掌握较为薄弱,对于法律的选择与适用有所欠缺。加之大陆法系重法例而轻判例的传统法律思维方式,在以英美法系为主要适用法律的国际仲裁界存有一定劣势。

再次,中方当事人难于选聘境外代理人,并与其建立深层次的信赖关系。中方当事人出于其在国内争议解决中的习惯,而不愿同时选聘国际争议解决律师、中国本土律师与外国本地律师共同处理纠纷。即便引入中国律师、外国法执业资质律师与外国出庭大律师,中方当事人对于案件管理及律师代理工作的指导能力有限,较难协调多法域复合背景的各类代理人。对此,中方当事人应在具备专业知识、了解中国企业文化并能谙熟国际争议解决流程的执业律师中选任适合案件具体情况的代理人。②

最后,中方当事人亦不了解境外法域的承认和执行程序,更是在近

---

① 参见刘郁武、吕梦丹、郑璇:《如何"量体裁衣"选择适合的国际仲裁机构?》,载微信公众号"金杜研究院"2015 年 7 月 31 日,https://mp.weixin.qq.com/s/4Kbc7HaQYhKoaWwRzsnIEA。

② 参见[英]保罗·斯塔尔(Paul Starr)、高峰、滕海迪:《中国企业如何化解境外纠纷》,载微博"金杜研究院"2015 年 1 月 15 日。

年来的国际破产案件中蒙受损失。由于各主体并不熟悉破产制度框架下所特有的债权申报、代位求偿、优先债权制度，在境外破产重整与清算项目中，更受到不了解相关程序的消极影响，中方当事人在境外破产程序中的债权人待遇多受影响，[1]合法债权权益以及裁决确认权利未能得到足额、及时的清偿，减损了跨境商事、投资权益的受偿价值。[2]

3. 评估境外法律费用成本难

中方当事人难以评估境外法律程序的成本，也难以提供充分的预算。由于较少参与境外法律救济程序，中方当事人难以评估外国当地司法诉讼、当地商事仲裁及国际仲裁程序的成本，包括争议解决程序的全部费用列支预算，以及预估救济程序的时长。中方当事人并不熟悉国际仲裁程序，而对成本的预估又不能简单套用其在内地仲裁程序中的经验。事实上，内地商事仲裁与国际投资仲裁的收费标准和费用构成均存在显著差别。收费方式上，北仲委于 2019 年 9 月 1 日实施的仲裁规则是国内第一份采用国际标准，允许仲裁员按小时费率制计费的仲裁规则。[3] 在此之前，内地仲裁机构的收费办法均参照国务院于 1995 年制定的收费办法，[4]收取案件受理费和管理费，以当事人的仲裁请求金额为基数按比例收费。此外，国际仲裁程序所涉费用并不只是仲裁机构或仲裁庭收取的仲裁费，还包括聘请代理律师、出庭律师、专家证人、鉴定评估机构，以及承担庭审场地、助手等相关支出。英国标准仲裁员协会提供统计数据，国际仲裁案件中外部代理律师的收费仅占仲裁庭收费之外

---

① 参见宋建立：《跨境破产案件的司法应对》，载《人民司法(应用)》2018 年第 22 期。

② 参见杨靖：《中国跨境破产研究综述》，载"投资并购律师博客"(Business China Law)2018 年 2 月 19 日，https://www.bizchinalaw.com/?p=12919。

③ 《北京仲裁委员会仲裁规则》(2019 版)第 7 条。又见《北京仲裁委员会仲裁员报酬支付办法》。

④ 参见《仲裁委员会仲裁收费办法》(1995 年 7 月 28 日，国办发〔1995〕44 号)第 4、8 条。

的63%，当事人另需在上述开销支出之外承担接近占比一半的其他费用。①

就审理时长而言，由于涉及的程序性安排、实体法律和案情复杂程度和举证繁简程度的不确定，国际仲裁程序，尤其是投资仲裁程序的审理时长往往会超出当事人的合理估计。有学者统计，ICSID 管理的仲裁案件平均审理时长，按照和解、撤诉与裁判等不同结案方式，一般可持续600～1400 天不等。② 无疑，复杂而陌生的程序制度和审理安排会进一步降低中方当事人在境外启动法律程序的意愿。在面对境外法律程序时，如果不能准确评估提起仲裁申请的成本，中方当事人，特别是由职业经理人受托管理的上市公司、国有企业与基金公司，将忌惮于启动境外的法律程序或参与到境外的法律程序中。同样，若不能正确认识风险，片面强调成本控制，中方当事人对境外法律服务团队的选聘，也可能难以达到其预期的技术水平。这些因素综合叠加，使中资企业参与境外法律程序的意愿，与取得胜诉结果的可能性均受到负面影响。

4. 不堪承担败诉与资产损失

中方当事人面对争议解决败诉风险和企业资产减损风险的双重责任压力。中资企业对外投资额的6 成以上是由国有企业、上市公司和投资基金完成的。这些商业实体的共同特征是企业经营管理由专门的高级管理人员决定，而高管们既负有对企业资产保值增值的勤勉尽责义务，也可能因错误决策而承担领导责任。体现在跨境争议解决中，中资企业领导对外追索和保护属于公司的合法权益时，也需要控制法律费用

---

① See Chartered Institute of Arbitrators, *Costs of International Arbitration*, https://www.international-arbitration-attorney.com/cost-of-international-arbitration/, last observed on 08 October 2023.

② See Catherine Titi et al., *Excessive Costs & Insufficient Recoverability of Cost Awards*, Academic Forum on ISDS (Working Group 1), inspired by Gabrielle Kaufmann-Kouler, Speech on Costs in Investment Arbitration, delivered on May 20, 2019 at CIETAC-ICCA Conference in Beijing.

并决策法律程序的必要方案。在双重领导责任风险之下,中资企业对境外争议解决程序的启动与否很难抉择——一方面,如果不启动争议解决程序,那么纠纷所涉财产的灭失或者灭失风险,将由企业的领导人负责;另一方面,如果列支了启动争议解决程序所需费用但没有获得胜诉结果的,企业负责人或相关领导人还要对争议解决费用的支出承担不利责任。

这也导致中方当事人除非仲裁时效趋于届满,否则较少及时提出仲裁申请。然而,时间的流逝,不只给企业商业经营带来更大损害,更可能降低当事人的举证能力,使案件败诉风险加大。相较而言,美国、德国跨国公司的高管也负有勤勉尽责的义务,但他们更为熟悉国际法律程序,也善于借助第三方的力量,控制法律成本,强化举证能力,因而,往往可以更为主动、有效地保障公司权益。

由上述中资企业海外投资规模纠纷概率的统计可见,中方当事人赴境外投资或从事双边贸易所可能产生的纠纷数量多,争议解决法律服务市场的需求潜力大。这些需求不只限于境内的争议解决法律需求,也触及境外法律市场。目前,中方当事人在境外从事争议解决的主要途径包括磋商、外交,以及传统的法律手段。就法律手段而言,既包括当地的司法诉讼和行政复议等程序,也包括跨境的商事仲裁与投资仲裁。中方当事人出于中华文化"以和为贵"的传统思想影响,在处理跨境争议时多不愿采取强硬对峙的法律手段。而且,中方当事人对于境外争议解决程序不熟悉,外部法律服务费用难以估算,又受到企业双重领导责任的监督,进而产生拖延、排斥争议救济路径决策,怠于启动法律程序的情况。无疑,中方当事人在境外涉及的潜在纠纷需要得到积极、正面的回应和解决。那么,通过境内管辖的方式,能否解决海外纠纷?或者,中方当事人又该如何选择救济手段,并在现有法律救济途径下强化争端解决的救济能力呢?

二、中国内地管辖纠纷的限制

以"一带一路"建设为标志的海外投资,使中国成为"引进来"与"走出去”并举的双向投资大国。海外投资的权益保护应从投前、投中和投后三个阶段建立配套保障机制。投前的国别法律环境报告与律师尽职调查、投中的政治与商业保险制度(如并购保证及补偿保险①)均已成为中国投资者赴境外投资常用的风险规避途径。针对投后可能发生的潜在纠纷而言,投资纠纷的风险来源多样,涉及商业、政治、自然灾害不可抗力和社会责任等多个方面,②需要多法域、复合的争议解决能力处置。对此,国家已从战略层面构建争端解决机制和机构,为“一带一路”海外投资安全护航。2018年年初原中央全面深化改革领导小组第二次会议审议通过《关于建立“一带一路”争端解决机制和机构的意见》,③标志着中国高层将诉讼、仲裁和调解等法律途径确立为海外投资权益的重要投后保障机制。

(一)中国内地处理境外纠纷的现有处所

近年来,中国内地不断强化多元化纠纷解决机制在跨境争议和“一带一路”建设中的应用。为此,司法系统专门成立了处理“一带一路”纠纷的国际商事法庭,仲裁机构也配套颁布了管辖国际投资争议的仲裁规则和更为高效、便捷、经济的商事仲裁规则,以吸引海内、外商事实体将争议交由内地机构管辖。除人民法院受理具有涉外因素的民商事案件之外,国际商事法庭和开始涉足国际投资争端解决的内地仲裁机构同样值得关注。

---

① 保证及补偿保险(Warranty & Indemnity Insurance, W&I 保单)。“在并购交易中,市场标准是交易文件包含与目标公司有关的某些保证和赔偿。违反这种保证或赔偿通常导致买方对卖方提出索赔。W&I 保单为与此类保证或赔偿要求有关的损失提供保险,可由卖方或买方投保。”See Dr. Sandra Link, W&I Insurance for Chinese Investors in Germany, Global Network (Apr. 11, 2017), https://www.chinalawinsight.com/2017/04/articles/global-network/wi-insurance-for-chinese-investors-in-germany/.

② 参见漆彤主编:《中国海外投资法律指南》,法律出版社2019年版,第21~34页。

③ 参见中南海:《习近平主持召开中央全面深化改革领导小组第二次会议》,载澎湃网2018年1月23日,https://www.thepaper.cn/newsDetail_forward_1964590。

1. 国际商事法庭

2018 年 6 月，最高人民法院分别于深圳和西安设立第一、第二国际商事法庭，以加强国际法治合作，为"一带一路"建设提供公正、高效的司法服务，并与多元化纠纷解决机制相衔接，形成便利、快捷和成本低廉的"一站式"争议解决中心。① 根据最高人民法院所作司法解释，国际商事法庭仅审理具有涉外因素的商事纠纷案件，且出于便利原则，对当事人举证形式、外国法查明方式、诉中财产保全和仲裁、调解衔接机制等方面均作出了更加方便当事人的规定。② 2019 年 5 月 29 日，位于西安的第二国际商事法庭由 5 名法官组成合议庭开庭审理了泰国华彬国际集团公司与红牛维他命饮料有限公司之间的股东资格确认纠纷一案，是国际商事法庭组建以来开庭审理的第一案。③

尽管国际商事法庭受理案件的数量不多，还需要一段时间的推广才能使广大境内外当事人有所认识和了解，但是从其审理争议案件的标的门槛相对较低（3 亿元以上）、审理程序一判终局，且审理专业程度高等优势来看，国际商事法庭将会在中国内地审理涉外商事纠纷案件中发挥越来越大的作用。

2. 中国内地仲裁机构

司法部 2019 年公布数据所示，自 1994 年《仲裁法》颁布实施以来，内地仲裁机构累计处理仲裁案件数量达 260 万余件，标的金额超 4 万亿元，案件当事人涉及 70 多个国家和地区，所作仲裁裁决的自动履行率达

---

① 参见李万祥：《最高法院设立国际商事法庭》，载中国经济网 2018 年 7 月 10 日，http://www.ce.cn/xwzx//fazhi/201807/10/t20180710_29691232.shtml。

② 参见《最高人民法院关于设立国际商事法庭若干问题的规定》（法释〔2018〕11 号）；罗书臻：《最高人民法院发布国际商事法庭司法解释》，载中国法院网 2018 年 6 月 29 日，https://www.chinacourt.org/article/detail/2018/06/id/3375851.shtml。

③ 参见乔文心：《开庭审理"红牛"公司股权争议案　最高人民法院国际商事法庭敲响"第一槌"》，载中国法院网 2019 年 5 月 29 日，https://www.chinacourt.org/article/detail/2019/05/id/3974788.shtml。

到50%以上,且截至2018年年底,内地共成立255家仲裁委员会,从业工作人员达6万多名,案件增长幅度更是达到127%,案件标的金额的增长达到30%。①

由上可见,仲裁已成为内地解决商事纠纷的重要裁判方式,也得到了外国当事人的认可和选择。但如前文所述,中国内地仲裁机关审理涉外商事仲裁案件的比例还很低,能否切实担当境外纠纷的处理和管理工作,仍需进一步开拓和培育境外市场,赢得外国当事人的信赖。

此外,中国政府在缔结《纽约公约》时对投资纠纷所作仲裁裁决的承认和执行进行了保留,亦即由境外仲裁机构作出的投资仲裁裁决不得依该公约在内地执行。② 客观上,这也为中国内地仲裁机构受理国际投资争端提供了一定空间,并能为内地机构在与境外仲裁机构的竞争中提供保障。目前,中国国际经济贸易仲裁委员会香港分会(仲裁中心)、北仲委、深圳国际仲裁院均已拟定了单独或涉及投资仲裁的仲裁规则,这为它们将来管理投资者与国家间纠纷提供了适度规则依据。③

虽然这些举措为保障中方当事人在跨境纠纷中的合法权益提供了可行的救济途径,但内地司法机关与仲裁机构要真正实现裁断调处中国国民与境外主体之间的海外商事和投资尚需一段培育期。

(二)中国内地解决跨境争议的现实困难

短时间内,中国内地争议解决机关和机构得到国际投资者和投资东道国信赖尚存以下障碍。

1. 不易获得收案管辖的认可

进入司法诉讼或仲裁程序,首先面临的问题是裁判机关的管辖权问

---

① 王茜:《我国仲裁机构累计处理案件260万余件》,载人民政府网,http://www.gov.cn/xinwen/2019-03/28/content_5377853.htm。

② 参见何晶晶、耿振善:《打造国际商事法庭 司法保障"一带一路"建设——专访最高人民法院民事审判第四庭副庭长高晓力》,载《人民法治》2018年第3期。

③ 参见《中国国际经济贸易仲裁委员会国际投资争端仲裁规则(试行)》《北京仲裁委员会/北京国际仲裁中心仲裁规则》《深圳国际仲裁院仲裁规则》。

题，无论是国际商事法庭，还是中国境内仲裁机构主导下的国际商事法院和各仲裁机构管理的商事、投资仲裁案件，均需要当事人对管辖权的认可，赋予这些裁判机关以案件管辖权。

然而，对于境内外的当事主体而言，取得管辖权或者取得有效的裁判管辖权，并不容易。就中方当事人而言，当事主体选择内地机构管辖的意愿较高，但出于商业谈判地位和裁判域外执行的考虑，选择内地机构管辖并不一定便于权利救济。而且，对已经签订的商业合同，缔约主体也较难在合同履行过程中变更争议解决条款的管辖约定，这些合同潜在的纠纷难以交由内地审理。就境外当事主体而言，认可中国内地机构管辖的前提，不仅取决于对司法裁判环境的信赖，更多的是出于便于执行的考虑，①意图增加对交易对手方在中国内地持有的财产进行保全和执行。换言之，外方主体接受中国内地司法仲裁机关的管辖，意味着加强对中资资产的控制力。

2. 亟须国际化争议解决人才

为确保案件审理程序公正、专业和高效，尚需更多国际法律人才储备。一套中立、公正、透明、专业、高效和可靠的司法仲裁裁判体制，并非一蹴而就。现代国际仲裁制度是自 1872 年阿拉巴马案（Alabama）起经历百多年，才形成当今的权威性与公信力。② 这不仅需要时间的积淀，更需要一辈辈法律人才的完善、成熟。③ 在成熟的法治体系中，既需要有客观、中立、公正的裁判者，即法官、仲裁员，能够以纯熟的法律裁判技

---

① See Stephenson Harwood, *Selection of Arbitration and Jurisdiction of Courts in China*, Lexology (Oct. 7, 2015), https://www.lexology.com/library/detail.aspx?g=40589f0d-05dd-4887-b688-cb14d2d7dfec.

② See William W. Park, *Unity and Diversity in International Law*, 99 Boston University Law Review Online 22 (2019), p. 23.

③ 参见李伟红等：《这是国际法学人大有可为的时代——访中国政法大学校长、中国国际法学会会长黄进》，载《人民日报》2019 年 4 月 17 日，第 17 版；郭玉军、王斐斐：《韩德培法学教育理念及其方法研究》，载《中国国际私法与比较法年刊》2011 年第 11 卷，北京大学出版社 2012 年版。

能和专业的法律知识进行裁判；也需要有勤勉、专业、忠诚于当事人的律师，能够在保护其客户合法权益的同时，维护法律执业共同体的道德伦理。① 此外，诚实善良、尊重裁判和维护法律尊严的当事人亦不可或缺。

目前，中国法制健全取得了卓有成效的进步，依法治国理念已深入人心。而法律专业知识储备与法律专业技能的培养仍有滞后性，从人口比例和纠纷数量看，中国对于法律人才的缺口巨大。在国际争端集中的国际税务、知识产权、反垄断等专业部门法方向，中国的法律专才培养稀缺。这些局限都可能导致境外当事主体对中国内地裁判和代理能力产生怀疑，对中国内地是否具备专业的裁判者和适格的代理人产生怀疑。如是，这些特殊纠纷的审理裁判将难以得到外国主体的信任和尊重。

3. 裁判文书境外执行困难

境外执行境内司法仲裁文书存在程序障碍与及时性困境。裁判文书或仲裁裁决的执行问题一直是境外当事人涉足内地的主要顾虑。②内地裁决的境外承认与执行程序多、周期长也是一直困扰中方当事人的实务障碍。其实，最高人民法院近年来颁布了一系列司法解释与指导意见着力强化司法裁判的境内执行力。③ 中国内地与香港特别行政区就司法判决、仲裁裁决的执行，以及程序中的保全措施作出了详细安排，④执行问题得到显著改善，生效法律文书的执行力度得到有效保障。而对于其他国家，多元化纠纷处理结果的跨境执行业已初步缔结（或签署草

---

① 参见［美］罗伯特·N. 威尔金：《法律职业的精神》，王俊峰译，北京大学出版社 2013 年版，第 139 页以下。

② See Meg Utterback, *Enforcing Foreign Arbitral Awards in China—A Review of the Past Twenty Years*, launched on Sep. 15, 2016, https://www.kwm.com/en/knowledge/insights/enforcing-foreign-arbitral-awards-in-china-20160915, last observed on 08 October 2023.

③ 参见《最高人民法院关于深化执行改革健全解决执行难长效机制的意见——人民法院执行工作纲要（2019—2023）》（法发〔2019〕16 号）。

④ 参见《最高人民法院关于内地与香港特别行政区法院就仲裁程序相互协助保全的安排》（法释〔2019〕14 号）。

案)有关仲裁、调解和判决跨境执行的国际公约:中国不仅是《纽约公约》的缔约国,也是第一批签署《新加坡调解公约》、[①]牵头起草《海牙判决公约》的重要大国。[②] 这些都是消解中外当事人顾虑的积极举措。

即便如此,跨境执行受到的挑战和漫长的时间周期仍有可能减损当事人取得裁决确认权利的数额。考虑到跨境司法协助现状,跨国公司与国际投资者珍视的商业效率仍难以得到保障。当前,境外判决执行需以双边民商事司法互助为前提,基于互惠原则给予的外国判决执行较为少见。[③] 仲裁裁决的执行虽有《纽约公约》作为保障,但仍需执行地法院审查承认,耗时需以年计。调解机制近期取得实际进步,但其得到普遍认可和适用仍需一段发展周期。现时能够完全解决执行问题的唯一办法就是在裁决作出地进行,相应地,当事人需要在争议解决的管辖选择之初即辨明未来的可供执行财产方位。

综上可见,中国当事人和需处理境外纠纷的外国当事人,在中国内地提起司法诉讼或仲裁程序的可能性已经具备。中国已经形成从司法、仲裁、行政三位一体相互依托的跨境争议解决纠纷的管理能力。然而,中方当事人仍然存在对于中国境内案件管辖权既得的来源问题,以及裁判能力、代理人水准、裁判文书及裁决的承认与执行等方面的问题。就

---

① 参见商务部新闻办公室:《中国签署〈联合国关于调解所产生的国际和解协议公约〉》,载商务部官网 2019 年 8 月 7 日,http://www.mofcom.gov.cn/article/ae/ai/201908/20190802888435.shtml。

② 参见中国驻荷兰王国大使馆:《海牙国际私法会议第 22 届外交大会通过〈承认与执行外国民商事判决公约〉》,载最高人民法院商事法庭网 2019 年 7 月 3 日,https://cicc.court.gov.cn/html/1/218/149/156/1271.html。

③ See Hubei Gezhouba Sanlian Indus. Co. v. Robinson Helicopter Co., 425 Fed. Appx. 580 (9th Cir. 2011). 该案是美国法院承认和执行的第一起中国法院判决案件。基于互惠原则,中国法院也于 2017 年承认和执行了一件由美国法院作出的判决。参见武汉市中级人民法院民事裁定书,(2015)鄂武汉中民商外初字第 00026 号。See also Suni Gong, *The Chinese Court's Enforcement of a U. S. Civil Judgment*, Transnational Notes of NYU Law (Apr. 17, 2018), https://blogs.law.nyu.edu/transnational/2018/04/the-chinese-courts-enforcement-of-a-u-s-civil-judgement/#_ftn2.

此,在短期内,通过中国内地的司法仲裁程序保障中方当事人在境外现有的纠纷财产权益,存在一定困难。就现阶段而言,中方当事人仍然需要寻求"短平快",采取更为直接有效的方式寻求救济,即在纠纷所在地或财产所在地,直接提出诉请启动法律救济程序,进而取得具有执行力的既判文书,并在当地直接进行执行。就此,中方当事人应否赴境外启动法律程序,如何确保中方当事人能够在境外程序中取得胜诉并执行,是当前面临的艰巨的问题。

第二节　第三方出资法律援助

海外投资涉及的争议类型各异,一是因为投资行为和投资标的的多样性,二是由投资过程的持续性与纠纷产生阶段的不可预见性所致。这些原因也导致海外投资的争议并不能简单地通过某一地域、某一机制的专门管辖而得以有效解决,从而保护中方投资者的投资权益。在境内强调"营造稳定、公平、透明的法治化营商环境"的同时,①中国应适时考虑构建援助机制,培育为中资企业和个人维护海外合法权益而战的"生力军",使中国当事人敢于、善于运用法律手段解决争议。从现阶段我国当事人参与境外法律程序的技术水平来看,构建一套系统的争端解决援助机制是确保当事人通过法律手段救济其合法诉求的最佳方式。

一、援助机制的理念原型

"援助机制",是指为保障商业实体在其母国之外的国家或地区顺利运用司法诉讼、仲裁或调解等平等主体间法律途径解决纠纷,而针对其面临的潜在争议,由特设的跨境服务保障中心提供争端解决保障服务,

---

① 参见宁杰:《周强在最高人民法院第一国际商事法庭调研时强调　营造稳定公平透明的法治化营商环境积极服务"一带一路"建设》,载中国法院网2018年7月26日,https://www.chinacourt.org/article/detail/2018/07/id/3405399.shtml。

为涉及争议的中方当事人提供法律技术与争议解决费用的支持,从而提升其在有管辖权的法庭(或仲裁庭)参与法律程序申述或答辩并依法维护其自身财产权益的能力。

由于海外纠纷的争议类型各异,一是源于交易、投资行为和标的的多样性,二是经济活动的持续性长、纠纷产生阶段的不可预见性。这些因素使海外纠纷不能统一地交由某一地、某一特定机制进行集中管辖,需以切实维护纠纷权益为核心,以便利当事人行使法律权利为出发点,在交易对手方所在地、流行的国际仲裁地,直截有效地帮助中方当事人,维护其合法权益。

探究中方当事人在境外纠纷解决中的实际需求可见,既包括对境外法律程序的管理能力需求——真正的代理工作可以交由足够资历的律师担当,也包括对于法律费用和时间成本的预判及控制。这些需求可以通过改造第三方出资的运行模式来实现。近年来,第三方出资在国际仲裁中的应用比例不断提高,并现实帮助许多投资者打消成本顾虑,提起投资仲裁。亚太区域最受国际认可的仲裁地——新加坡和中国香港特别行政区也均通过立法改革,鼓励第三方出资在其域内应用,借以帮助当事人趋近法治正义(access to justice),同时繁荣当地的仲裁市场。以此为蓝本,中国应适时考虑构建境外援助机制,特设跨境争端解决法律服务保障中心,从资金和法律技术两方面为中方当事人维护海外权益培养支援力量,解决中资企业和个人“不敢”“不会”“不能”利用诉讼、仲裁和调解等多元化争端解决机制处置跨境纠纷的问题。

二、辅助支援的功能定位

为了保障援助机制能够尽快发挥作用,应当明确该援助是对当事人解决争议的辅助机制,即提供经费和法律咨询服务,但不是直接裁判争议的审判机构,也不直接提供律师代理服务。以下简要讨论援助机制的辅助定位及其应援性质。

援助机制可发挥辅助、保障当事主体运用法律途径解决纠纷的作用。援助机制存在的主要价值和作用在于便利中方当事人就海外纠纷采取法律程序寻求救济,减少对政治途径、外交手段的倚赖,也避免当事人怠于采取权利救济措施的情况发生。长期以来,中国投资者因缺少对法律手段的认知和了解,多依赖于海外使领馆的外交保护、投保的政治风险保险及会计准则的做账核销等方式解决纠纷——甚至于无视权利被损害。这也是我国政府当前倡导各国投资者和当事人运用多元化纠纷解决机制处置纠纷的主要动因。然而,争议解决制度的构建和完善是保障当事人具备畅达救济的途径,但没有资金支持、法律技术等方面的保障赋能,仍难以引导中国投资者切实有效地利用法律手段维护自身合法权益。

就此,建立并健全援助机制的首要目的,也是核心关键在于构建海外权益的事后保障体系,确保当事人没有顾虑地利用法律途径于境外解决争议。通过援助机制专设的纠纷评诊、策略分析、第三方资金支持与争议解决项目管理等系统化方法,能够实现强化当事人维护海外投资权益能力的作用。但需区分的是,援助机制本身并不提供律师代理服务,这是为了尊重律师代理所需恪守的职业操守,也是免去援助机制需取得当地法律职业资质方可执业的准入性条件,从而加快援助机制在中资活跃的海外市场布局。

援助机制属于辅助应援机制,而非争端解决制度或争议解决中心。援助机制的定位应首要明确其辅助性地位,而非决断机制,更不是争端解决中心。解决海外投资争端的主要法律途径仍然是诉讼、仲裁,以及机构管理下的调解制度。其中,诉讼包括由一国法院受理的内国涉外诉讼(含内地涉外诉讼),也包括基于国际条约、多边协定而交由特设国际法庭审理的国际诉讼;仲裁则依参与主体、纠纷性质不同,涉及平等权利义务主体之间的商事仲裁,以及投资者与东道国政府之间的投资仲裁;调解作为经典的可替代性争端解决机制,近年来也受到国际社会的青睐。以上种种均是裁断、调处纠纷的争议解决中心,由专门的审判庭(或仲裁庭）裁断是非曲直。

区别于这些争议解决制度和机构，援助机制打造的是一套辅助体系，不属于争端解决制度，既不提供裁判者，也不提供法律代理人（律师），而是辅助当事人将其纠纷顺利提交至法律途径解决的援助方式。也就是说，援助机制本身不会也不能取代现有的争端解决制度，也不创设争议解决机构，仅只是为快速实现并保障当事人有能力主张其合法权利而设立的辅助协调机制。

三、公益型第三方出资者

作为一套辅助性体系，援助机制的实施需要由特设主体进行。在设立该等实施主体时，应当考虑身份性质（如政府部门、国资企业或民间组织）对其境外援助实施效果的影响，同时，亦应出于主体存续的持久性，考虑该机制是否需具备商业营利性，或仅具公益性质。

援助机制的载体应是非政府性的社会组织或商业实体。援助机制本身是一套成体系的争议解决配套制度，用以保障当事人有效处理海外投资纠纷，应当带有导向性，即立足于保护中方投资者的合法权益，便利其争议解决与商事交往。实施和保障援助机制有效运行则需要设立专门的运营实体，如跨境争议解决法律服务保障中心。作为运营实体，跨境服务保障中心要明确机构定位，也要发挥实质作用。站在保障中方当事人在海外处置纠纷的大前提下，跨境服务保障中心应当接受指导，并为我国当事人提供切实有效的法律服务保障支援。

考虑到一些国家对于中国国有企业的身份定性，为避免不必要的政治误解与财产权益风险，跨境服务保障中心应当与政府行政机关及国有企业的身份相互区分。又考虑到提供境外援助的主要途径是以第三方出资为蓝本，恰当运用案件项目融资支持和专项法律咨询支持等综合性争议解决服务，帮助当事人处理纠纷，因此，跨境服务保障中心可以采用在争议解决的热点地区设立社会组织或商业实体的方式，提供争议解决的法律咨询与案件融资服务。

四、跨境争议的援助中心

跨境服务保障中心的社会组织特性可以与援助机制的定位相呼应，即融合海外交易，投资活动的投前、投中和投后三阶段的管理需求，成为处理权益保证、风险预防与纠纷处置的综合体系。这也体现出援助机制本身是一套复杂、完整的综合权益保障体系，涉及中方主体在境外从事商业活动的全流程。

由于设立援助机制的初衷并不在于鼓励发展争议解决融资产业，而是为了解决中方当事人现阶段所面临的海外维权困难，恰当、有效、迅捷地帮助他们处置争议。因此，应当强化服务保障中心的辅助应援功能定位，并使其具备自负盈亏的商业营利能力，以确保援助机制的长效。就此，中国应尽快引导建立跨境争端解决的援助机制，借鉴第三方出资的国际实践，集中优势法律服务资源，强化中方当事人在境外运用国际仲裁和当地司法救济解决商事、投资纠纷的能力，直接、有效地保障中国境外投资权益与资产安全。为建成境外纠纷的援助机制，设立跨境争议解决法律服务保障中心为其实施主体，可以对该中心做如下构想。

首先，综合性合规保障机制为首要目标，提供法律服务次之。建立跨境服务保障中心的首要目标，是为中国企业因贸易摩擦、境外投资所产生的各种法律纠纷，以及其他跨境争议，提供综合、完整的法律服务保障方案。① 为实现这个目标，需要有高水平的涉外法律专业人才，为中国企业提供专业高效的涉外法律服务，也需要企业自身有强烈的法律合规和风险防范意识。建立跨境服务保障中心，则是贯彻落实这个目标最为行之有效的办法。

建立跨境服务保障中心的次要目标，是为境外投资者在中国涉及的

---

① 如前文所述机制原型，以第三方出资机制为基础构建海外援助机制，应能提供与第三方出资者在受资助的争议解决案件中所发挥的等同作用。See Lisa Bench Nieuwveld and Victoria Shannon Sahani, *Third-Party Funding in International Arbitration* (Second Edition), Kluwer Law International 2017, p. 230.

各类争议提供综合法律服务。在中国进行的诉讼和仲裁中为境外投资者提供综合法律服务和保障，是我国保持高水平对外开放的要求，也是中国具备良好营商环境的体现；境外投资者愿意接受中国诉讼和仲裁的司法管辖，是我国法律体系能够在法域外适用的先决条件，而中国诉讼仲裁中的法律服务和保障，则是为境外投资者对中国的司法环境树立信心的重要条件。

其次，剥离敏感因素，以民间姿态建立常设性国际援助机构。为避免因政治原因在国际上引发负面影响，跨境服务保障中心建议为民间而非官办性质，即以民间组织或基金会的形式运营，可以考虑设立常设机构，并在实际运用中接受司法部的监督和指导。同时，成员单位可以吸纳对外投资交往较多的国资企业和民营企业，如有必要也可考虑加入在华投资的外国公司。

再次，围绕“一带一路”建设及国际投资，援助处理域外争议。跨境服务保障中心应着重为以下争端和争议事项提供服务和保障：其一，协助中国企业应对国际贸易摩擦。美国及相关国家的经济制裁措施等，必然会对相关的中国企业在诸多业务领域产生负面影响，甚至造成重大的财产损失。跨境服务保障中心可以为这些中国企业从合规审查、风险防范，到应急处理、协商谈判、处置解决，提供法律层面的完整解决方案，并配合法律之外的其他综合手段，全面维护涉事企业的合法权益。其二，针对“一带一路”建设中，中国企业在境外投资和境外合作中所涉及的投资争议和贸易争议，以及境外法律环境评估、投资风险预防、资金监管等非诉事项，提供全面的法律服务和综合性保障。① 其三，中国企业在境外发生的各类商事诉讼仲裁案件，属于传统的涉外争议解决案件范畴，都可以纳入跨境服务保障中心的工作范围。其四，境外公司在中国的诉

① 参见石静霞、董暖：《“一带一路”倡议下投资争端解决机制的构建》，载《武大国际法评论》2018 年第 2 期。

讼仲裁案件中对法律服务和保障措施的需求。

此外，应提供集境外律师资源、智库专家、资金支持于一体的服务。服务内容具体包括如下四个方面：其一，为企业提供境内外优质可信的律师服务资源。跨境服务保障中心可以对具备涉外服务能力及合规能力的国内律所和律师进行入库认证，对境外律所的信誉背景进行审核，建立可信律所及律师的“白名单”；协助国内企业建立涉外业务合规审查和风险防控机制，建立由中国律师统筹审核中资企业重大涉外法律事项的制度性安排。其二，为中国企业的突发事件提供应急处置方案。利用保障中心民间性的优势，融合律所、智库、高校、科研机构等各方面的力量，提供灵活的突发事件响应方案和完整的事件处置解决方案。其三，提供争端处理和争议解决的资金支持。引入诉讼第三方出资机构和争议解决定向保险机构，为涉事企业提供资金支持，避免企业因经营困难或其他原因而无力支付境外高昂法律费用，致使其无法维护自身权益。其四，整合各方面综合资源，畅通企业救济渠道，协调相关部门和机构发挥协同作用，并获取更高层次支持。

最后，多元支持机构扶持共建，快速成型跨境援助保障机制。跨境服务保障中心的主要支持机构拟包括：①其一，具有涉外和境外法律服务能力和合规条件，符合处理涉外纠纷认证资质要求的国内主要律所。由律师牵头为企业提供复杂的争端和争议事项的综合法律服务，是国际上广泛认可的通行做法。其二，研究外国法律和司法制度的智库、研究机构和专家学者，其可以提供更深层次的法律支持。其三，为海外投资、商事交易提供定向保险、担保的主要保险机构和对外担保机构。其四，为争议解决提供法律费用出资的主要第三方出资机构。其五，以外国法律和判例为主要研究方向的法律分析和科研机构。其六，能够为跨境争

① 海外纠纷援助机构的支持单位，可以参考学者建议的争端预防与解决机制中的智慧团体。参见漆彤主编：《中国海外投资法律指南》，法律出版社2019年版，第21～36页。

端和跨境争议解决提供支持的其他机构。

综合前述,中方当事人亟须强化境外争端解决的综合实力,及时掌握参与国际民商事纠纷解决的法律能力,突破境外处理纠纷的财务掣肘。国际民商事主体的经贸摩擦加剧,中方当事人需要在国际经济交往中尽快学会运用法律途径维护自身合法权益。为弥补境外法律能力的缺憾,援助机制的构想也由此应运而生。设立跨境争议解决法律服务保护中心,在国际仲裁和境外诉讼程序中,可确保中方当事人有能力使用充裕的资金,调动优质的法律技术资源,保护境外财产权益和投资安全。

结　论

通过对第三方出资历史成因及其社会效能和法律风险的探讨,可以肯定该机制对于商事仲裁制度具有裨益。当然,第三方出资需要受到规管:无论是案件当事人、其他的仲裁参与方,还是第三方出资机构,均需要接受仲裁程序制度规则与金融市场监管规定的二元监管。此外,对于中国商事仲裁事业,包括更广范围上的中国当事人在国际仲裁而言,第三方出资应当担负更重大的使命——帮助更多中国企业和公民于海外以及境外当事人于境内享受多元化争端解决机制的便利,以期促进中国商事仲裁事业获得更深、更广、更远的发展。回到本书命题缘起与研究对象,本书经过研究分析就以下三个问题形成结论。

一、中国商事仲裁应否引入第三方出资

经过对立法的检视,我国尚无明确规定第三方出资的法律条款,故在法律范畴内并无明确的支持或否定该机制的依据。从商事仲裁实践及其司法监督来看,中国内地及香港特别行政区的一些仲裁机构已通过制定机构规则明确或默示地认可第三方出资,并制定了相应的管理办法。此外,中国内地已经出现司法裁判,认可引入第三方出资的仲裁程序是合法的。由此可见,在中国商事仲裁程序中引入与应用第三方出资并不存在法律障碍。

当然,仍需回归本源,探究第三方出资对于中国仲裁事业与当事人权益保护的价值,与其可能给仲裁程序、当事人实体权益招致的损害风险之间的关系。首先,从广义的争议解决案件融资入手,通过研究案件融资制度的历史发展轨迹,以及对比各国或地区立法、司法和仲裁实践,本书深入剖析了第三方出资对于当事人实现公平正义的仲裁救济的积极价值,其所产生的社会正效应大于可能导致的法律风险。具体来说,商事仲裁的权利源于平等的商事主体,应严格遵循当事人的意思自治。商事争议解决对于仲裁制度的公平公正、仲裁程序的高效快捷、审理水平的精湛专业有着很高的要求。因此,第三方出资的引入对于中国商事仲裁制度的建设和发展具有正向价值。通过横向比较其他国家或地区的经验,第三方出资的应用有利于提高商事纠纷解决的效率,提升裁判的质量。

其次,从社会公共政策和司法仲裁制度可能受到第三方出资带来的挑战出发,以涉及融资需求当事人、出资主体和其他责任主体应负担的行事规范准则为主要分析依据,结合我国商事仲裁的法律环境及当前应用状态,确定第三方出资引入我国商事仲裁制度具有正当性与合法性。对于中国的商事仲裁而言,引入第三方出资有利于促进商事仲裁制度的发展,引导商事主体之间的争议以仲裁方式解决,有助于化解司法诉讼资源不足的局面,有效实现诉源疏导。由此亦可反证,第三方出资对于公共利益的维护具有正向价值,而其可能产生的对于仲裁程序的扰动则可通过规管来处理,即属于本书第二个命题的范畴。

此外,第三方出资作为一种融资手段,或可通过资金、技术的加持而增强中国当事人在国际商事仲裁中的跨境纠纷解决能力。通过调节第三方出资的回报比例,降低资金投入与回报比例之间的杠杆,第三方出资将可从营利性转为公益性,进而帮助更多争议解决纠纷中的资金匮乏方实现法律救济。显然,这一调节结果也将使中国国有企业、中小微企业在解决跨境争议及群体性争议中获得相应法律援助的功能。进一步而言,从第三方出资所具有的法律支援功能和我国当事人在境外纠纷中的瓶颈入手,依托第三方出资模式为原型,中国公民和企业于境外纠纷的处置与合法权益保护将得到落实。对于中国当事人涉及的国际仲裁而言,引入第三方出资,可以有效弥补中国当事人对于境外商事仲裁的法律预算不足的问题,同时可以有效加强境外商事仲裁争议解决中中国当事人的法律代理能力,有助于化解中国涉外商事纠纷。

综上所述,中国商事仲裁事业中引入第三方出资的裨益是显而易见的。

二、第三方出资在中国怎样应用和规管

通过观察不难发现,第三方出资的实践主要有两种业务模式贯穿,即延续律师风险代理风格的风险代理派模式,与倾向于金融市场另类风险投资的风险投资派模式。在风险代理派模式下,第三方出资者会跨过代理律师之手,径直管理当事人的实体纠纷,不仅会研判案件的实体法律问题,还会为当事人出谋献策,实际干预当事人对其实体权利的处分,在一定程度上直接或间接地控制案件。显然,这一做法有违仲裁制度保障当事人意思自治的初衷,不应被鼓励或推崇。

而在风险投资派模式下,出资者又近似于对赌风险的金融投资机构,只是投资于另类标的之上,即以仲裁当事人的请求权作为投资对象,并以仲裁审理确定的裁判金额为基础进行投资收益的划分。此类模式更为纯粹,更符合金融投资的逻辑,然而也可能扰动另类投资的金融市场,需要确保其吸纳资金来源的合法,具备充裕的案件资金供给能力,并且投资回报行为符合监管秩序。

可见,无论是偏向于律师业务的风险代理派,还是钟爱于风险投资的模式,缺乏规范管理的第三方出资或将产生对仲裁程序合法性、金融市场秩序的法律风险。

通过进一步对第三方出资中不同参与主体所应负担的行为规范准则的研究,本书首次提炼指出引入第三方出资后,应从仲裁程序和金融市场两个角度实施二元监管和分步推广的具体方法。第三方出资的二元监管,以及将第三方出资作为一种特殊风险投资和项目(案件)融资方法,既应从金融监管的视角进行治理,也应考虑到第三方出资者介入了仲裁程序,而对涉及第三方出资的仲裁案件予以监督。

三、第三方出资如何支持中国跨境仲裁

本书客观分析和看待第三方出资对于中国本土仲裁事业的影响和价值,同时,分析探究第三方出资在境外仲裁中的应用价值。

在境外仲裁的场景下,主要仲裁地普遍对国际仲裁中使用第三方出资持友好态度,或从其民事立法或其仲裁制度的设计改良上,均有明确而肯定的规定。这解决了第三方出资在境外仲裁程序中的合法性问题。

通过第三方出资效益和风险的分析,当事人使用第三方出资来启动和推进仲裁程序的优势可见一斑。如果将其应用场景迁移,更为明确地应用在跨境仲裁程序中,中国企业和公民将可能获得更强的法律代理能力,具有更大可能性维护其在境外的合法权益。

由于第三方出资是一种案件融资模式,并不必须以出资营利为目标,本书亦探讨了针对境外纠纷中的中方当事人提供了一套辅助路径,借助一种具有公益性、非营利性特征的第三方出资模式,综合案件融资及法律代理支持服务,中国内地当事人或可援引该机制处置现实中在境外面临的商事矛盾、投资纠纷,解决争议。

四、中国商事仲裁中的第三方出资展望

伴随中国内地司法实践的肯定,以及越来越多的国内仲裁机构规则中的规定,第三方出资被引入和应用于内地仲裁事业已成事实。参考境外立法和仲裁实践,中国内地仲裁立法中如能规定第三方出资并规范其参与主体的法律义务,必然对肯定该机制的应用,保障仲裁程序的合法性发挥积极作用。当然,具体如何运用、怎样规管第三方出资并将其应用于跨境仲裁案件之中,均是复杂而细密的问题。本书总结分析第三方出资可能对仲裁程序、金融市场所招致的风险,并且归纳论证对其进行规管的二元方法,倡议第三方出资在跨境仲裁中的应用,至于具体办法将留待未来的研究论证,希冀未来通过仲裁立法和软法规则予以细化。

参考文献

一、中文资料

（一）著作类

1. 黄圆圆：《跨界破产承认与救济制度研究》，对外经济贸易大学出版社 2020 年版。

2. 漆彤主编：《中国海外投资法律指南》，法律出版社 2019 年版。

3. 张明、王碧珺等：《中国海外投资国家风险评级报告（2019）》，中国社会科学出版社 2019 年版。

4. 余劲松：《国际投资法》（第 5 版），法律出版社 2018 年版。

5. 韩立余主编：《国际投资法》，中国人民大学出版社 2018 年版。

6. 林轲亮：《早期中立评估制度研究——多元化纠纷解决机制的另一维度》，法律出版社 2017 年版。

7. 李本森主编、中华全国律师协会编：《律师职业道德与执业基本规范》（第 3 版），北京大学出版社2013年版。

8.［美］罗伯特·N.威尔金：《法律职业的精神》，王俊峰译，北京大学出版社2013年版。

9.隋平、董梅：《私募股权投资基金：操作细节与核心范本》，中国经济出版社2012年版。

10.姚梅镇：《国际投资法》，武汉大学出版社1987年版。

11.姚梅镇：《国际投资法》（第3版），武汉大学出版社2011年版。

12.余劲松、吴志攀主编：《国际经济法》（第3版），北京大学出版社2009年版。

13.余劲松：《跨国公司法律问题专论》，法律出版社2008年版。

14.林一飞：《仲裁裁决抗辩的法律与实务》，武汉大学出版社2008年版。

15.骆欣庆：《并购定价的方法与机制》，中国人民大学出版社2008年版。

16.［英］艾伦·雷德芬、马丁·亨特等：《国际商事仲裁法律与实践》（第4版），林一飞、宋连斌译，北京大学出版社2005年版。

17.韩德培主编：《国际私法》，高等教育出版社、北京大学出版社2003年版。

18.肖永平：《肖永平论冲突法》，武汉大学出版社2002年版。

19.宋连斌：《国际商事仲裁管辖权研究》，法律出版社2000年版。

20.徐冬根、肖永平、郭玉军等：《国际私法》，法律出版社1999年版。

21.王铁崖主编：《中华法学大辞典：国际法学卷》，中国检察出版社1996年版。

22.王铁崖主编：《国际法》，法律出版社1995年版。

（二）论文期刊类

23.黄进、宋连斌：《国际民商事争议解决机制的几个重要问题》，载《政法论坛》2009年第4期。

24. 汤霞:《国际投资仲裁中第三方资助披露规则缺失的困境与破解》,载《河南大学学报(社会科学版)》2022 年第 5 期。

25. 侯鹏:《构建海外投资保护的争议解决援助机制》,载黄进、肖永平、刘仁山主编:《中国国际私法与比较法年刊》第 25 卷,法律出版社 2020 年版。

26. 侯鹏、韩冰:《充分利用国际投资仲裁制度为共建"一带一路"服务》,载《中国经济时报》2019 年 4 月 30 日,A4 版。

27. 吴维锭:《商事仲裁第三方资助的规制逻辑:"准当事人"学说探析》,载陈福勇主编:《北京仲裁》第 110 辑,中国法制出版社 2020 年版。

28. 陈一华:《第三方资助国际仲裁中的仲裁员利益冲突——〈IBA 指引(2014)〉背景下的冲突审查和披露模式(英文)》,载陈福勇主编:《北京仲裁》第 110 辑,中国法制出版社 2020 年版。

29. 罗嘉威:《仲裁与诉讼的分流机制研究——以司法文明建设为视角》,载《政法论坛》2019 年第 3 期。

30. 侯鹏:《第三方出资机制的二元监管模式》,载《法学评论》2019 年第 3 期。

31. 宋锡祥、吴瑶芬:《国际商事仲裁第三方资助利益冲突的合理规制及其借鉴意义》,载《海峡法学》2018 年第 2 期。

32. 侯鹏:《商事仲裁中的第三方出资及其规制》,载《国际法研究》2018 年第 5 期。

33. 侯鹏:《第三方出资在内地仲裁中的应用与规制》,载《研究生法学》2018 年第 3 期。

34. 宋建立:《跨境破产案件的司法应对》,载《人民司法(应用)》2018 年第 22 期。

35. 杜尔功:《新一轮不良资产的形成机理、清收障碍与处置创新》,载《求是学刊》2018 年第 3 期。

36. 何晶晶、耿振善:《打造国际商事法庭 司法保障"一带一路"建设——专访最高人民法院民事审判第四庭副庭长高晓力》,载《人民法治》2018 年第 3 期。

37. 石静霞、董暖:《“一带一路”倡议下投资争端解决机制的构建》,载《武大国际法评论》2018 年第 2 期。

38. 肖芳:《国际投资仲裁第三方资助的规制困境与出路——以国际投资仲裁“正当性危机”及其改革为背景》,载《政法论坛》2017 年第 6 期。

39. 王贵国:《“一带一路”争端解决制度研究》,载《中国法学》2017 年第 6 期。

40. 楼文龙:《不良资产处置的四种思维》,载《中国金融》2017 年第 2 期。

41. 宋连斌:《两岸四地间相互执行仲裁裁决:过去、现在及将来》,载中国广州仲裁委员会主办:《仲裁研究》第 41 辑,法律出版社 2017 年版。

42. 李庆明:《境外仲裁机构在中国内地仲裁的法律问题研究》,载《环球法律评论》2016 年第 3 期。

43. 曾文革、党庶枫:《“一带一路”战略下的国际经济规则创新》,载《国际商务研究》2016 年第 3 期。

44. 甄炳禧:《中美经贸合作竞争新态势及前景》,载《国际问题研究》2016 年第 1 期。

45. 宋连斌、傅攀峰、陈希佳:《中国商事仲裁年度观察(2016)》,载林志炜主编:《中国商事争议解决年度观察 2016》,中国法制出版社 2016 年版。

46. 章曦:《论国际仲裁中的第三方融资及投资人的自我监管》,载陈福勇主编:《北京仲裁》第 93 辑,中国法制出版社 2016 年版。

47. 郭华春:《第三方资助国际投资仲裁之滥诉风险与防治》,载陈安主编:《国际经济法学刊》第 21 卷第 2 期,北京大学出版社 2014 年版。

48. 刘东华:《公益法律援助的职业理性——对话丹宁勋爵对法律援

助的诟病》,载《时代法学》2013 年第 3 期。

49. 徐树:《国际投资仲裁的第三方出资及其规制》,载陈福勇主编:《北京仲裁》第 84 辑,中国法制出版社 2013 年版。

50. 董进、宋思宇:《律师职业与公益法律援助的实践矛盾性——以美国律师职业化发展为启示》,载《学术论坛》2012 年第 4 期。

51. 宋连斌、王珺:《国际商会在中国内地仲裁:准入、裁决国籍及执行——由宁波中院的一份裁定谈起》,载《西北大学学报(哲学社会科学版)》2011 年第 3 期。

52. 郭玉军、王斐斐:《韩德培法学教育理念及其方法研究》,载黄进、肖永平、刘仁山主编:《中国国际私法与比较法年刊》第十四卷,北京大学出版社 2012 年版。

53. 赵秀文:《从相关案例看 ICC 仲裁院裁决在我国的承认与执行》,载《法学》2010 年第 3 期。

54. 陈立峰:《美国早期中立评估制度之评介——兼与我国民事审前程序的比较》,载《浙江树人大学学报(人文社会科学版)》2010 年第 2 期。

55. 葛奇:《次贷危机的成因、影响及对金融监管的启示》,载《国际金融研究》2008 年第 11 期。

56. 谷冬青:《从美国次债危机谈我国资产证券化的风险防范》,载《国际商务研究》2008 年第 5 期。

57. 杜新丽:《从比较法的角度论我国反垄断争议的可仲裁性》,载《比较法研究》2008 年第 5 期。

58. 霍存福:《宋明清"告不干己事法"及其对生员助讼的影响》,载《华东政法大学学报》2008 年第 1 期。

59. 刘学工:《运用投资银行机制处理不良资产初探》,载《理论界》2007 年第 8 期。

60. 肖建国:《民事公益诉讼的基本模式研究——以中、美、德三国为中心的比较法考察》,载《中国法学》2007 年第 5 期。

61. 陈慧:《当前民事诉讼中的恶意调解现象及防范研究——兼谈我国恶意诉讼侵权责任制度的确立》,载《法律适用》2007 年第 5 期。

62. 陈宜、王敏重:《中国律师服务收费制度发展与研究》,载《中国司法》2007 年第 3 期。

63. 王利明:《美国惩罚性赔偿制度研究》,载《比较法研究》2003 年第 5 期。

64. 王利明:《惩罚性赔偿研究》,载《中国社会科学》2000 年第 4 期。

(三)学位论文类

65. 程雪梅:《第三方诉讼融资制度研究》,西南政法大学 2014 年博士学位论文。

(四)专题报告类

66. 商务部对外投资和经济合作司:《2023 年 1—8 月我对"一带一路"共建国家投资合作情况》,2023 年 9 月。

67. 商务部:《中国对外投资合作发展报告 2022》,2022 年 1 月。

68. 中国香港特区律政司:《第三者资助仲裁实务守则》,2018 年。

69. 中国香港律政司对香港法律改革委员会有关《〈第三方资助报告书〉(2016 年 10 月)的回应》,2017 年 1 月。

70. 中国香港法律改革委员会:《第三方资助仲裁报告书》,2016 年 10 月。

71. 中国香港法律改革委员会:《第三方资助仲裁咨询文件》,2015 年 10 月。

72. 国际律师协会:《国际仲裁利益冲突指引》,2014 年。

73. 中国香港法律改革委员会:《按条件收费报告书》,2007 年。

二、英文资料

(一)著作类

1. George Miller Calhoun, *The Growth of Criminal Law in Ancient*

Greece, University of California Press, 1927.

2. Karl Mackie & David Miles et al. , *The ADR Practice Guide Commercial Dispute Resolution*, Butterworths LEXIS, 2000.

3. Deborah Rhode, *Pro Bono in Principle and in Practice: Public Service and the Professions*, Stanford Law & Politics, 2005.

4. Christopher Hodges, Stefan Vogenauer & Magdalena Tulibacka eds. , *The Costs and Funding of Civil Litigation: A Comparative Perspective*, CH Back Hart, 2010.

5. Mark Tuil & Louis Visscher eds. , *New Trends in Financing Civil Litigation in Europe*, New Horizons in Law and Economics, 2010.

6. Lisa Bench Niewwveld & Victoria Shannon, *Third Party Funding in International Arbitration*, Kluwer Law International, 2012.

7. Jeffrey Waincymer, *Procedure and Evidence in International Arbitration*, Kluwer Law International, 2012.

8. International Chamber of Commerce, *Third-party Funding in International Arbitration*, ICC Services Publications Department, 2013.

9. James M. Gaitis & Carl F. Ingwalson Jr. et al. , *The College of Commercial Arbitrators Guide to Best Practices in Commercial Arbitration*, JurisNet, LLC, 3rd ed. , 2013.

10. Nick Rowles-Davies, *Third Party Litigation Funding*, Oxford University Press, 2014.

11. Catherine Rogers ed. , *Ethics in International Arbitration*, Oxford University Press, 2014.

12. Gary Born, *International Commercial Arbitration* (2nd edn), Kluwer Law International, 2014.

13. Lawrence W. Newman & Richard D. Hill, *The Leading Arbitrators' Guide to International Arbitration*, (3rd edn) Juris Publishing, Inc. , 2014.

14. Blackaby Nigel et al. ,*Redfern and Hunter on International Arbitration* (*sixth edn.*), Oxford University Press, 2015.

15. Jonas von Goeler, *Third-party Funding in International Arbitration and Its Impact on Procedure*, Kluwer Law International, 2016.

(二)论文期刊类

16. Aaron Katz & Steven Schoenfeld, *Third-party Litigation Financing in the U. S.* , Practical Law, 2018.

17. Andrew F. Daughety & Jennifer F. Reinganum, *The Effect of Third-party Funding of Plaintiffs on Settlement*, Vanderbilt University Law School Law & Economics Working Paper Number 13 – 8.

18. Aren Goldsmith & Lorenzo Melchionda, *Third Party Funding in International Arbitration*: *Everything You Ever Wanted to Know* (*But Were Afraid to Ask*), International Business Law Journal 2012(1).

19. Alexandre Bailly et al. , *Litigation and Enforcement in France*: *Overview*, Thomson Reuters Practical Law 1 July 2018.

20. Barney Thompson, *Litigation Finance Industry Opens up to Private Investors*, Financial Times, London, 2018.

21. Bernardo M. Cremades Jr. , *Third Party Litigation Funding*: *Investing in Arbitration*, 155 Spain Arbitration Review (2012).

22. Brian Canada et al. , *A Data-driven Exploration of Arbitration as a Settlement Tool*: *What Happens When Cases Do Not Settle Before a Hearing*?, Kluwer Arbitration Blog 28 November 2018.

23. Brooke Guven & Lise Johnson, *The Policy Implications of Third-party Funding in Investor-state Dispute Settlement*, CCSI Working Paper 2019.

24. Burcu Osmanoglu, *Third-party Funding in International Commercial Arbitration and Arbitrator Conflict of Interest*, 32 Journal of International

Arbitration 325 (2015).

25. Chiann Bao, *Third Party Funding in Singapore and Hong Kong: The Next Chapter*, 34 Journal of International Arbitration 387 (2017).

26. Christian Stuerwald & Mick Smith, *Recoverability of Funder's Fee by a Third Party funded Claimant in International Arbitration*.

27. Christopher Bogart, *Third Party Funding in International Arbitration an Overview of Arbitration Finance*, Burford leaflet.

28. Christopher Hodges, John Peysner & Angus Nurse, *Litigation Funding: Status and Issues* (Research Report), University of Oxford, 2012.

29. Christopher L. Peterson, *Truth, Understanding, and High-cost Consumer Credit: The Historical Context of the Truth in Lending Act*, 55 Florida Law Review 807 (July 2003).

30. Clive Bowman, Kate Hurford & Susanna Khouri, *Third Party Funding in International Commercial and Treaty Arbitration-a Panacea or a Plague? A Discussion of the Risks and Benefits of Third Party Funding*, TDM 4, 2011.

31. David S. Abrams & Daniel L. Chen, *A Market for Justice: A First Empirical Look at Third Party Litigation Funding*, 15 University of Pennsylvia Business Law 1075 (2013).

32. David Gaukrodger, *The Balance between Investor Protection and the Right to Regulate in Investment Treaties: A Scoping Paper*, OECD Working Papers on International Investment Feb. 2017.

33. Debbie Lee, *Third Party Funding in Singapore-Prospective on Best Practices*, on Singapore International Arbitration (SIArb) official website.

34. Debra Cassens Weiss, 2 *Law Firms Sanctioned $9.1M for "Immense Waste of Judicial Resources" in Tobacco Litigation*, ABA Journal, 23 October 2017.

35. Derric Yeoh, *Third Party Funding in International Arbitration*: *A Slippery Slope or Leveling the Playing Field*?, Journal of International Arbitration(Kluwer Law International 2016, Volume 33 Issue 1).

36. Douglas R. Richmond, *Other People's Money*: *The Ethics of Litigation Funding*, 56 MERCER Law Review 649 (2005).

37. Edouard Bertrand, *The Brave New World of Arbitration*: *Third-party Funding*, 29 ASA Bulletin, Issue 3 (2011).

38. Eric De Brabandere & Julia Lepeltak, *Note Third-party Funding in International Investment Arbitration*, ICSID Review Vol. 27, No. 2 (2012).

39. Fan Kun, *Arbitration in China*: *Practice*, *Legal Obstacles and Reforms*, ICC International Court of Arbitration Bulletin, Vol. 19, No. 2, (2008).

40. Felicia Cheng, *Third-party Funding-the Answer to Access to Justice*?, HKIAC News Blog on Third Party Funding.

41. Fernando Estavillo, *Ethics in Arbitration*, in Miguel Angel Fernandez-Ballester, David Arias Lozano eds., *Liber Amicorum Bernardo Cremades*, Wolters Kluwer Espanuña.

42. Frank Bannon & Nick Boyce, *The Rise of Third-party Funding in International Arbitration*, Financier Worldwide Magazine, October 2016.

43. Frank J. Garcia, Hyun Ju Cho, Tara Santosuosso, Randall Scarlett, and Rachel Denae Thrasher, *The Case Against Third-party Funding in ISDS*: *Executive Summary*, Boston College Law School-PUC University of Chile, Working Group on Trade & Investment Law Reform, Third-Party Funding Task Force (2018).

44. Frederick F. Shauer, *English Natural Justice and American Due Process*: *An Analytical Comparison*, 18 William & Mary Law Review 47 (1976).

45. Frederick Tung, *Confirmation and Claims Trading*, 90 Northwest University Law Review 1684 (1995 - 1996).

46. Gabrielle Kaurmann-Kohler & Fan Kun, *Integrating Mediation into Arbitration: Why it Works in China*, 25 Journal of International Arbitration 479(2008).

47. Gregg Wirth, *Forum Magazine: Is Litigation Finance Now Getting the Attention of the Legal Industry?*, Thomson Reuters, 2018.

48. George Steven Swan, *Economics and the Litigation Funding Industry: How Much Justice Can You Afford?*, 35 New England Law Review 805 (2001).

49. Kenneth Epstein & Eric B. Fisher, *Litigation Funding in Bankruptcy Court: An Essential Tool for Maximizing the Value of the Debtor's Estate*, New York Law Journal 14 March 2018.

50. Krzysztof J. Pelc, *What Explains the Low Success Rate of Investor-State Disputes?*, 71 International Organization 559 (2017).

51. James Rogers, Alison G. FitzGerald & Cara Dowling, *Emerging Approaches to the Regulation of Third-party Funding*, Norton Rose Fulbright 2017.

52. Jason Lyon, *Revolution in Progress: Third-party Funding of American Litigation*, 58 UCLA Law Review 571 (2010).

53. Jennifer A. Trusz, *Third-party Funding in International Arbitration and Conflicts of Interest: the Case for Amending Arbitration Rules to Require Disclosure*, 32 Alternatives to the High Cost of Litigation 101 (July/August 2014).

54. Jeremy Bentham, *Letter XII of Maintenance and Champerty*, the Works of Jeremy Bentham (William, Tait, Edinburgh), Vol. 3. Part 1, 1843.

55. Jeremy Kidd, *Probate Funding and the Litigation Funding Debate*, 76 Washington and Lee Law Review 261 (2019).

56. Jeremy Kidd, *To Fund of Not to Fund: The Need for Second Best Solutions to the Litigation Finance Dilemma*, 8 Journal of Law, Economics and Policy 613 (2011 – 2012).

57. John W. Cooley, *Arbitration vs. Mediation-Explaining the Differences*, 69 JUDICATURE 263 (1986).

58. John Walker, Susanna Khouri & Wayne Attrill, *Funding Criteria for Class Actions*, 32 University of New South Wales Law Journal 1036 (2009).

59. John Wilkinson, *Arbitration Discovery: Getting It Right*, 21 Dispute Resolution Magazine 4 (2014).

60. Jonathan Molot, *A Market in Litigation Risk*, 76 The University of Chicago Law Review 367 (2009).

61. Joseph J. Stroble & Laura Welikson, *Third-party Litigation Funding: a Review of Recent Industry Developments*, 87 Defense Counsel Journal 1 (2020).

62. Keith N Hylton, *The Economics of Third-party Financed Litigation*, 8:3 Journal of Law, Economics & Policy 701 (2012).

63. Kelsie Massini, *Risk Versus Reward: The Increasing Use of Third Funders in International Arbitration and the Awarding Security for Costs*, 7 Year Book Arbitration and Mediation 323 (2015).

64. Laurent Lévy & Regis Bonnan, *Third-party Funding Disclosure, Joinder and Impact on Arbitral Proceedings Third-party Funding in International Arbitration (ICC Dossier)*, Dossiers of the ICC Institute of World Business Law, Volume 10 (Kluwer Law International; International Chamber of Commerce) (2013).

65. Louis M. Solomon, *Third-party Litigation Financing: It's Time to Let Clients Choose*, New York Law Journal, 13 September 2010.

66. Malcolm Langford, Daniel Behn, & Runar Hilleren Lie, *The Revolving Door in International Investment Arbitration*, 20 Journal of International Economic Law 301 (2017).

67. Marc J Shukaitis, *A Market in Personal Injury Tort Claims*, 16 Journal of Legal Studies 329 (1987).

68. Marco de Morpurgo, *A Comparative Legal and Economic Approach to Third-party Litigation Funding*, 19 Cardozo Journal of International and Comparative Law 343 (2011).

69. Mark J. Goldstein, *Should the Real Parties in Interest Have to Stand Up? -Thoughts About A Disclosure Regime for Third-Party Funding in International Arbitration*, 8 Transnational Dispute Management Issue 4 (2011).

70. Marie Stoyanov & Olga Owczarek, *Third-party Funding in International Arbitration: Is it Time for Some Soft Rules?*, BCDR International Arbitration Review, Kluwer Law International, Volume 2 Issue 1, 2015.

71. Mariel Rodak, *It's About Time: A Systems Thinking Analysis of the Litigation Finance Industry and Its Effect on Settlement*, 155 University of Pennsylvania Law Review 503 (2006).

72. Mary Jordan, Andrew Matheson & Emma Brown, *Why Third Party Funding is on the Rise in England & Wales*, Global Arbitration News, 27 February 2018.

73. Maya Steinitz, *Whose Claim Is This Anyway? Third-party Litigation Funding*, 95 Minnesota Law Review 1268 (2011).

74. Max Radin, *Maintenance by Champerty*, 24 California Law Review

48 (1935).

75. Maxi Scherer, *Out in the Open? Third-party Funding in Arbitration*, Commercial Dispute Resolution (CDR) 6 June 2012.

76. Michael Legg et al., *The Rise and Regulation of Litigation Funding in Australia*, 38 Northern Kentucky Law Review 625 (2011).

77. Michael Napier et al., "*Improved Access to Justice-Funding Options & Proportionate Costs*" *Report &Recommendations*, U. K. Civil Justice Council (Aug. 2005).

78. Nadia Darwazeh & Adrien Leleu, *Disclosure and Security for Costs or How to Address Imbalances Created by Third-party Funding*, 33 Journal of International Arbitration 125 (2016).

79. Niccolò Landi, *Chapter Ⅱ: The Arbitrator and the Arbitration Procedure: Third Party Funding in International Commercial Arbitration-An Overview in Christian Klausegger*, Peter Klein et al. eds, Austrian Yearbook on International Arbitration 2012.

80. Niccolò Landi, *The Arbitrator and the Arbitration Procedure: The Party Funding in International Commercial Arbitration-An Overview in Christian Klaus egger*, Peter Klein et al. eds., Austrian Yearbook on International Arbitration 2015.

81. Paul M. Lurie, *Using the Guided Choice Process to Reduce the Cost of Resolving Construction Disputes*, 9 Construction Law International 18 (2014).

82. Peng HOU, *Using Shields as Weapons: Third-party Funding Assisting China-related Arbitration and Belt and Road Investment*, 3 Frontiers of Law in China, Higher Education Press, 2019.

83. Peng HOU, *Third-party Funding in China: Hong Kong as a Model*, 4 Arbitration International, Oxford University Press, Vol. 33, 2018.

84. Robert Granfield, *the Meaning of Pro Bono: Institutional Variations in Professional Obligations among Lawyers*, 41 Law and Society Review 113 (2007).

85. Robyn Waller & Courtney Rothery, *The Lawfulness of Third Party/ Litigation Funding of Arbitration and Litigation in the UAE*, Lexology Blog.

86. Ronen Avraham & Abraham Wickelgren, *Third-party Litigation Funding-A Signaling Model*, 63 DePaul Law Review 233 (2014).

87. Sebastian Perry, *Live London Debate*, 8 Global Arbitration Review, 28 November 2012.

88. Selvyn Seidel, "*Control*" *in Third-party Funding: A Doctrine Out of Control*, CDR Magazine, 1 September 2011.

89. Sherina Petit, James Rogers & Cara Dowling, *Third-party Funding in Arbitration-the Funders' Perspective*, International Arbitration Report 2016-Issue 7, Norton Rose Fulbright 2016.

90. Stavors Brekoulakis, *The Impact of Third Party Funding on Allocation for Costs and Security for Costs Applications: The ICCA-Queen Mary Task Force Report*, Kluwer Arbitration Blog, 18 February 2016.

91. Susan Lorde Martin, *The Litigation Financing Industry: The Wild West of Finance Should be Tamed not Outlawed*, 10 Fordham Journal of Corporate & Financial Law 55 (2004).

92. Tara Santosuosso & Randall Scarlett, *Third-party Funding in Investment Arbitration: Misappropriation of Access to Justice Rhetoric by Global Speculative Finance*, 60 Boston College Law Review E. Supp. I. – 8 (2019).

93. Terry Cater, *Cash Up Front: New Funding Sources Ease Financial Strains on Plaintiffs Lawyers*, America Bar Association Journal, 8 October 2004.

94. Thomas J. Stipanowich & Zachary P. Ulrich, *Commercial Arbitration and Settlement: Empirical Insights into the Roles Arbitrators Play*, Vol. 6 Yearbook on Arbitration and Mediation Article 4, 2014.

95. Thomas t. Janover, *Litigation Funding: An Increasingly Popular Investment Vehicle*, Kramar Levin Naftalis & Frankel LLP, 1 November 2018.

96. Victoria A. Shannon, *Harmonizing Third-party Litigation Funding Regulation*, 36 Cardozo Law Review 861 (2015).

97. Victoria Shannon Sahani, *Judging Third-party Funding*, 63 UCLA Law Review 388 (2016).

98. Watson Farley & Williams, *Briefing Third Party Funding in the Middle East*, Mar. 2019.

99. Wayne A. M. , Visser & Alastair Mclntosh, *A Short Review of the Historical Critique of Usury*, 8:2 Accounting, Business & Financial History 175 (1998).

100. William W. Park, *Unity and Diversity in International Law*, 99 Boston University Law Review Online 22 (2019).

101. William W. Park, Catherine A. Rogers, *Third-party Funding in International Arbitration: The ICCA Queen-Mary Task Force*, No. 42 – 2014 Penn State Law Legal Studies Research Paper Series 2014.

102. William W. Park, *Soft Law and Transnational Standards in Arbitration: The Challenge of Res Judicata*, Boston University School of Law Public Law & Legal Theory Paper No. 17 – 26.

103. William W. Park, *Non-signatories and International Contracts: An Arbitrator's Dilemma*, in Multiple Party Actions in International Arbitration 3, Permanent Court of Arbitration, 2009.

104. William W. Park, *Arbitrator Integrity: The Transient and the Permanent*, Vol. 46 San Diego Law Review 629 (2009).

（三）各国判例类

105. Adam Musa King v. Telegraph Limited, [2004] EWCA (Civ) 613.

106. Bailey v. GlaxoSmithKline UK Ltd., [2017] EWHC 3195 (QB).

107. Britz v. Kinsvater, 351 P. 2d at 991, U. S..

108. Campbell's Cash & Carry Pty Ltd. v. Fostif Pty Ltd., [2006] HCA 41.

109. Desputeaux v. Editions Chouette (1987) In., 2003 SCC 17.

110. Dopp v. Yari, 927 F. Supp. 814, 820 (D. N. J. 1996) (New Jersey law).

111. Echeverria v. Estate of Lindner, 7 Misc. 3d 1019 (N. Y. Misc. 2005), U. S..

112. EnroGas Inc. and Belmont Resources Inc. v. Slovak Republic, ICSID Case No. ARB/14/14.

113. Essar Oilfields Services v. Norscot Rig Management Pvt, [2016] EWHC 2361.

114. Excalibur Ventures LLC v. Texas Keystone Inc & Ors, [2016] EWCA Civ 1144.

115. Fulham Football Club (1987) LTD v. Richards, [2011] EWCA Civ 856.

116. GIlianelli Money Purchase Plan & Trust v. ADM Inv. Servs., Inc, 146 F. 3d 1309, 1313 (11th Cir. 1998), U. S..

117. Hamilton v. Al Fayed, [2002] EWCA Civ 665.

118. International Litigation Partners Pte Ltd. v. Chameleon Mining NL, [2011] NSWCA 50, [2012] HCA 45.

119. Ives v. W. T. Grant Co., 522 F. 2d 749, 762 (2d Cir. 1975) (Connecticut law).

120. Lawsuit Financial v. Curry, 683 N. W. 2d 233, (Mich. Ct. App. 2004), U. S..

121. Leader Techs., Inc. v. Facebook, Inc., United States District Court for the District of Delaware, Memorandum Opinion of 2010, 719 F. Supp. 2d 373.

122. Leon v. Martinez, 638 N. E. 2d 511 (N. Y. 1994) and Francis v. Mirman, Markowitz & Landau, P. C., et. al., No. 29993/2010 (Sup. Ct., Kings, 2012).

123. Methanex Corp. v. United States, NAFTA Ch. 11 Trib. Aug. 3, 2005.

124. Mitsubishi v. Soler Chrysler-Plymouth, 473 U. S. 614, 1985, U. S..

125. Papier and Bank of America v. Societe Generalede L'industrie Du Papier, 508 F. 2d 969 (2d Cir. 1974) 975.

126. Philip Morris Brands Sàrl, Philip Morris Products S. A. and Abal Hermanos S. A. v. Oriental Republic of Uruguay, ICSID Case No. ARB/10/7.

127. Rancman v. Interim Settlement Funding Corp., Supreme Court of Ohio, Judgment of 11 June 2003, 99 Ohio St. 3d 121.

128. Societe Almirante Films v. Pierre's es qual, Paris Court of Appeal, 1989-02-16.

129. Unruh v. Seeberger (2007) 10 HKCFAR 31.

(四)国际条约与立法例

130. Australia: Law Council of Australia, Regulation of Third Party Litigation Funding in Australia Position Paper, June 2011.

131. Australia: Australian Securities and Investment Commission (ASIC), ASIC Class Order [CO 10/333]-Funded Representative Proceedings

and Funded Proof of Debt Arrangements, 2010.

132. EU and Canada: Comprehensive Economic and Trade Agreement, 2014.

133. EU and Singapore: Investment Protection Agreement, 2018.

134. EU and Vietnam: Investment Protection Agreement, 2018.

135. Hong Kong: Arbitration Ordinance, 2017.

136. Singapore: Singapore Civil Law (Amendment) Act, 2017.

137. United Nations: United Nations Convention on the Assignment of Receivables in International Trade, 2004.

(五)国际组织报告类

138. International Centre for Settlement of International Disputes (ICSID), Proposals for Amendment of the ICSID Ruels-Working Paper, March 2019.

139. ISDS Academic Forum-Working Group Ⅱ, Duration of ISDS Proceedings, October 2018.

140. International Council for Commercial Arbitration Task-Force of Third-Party Funding in International Arbitration, Report of the ICCA-Queen Mary Task Force on Third-party Funding in International Arbitration, ICCA Reports Series, Volume 4, April 2018.

141. Singapore Ministry of Law Policy Advisory Division, Public Consultation to Seek Feedback on the Third-party Funding Framework, April 2018.

142. Singapore International Arbitration Centre Practice Note, PN – 01/17, Mar. 31, 2017.

143. ICC Note to Parties and Arbitral Tribunals on the Conduct of the Arbitration under the ICC Rules of Arbitration, Sep. 22, 2016.

144. Ministry of Law of Singapore: Public Consultation on the Draft

civil Law (Amendment) Bill 2016 and Civil Law (Third Party Funding) Regulations 2016, June 2016.

145. China International Economic and Trade Arbitration Commission Hong Kong Arbitration Center: Guidelines for Third Party Funding in Arbitration (Consultation Paper: Round of Public Consultation), 20 May 2016.

146. The Association of Litigation Funders of England and Wales: Rules of the Association, January 2014.

147. The Organisation for Economic Co-operation and Development (OECD), Government Perspectives on Investor-state Dispute Settlement: A Progress Report, Freedom of Investment Roundtable, December 2012.

148. American Bar Association Commission on Ethics 20/20, White Paper on Alternative Litigation Finance, 2011.

149. The Association of Litigation Funders of England and Wales: Code of Conduct for Litigation Funders, November 2011.

150. The Association of the Bar of the City of New York Committee on Professional Ethics, Third Party Litigation Financing Formal Opinion 2011 -2.

151. Chartered Institute of Arbitrators (CIArb), CIArb Costs of International Arbitration Survey,2011.

152. Lord Justice Jackson, Legal Aid and the Costs Review Reforms, Judiciary of England and Wales, 5 September 2011.

153. Lord Justice Jackson, Third Party Funding or Litigation Funding, on the Sixth Lecture in the Civil Litigation Costs Review Implementation Programme, Judiciary of England and Wales, 23 November 2011.

154. Judiciary of England and Wales, Legal Aid and The Costs Review Reforms: A Talk by Lord Justice Jackson to the Cambridge Law Faculty,

Sep. 5, 2011.

155. Law Council of Australia: Regulation of Third Party Litigation Funding in Australia, Position Paper, June 2011.

156. United Nations Commission on International Trade Law (UNCTAD), Investor-State Disputes: Prevention and Alternatives to Arbitration, New York and Geneva, 2010

157. Rand Institute for Civil Justice, Third-party Litigation Funding and Claim Transfer, Trends and Implications for the Civil Justice System, UCLA Law Rand Center for Law & Public Policy, 2010.

158. Lord Justice Jackson, Review of Civil Litigation Costs: Final Report, The Stationery Office, December 2009.

159. The Law Reform Commission of Hong Kong Conditional Fees Sub-Committee: Consultation Paper: Conditional Fees, September 2005.

后　记

本书后记落笔于 36 岁生日，距离自己对第三方案件出资萌生研究兴趣正好 10 个春秋。仍记得在大连长兴岛驻场担任破产重整管理人，遇到债务人享有的境外债权追索困难，便开始构思中国企业出海维权的务实路径。当时经由人民法院指定，正受托处理一家韩国株式会社于境内投资的造船企业破产重整案件。债务人因船舶建造合同而对一家印度上市公司享有数亿美元的船舶建造款项债权未能清收。作为管理人，一方面受托管理债务人的现金资产并负责各笔债权追索，另一方面又受限于法律费用支配权限，而不能列支高昂的境外追索程序的法律费用。即便债务人仍有可观规模的现金资产，仍无法对其于境外享有的债权启动法律追诉。正是出于法律实务中的现实需求，决定将第三方出资作为学术深造和博士访学的主题。

恰是在管理上述破产、重整项目之前的一年，国际商事仲裁理事会（ICCA）刚刚组建了第三方出资研究先遣组(ICCA Task Force on Third Party Funding),开始在国际商事仲裁领域探讨第三方出资的合法性并探索制定行业规范指引的可行性。同年,中国香港特别行政区终审法院首席法官及律政司司长委托香港法律改革委员会对这一命题组成咨询小组开始研究,也先后形成了两份咨询报告并最终推动香港特别行政区的仲裁条例作出立法改革,接纳第三方出资可得适用于仲裁案件。正是受这些前沿研究的启发,我更加坚定系统化、体系化地深入研究第三方出资,遂申报跟随中国政法大学国际法学院宋连斌教授开始研究这一国际商事仲裁领域的最新发展。后经遴选,赴美国波士顿大学法学院,跟随第三方出资研究先遣组的联席主席威廉·帕克(William W. Park)教授开展第三方出资的前沿理论研究,并有幸亲历和见证 ICCA 报告的编纂、发布以及中国香港特别行政区的修法改革。

能够围绕中国商事仲裁开展第三方出资的学术研究是非常幸运的。在此过程中,我收获了学术界、实务界许多师友、前辈和同行的中肯意见和热忱鼓励。所求学的母校和第三方案件出资的国际头部机构均给予过专项支持。博士学位论文开题伊始,中国政法大学给予本课题博士学位论文资助;武汉大学法学院和国际法研究所在中期成果的发表上提供了宝贵帮助;中国国际经济贸易仲裁委员会在主办的“国际仲裁周”活动中连续数年提供研究成果分享交流的平台;北京国际仲裁中心和上海仲裁委员会先后在本课题的不同细分研究方向上提供横向课题支持;最终研究成果的出版,得到中国人民大学破产法研究中心、北京市破产法学会与法律出版社的大力支持,特别是法治与经济分社沈小英社长与刘晓萌编辑、鲁安编辑,对于本书付梓给予包容、支持和鼓励,由衷感谢。

“理论研究应紧密结合实务需要,解决真问题”,是我一直的研究理念。不仅有幸得到中国国际私法研究会及同仁的帮助,自己的工作单位及本课题指向的实务机构均也给予良多关照。我的入行带教中伦律师事务所争议解决部的曹丽军律师,从仲裁实务与律师代理的角度提供中肯建议;所在单位金杜律师事务所的全球主席王俊峰律师,支持将理论研究尝试于实践应用,探索中国律师帮助当事人处置跨境纠纷的务实路径。而且,金杜律师事务所境内、境外从事争议解决业务和其他商事法律服务的同事们也给予我很多中肯、有益的意见。国际和国内第三方出资机构的实践探索更验证了本书研究结论的可靠性。通过为国际行业头部机构提供咨询意见,以及与国内几家探索第三方出资的实务机构交流探讨,本书尝试构建适合中国内地商事仲裁使用者的第三方案件出资模式,以确保其合法、合规、高效、有序实施。能够将仲裁理论、代理实务、融资实践三者相互结合,与国际前沿发展同步,并开展务实的本土化研究,是令人振奋的。

其实,第三方仲裁案件出资的研究过程并不容易,其中经历的艰辛与煎熬,回头看来都已成为自身宝贵的人生财富。这一学研和实践的过程中,收获了无数师友、前辈、同行和朋友的鼓励与支持。其中,无法释怀、已经离开我们的、我的硕士研究生阶段的导师郭玉军教授为人、为学、为师的品格对我影响深刻,她凭坚韧、乐观、宽厚为人,用勤奋、睿智、敏思为学,以包容、无私、奉献为师。这些无不引导学生向更深处钻研,向更广处探索,向更宽厚待人。

最后,我要感谢挚爱的父母、爱人和家人,正是家人们的支持与鼓励,使我能够坚定完成本书研究。当然,这本小书中仍有许多错漏,全属自身视野能力所限,文责自负,敬请各位学友指正。愿在未来的日子里继续前行,为探索和完善中国当事人在跨境权益维护之路上贡献一份绵薄力量。

侯　鹏

于般咸道

2024 年 5 月 3 日